बीच की दीवार

[उपन्यास]

बीच की दीवार

अमरकान्त

राजकमल प्रकाशन

ISBN : 978-81-267-1630-2

मूल्य : ₹495

ग्रंथ भारती, इलाहाबाद से पहला संस्करण : 1981
इस रूप में पहला संस्करण : 2008
दूसरा संस्करण : 2024

प्रकाशक : राजकमल प्रकाशन प्रा.लि.
1-बी, नेताजी सुभाष मार्ग, दरियागंज
नई दिल्ली-110 002
शाखाएँ : अशोक राजपथ, साइंस कॉलेज के सामने, पटना-800 006
पहली मंजिल, दरबारी बिल्डिंग, महात्मा गांधी मार्ग, प्रयागराज-211 001
1, अनमोल सोराबजी संतुक लेन, धोबी तलाव, मरीन लाइंस, मुम्बई-400 002
वेबसाइट : www.rajkamalprakashan.com
ई-मेल : info@rajkamalprakashan.com

मुद्रक : बी.के. ऑफसेट
नवीन शाहदरा, दिल्ली-110 032

BEECH KI DEEWAR
Novel by Amarkant

शाम के धुँधलके में सामने की वह सड़क एक लकीर की तरह दिखाई देती है। मौसम बदल गया था और सर्दी बढ़ गई थी। दीप्ति शलवार, मुलायम लम्बी ऊनी कमीज़ और नीले रंग का स्वेटर पहने थी, जिससे उसका मुख झील में खिले कमल के सदृश प्रतीत हो रहा था। वह देर से सड़क को निहार रही थी। फिर खीझकर वह अन्दर आ गई।

"तू एक जगह स्थिर होकर क्यों नहीं बैठती रे?" बासन्ती ने चिड़चिड़े स्वर में कहा।

"मुझसे नहीं बैठा जाता।" दीप्ति ने नाक-भौं सिकोड़कर कहा।

"आने दो दफ्तर से...मैं तुम्हारा नतीजा कराती हूँ...।"

"बाबू जी तो मुझसे कुछ नहीं कहते...तुम्हीं मेरे पीछे पड़ी रहती हो।"

"उन्हीं के बिगाड़ने से तो तेरे पर निकल आए हैं। लड़की को सिर पर इस तरह थोड़े चढ़ाना चाहिए। इस समय शऊर नहीं सीखेगी, अभी से हाँक-दाब में नहीं रहेगी तो आगे चलकर क्या करेगी? हम भी तो लड़कियाँ थीं...।"

उसने माँ की बातों पर ध्यान नहीं दिया, जिनको एक कान से सुनकर दूसरे कान से निकालने की वह अभ्यस्त थी। वह फिर गौरैये की तरह फुर्ती से बाहर चली गई और हिरनी की तरह सिर उचकाकर सशंक दृष्टि से सड़क को निहारने लगी। उसकी बड़ी-बड़ी आँखों में चिन्ता, उदासी और बेचैनी के भाव उतर आए थे।

फिर वह बाहर की बैठक में जाकर अलमारी के सामने खड़ी हो गई और निरुद्‌देश्य भाव से पुस्तकों को उलटने-पुलटने लगी। उसके पिताजी और भाई साहब दफ्तर से नहीं आए थे, पर उनके सम्बन्ध में वह कुछ सोच भी नहीं रही थी। आज अशोक क्यों नहीं आया? उसकी तबीयत तो ठीक है? किसी दुर्घटना में वह फँस तो नहीं गया? वह चार बजे स्कूल से घर पहुँचते ही अशोक की व्यग्रतापूर्वक प्रतीक्षा

करती थी, जो कालेज से छूटते ही सीधे यहाँ आता था। गहरी पीड़ा से उसकी आँखें भर आईं।

दीप्ति अँधेरे घर का चिराग थी। उसकी उम्र लगभग सत्रह वर्ष की होगी, परन्तु उसका शरीर बरसाती नदी की तरह भरा-पूरा था। रंग गोरा और नाक नुकीली। लम्बी और पतली। उसकी चाल में हिरनी की तरह फुर्तीलापन था।

वह एक ऐसे माता-पिता की पुत्री थी, जो शक्ल-सूरत में साधारण थे। उसका बड़ा भाई शंकर भी लगभग काला था, इसीलिए वह बहुत लाड़-प्यार में पलकर बड़ी हुई। विशेष रूप से वह अपने बाप की आँख की पुतली थी। उसके पिता एक मामूली सरकारी दफ्तर में क्लर्क थे, परन्तु थे वह मस्तमौला। उनको फैशन, गोश्त, शराब तथा संगीत से अत्यधिक प्रेम था। मित्र-रिश्तेदार आ रहे हैं, कीमा-कलेजी खाई जा रही है, शराब पानी की तरह ढाली जा रही है, क़हक़हे लग रहे हैं, संगीत की तानें तोड़ी जा रही हैं। वह दिन में दो बार कपड़े बदलते थे—एकदम ताज़ा धुले कपड़े, जो क्रीज़ और क़लफ से कड़कड़ाते रहते। उनके शरीर से सदा सेंट की खुशबू उड़ा करती।

मुंशी मुन्नीलाल जी अपनी लड़की का हर हौसला पूरा करते थे और उसके लिए वह जान निकालकर रखने के लिए भी तैयार रहते थे। दीप्ति की पैदाइश के पूर्व उनका जीवन बहुत ही तकलीफ में बीता था। स्वयं सुन्दर न होते हुए भी वह सौन्दर्य के प्रेमी थे। शादी के पूर्व उनकी बहुत बड़ी तमन्ना थी कि उनकी पत्नी पढ़ी-लिखी और खूबसूरत मिले, पर वह आकांक्षा पूरी न हुई। वह बहुत दिनों तक अपनी पत्नी से मुँह फुलाए रहे। वह उससे ठीक से न बोलते। उससे भूल कर भी नहीं पूछते कि उसे क्या तकलीफ है। बासन्ती अपनी क़िस्मत को रोती रहती।

लेकिन यह स्थिति आखिर कब तक चलती? या तो वह अपनी पत्नी को छोड़ देते या स्थिति से समझौता करके कोई कामचलाऊ रास्ता निकाल लेते। उन्होंने दूसरा ही मार्ग श्रेयस्कर समझा। पत्नी से उन्होंने बोलना-बतियाना शुरू कर दिया। घर में तो उन्होंने समझौता कर लिया, पर मन उनका विद्रोही ही बना रहा और अपनी निराशा की क्षतिपूर्ति उन्होंने दूसरे ही ढंग से शुरू कर दी। वह अपने दुख को शराब-कबाब, संगीत और वेश्याओं की गोद में भूलने की चेष्टा करने लगे, जिसमें उनको पर्याप्त सफलता भी मिली।

उनकी दूसरी बड़ी तमन्ना थी कि उनके बाल-बच्चे सुन्दर हों, यद्यपि ऐसी कल्पना मूर्खता के अलावा कुछ नहीं थी। शंकर जब पैदा हुआ तो वह मन-ही-मन बहुत दुखी हुए थे। लड़का काला था। सारा दोष पत्नी के सिर पर मढ़कर कुछ दिन तक उन्होंने फिर उससे बोलना-बतियाना छोड़ दिया। वह गरीब बहुत दुखी रहने लगी थी। इससे अच्छा तो यह होता कि भगवान ने उसको लड़का ही न दिया होता। कम-से-कम वह पति के दिल का काँटा तो न बनती। भगवान ने इतने दिनों के

दुख-तकलीफ के बाद जो सुख दिया था, वह जैसे उन्हीं से न देखा गया। उसको और कोई तकलीफ न थी। खाने-पीने का उसको काफी आराम था—खाना बनाने को एक महाराजिन थी, ऊपरी कामधाम के लिए एक छोकरा था। पर जब अपना ही मर्द ठीक से न बोले तो स्वर्ग का सुख भी नरक के समान हो जाता है।

इसके बाद दीप्ति का जन्म हुआ था, जिससे उनके घर और मन में उजाला हो गया था। खूब गोरी और सुन्दर, जैसे चाँद। मुंशीजी का चेहरा खिल उठा। उनका दुख एवं निराशा दूर हो गई और उनके जीवन में खुशी की बहार आ गई। वह अब बासन्ती से सचमुच बहुत ही प्रसन्न हो उठे और उसकी बात-बात में चापलूसी करने लगे। बात-बात पर वह हँसते और कहकहे लगाते। उन्होंने ऐसी बेटी की पैदाइश की खुशी में एक ऐसी दावत दी, जिस पर बड़े-बड़े सेठ ईर्ष्या करने लगे। शाकाहारी खाना अलग बना था और मांसाहारी अलग। लोग खाकर निहाल हो गए। शहर भर के भिखमंगे, मेहतर आदि काफी खाना ढोकर ले गए। इसके ऊपर नौकरानियों को उन्होंने साड़ियाँ और धोतियाँ भी दीं। सारे शहर में बहुत दिनों तक इस दावत की चर्चा होती रही।

दीप्ति का बहुत लाड़-प्यार से पालन हुआ। उसके मुँह खोलने की देर होती थी और मुंशीजी उसकी हर फरमाइश पूरी करते थे, चाहे जैसे भी हो। रुपए-पैसे की उनको कमी नहीं होने पाती थी, क्योंकि गाँव में उनके खेत और बगीचे भी थे, जहाँ से उनको अच्छी-खासी आमदनी हो जाती थी, और जो कुछ भी कमी होती, वह उधार से पूरी हो जाती। उनके दफ्तर का ही एक साथी सूद का काम करता था और वह वहाँ से जब चाहे और जितना चाहे रुपए उठा सकते थे। वह दीप्ति का हर हौसला पूरा करते। उसका बक्सा नए-नए फैशन के बेशकीमती कपड़ों से भरा रहता और वह कोई भी नया खेल-तमाशा और फिल्म किसी भी हालत में नहीं छोड़ती थी। कभी पिकनिक तो कभी सैर-सपाटा। खाने-पीने की भी वह बहुत शौकीन थी और उसकी जेब मेवों से भरी रहती थी। एक चाट वाला और एक मिठाई वाला बँधा हुआ था जो रोज़ शाम को दरवाजे पर अधिकारपूर्वक आकर बैठ जाता। स्पष्ट है कि इन खर्चों से मुंशी मुन्नीलाल जी पर हमेशा कुछ-न-कुछ कर्जा चढ़ा रहता।

लेकिन बासन्ती को मुंशीजी की यह खुशी पसन्द न आई। वह खूब अच्छी तरह जानती थी कि उसकी बदसूरती की क्षतिपूर्ति वह अपनी बच्ची के प्यार से करते थे। इसी वजह से वह अपने बड़े लड़के को प्यार नहीं दे सके थे, क्योंकि वह भी काला और बदसूरत था और अपनी माँ से ही मिलता था। इस उपेक्षा से बासन्ती का दिल अपने बेटे के लिए फटने लगता। वह क्या सोचता होगा? उसके दिल को कितनी चोट पहुँचती होगी? दफ्तर से जब मुंशीजी आते तो शंकर उनकी ओर आशाभरी दृष्टि से देखता रह जाता, परन्तु मुंशीजी दीप्ति की ओर बढ़ जाते। वह उसको गोद में उठा लेते या अपने पास खींचकर उसको प्यार करते, उससे देर तक

बात करते, उससे खेलते।

बासन्ती का दिल कुढ़ने लगता। वह दीप्ति से, अपनी बेटी से ही एक अजीब किस्म की ईर्ष्या करने लगी। वह पति के व्यवहार के उत्तर में लड़के को बेहद प्यार करने लगी और लड़की की उपेक्षा। वह दीप्ति को हमेशा कोसती, डाँटती-डपटती, पर दीप्ति अपने बाप के सहारे ही सदा जीत जाती थी।

इस असाधारण लाड़-प्यार का वही नतीजा निकला, जो निकलता है—यानी दीप्ति बहुत ही तुनुकमिजाज़, नखरीली, भावुक, घमंडी, काहिल तथा डरपोक हो गई थी। वह अकेले में नहीं रह सकती थी, क्योंकि वह भूत-प्रेत से बहुत डरती थी। पढ़ने-लिखने में वह फिसड्डी ही थी, यद्यपि फैशन करने और गप्प लड़ाने में उसको कोई मात नहीं दे सकता था। सवेरे वह आठ बजे सोकर उठती। अव्वल तो उससे घर का कोई काम-काज होता नहीं था, लेकिन अगर कोई हल्का-फुल्का काम करना ही हो तो वह कोई बिना गड़बड़ी किए न रहती। कभी उसके हाथ से पानी का गिलास गिर जाता तो कभी चाय का कप गिरकर टूट जाता। वह कई बार दिन में साड़ियाँ बदलती और पहने हुए कपड़े उतारकर जहाँ-तहाँ फेंककर रफूचक्कर हो जाती। वह स्कूल से आने पर या छुट्टी के दिन घर पर बहुत कम रहती थी। वह किसी सहेली के यहाँ चली जाती और जब कभी उसकी सहेलियाँ उसके घर आतीं तो वह खाना-पीना भूलकर देर तक उनसे न मालूम क्या-क्या बातें करती रहती। वह पता नहीं किस दुनिया में रहती थी। कभी उससे दवात की स्याही गिर जाती और कभी आँगन की अलगनी टूट जाती। घर पर किसी के बीमार पड़ने पर भी उसके प्रोग्राम में कोई फर्क नहीं पड़ता था। लेकिन जब उसे हल्का जुकाम हो जाता तो वह सारे घर को सिर पर उठा लेती।

"अरे यह कोढ़िन जिस घर में जाएगी, उस घर को चौपट कर देगी।" कभी-कभी बासन्ती चिढ़कर दाँत पीसती हुई कहती थी।

"मैं बार-बार कहता हूँ कि उसको तुम कुछ न कहा करो, चाहे घर का कोई काम हो या न हो। तुम उससे क्या कराना चाहती हो? वह तो अभी बच्ची है। बड़ी होकर अपने-आप ही सब कुछ सीख जाएगी...।" उसके पिता बिगड़ उठते।

इसके बाद पति-पत्नी में अच्छी कहा-सुनी हो जाती थी, जिसका अन्त होता था बासन्ती की पराजय एवं रुदन। बासन्ती अपने क्रोध या किसी अन्य दुर्भावना में एक सीमा से आगे नहीं बढ़ पाती थी। उसका स्वभाव ही भोला नहीं था, बल्कि अपने रूप की सीमाएँ भी वह जानती थी, इसलिए अपने परिश्रम और मीठे व्यवहार तथा त्याग द्वारा ही वह दूसरों को खुश रखने की चेष्टा करती थी। परन्तु मुंशी मुन्नीलाल जी किसी भी मामले में अपने ऊपर नियन्त्रण नहीं रख पाते थे। यह न उनकी आदत थी और न स्वभाव ही। वह शीघ्र ही लाल-लाल मुँह और आँखें करके गरजने-तड़पने लगते थे।

अशोक शंकर का दोस्त था। शंकर रेलवे के दफ्तर में एक क्लर्क था। वह कुछ अर्थों में अपने बाप की तरह ही फक्कड़ था। वह शहर का सर्वोत्तम बाँसुरी-वादक था। जैसा कि ऐसी स्थिति में स्वाभाविक है, उसके मित्रों की संख्या काफी थी। जब उसने एक नाट्यसंघ की स्थापना की थी, तो उसकी चार व्यक्तियों से अत्यधिक घनिष्ठता हो गई थी। उनके नाम थे—अशोक, मोहन, कमल और मनफूल। मोहन का घर तो उसके घर से बिलकुल सटा था, पर तीन अन्य मित्र शहर के विभिन्न क्षेत्रों से आते थे। वे इकट्ठे होने पर साथ-साथ भोजन करते और गप्प-सड़ाका करते। वे सबसे हिल-मिल गए थे, यहाँ तक कि शंकर के माँ-बाप भी उनको बहुत मानते थे और उन पर बहुत विश्वास करते थे।

निस्सन्देह जब वे इकट्ठे होते तो घर में रौनक आ जाती थी। वे गाना-बजाना करते, बहसें करते तथा जोर-जोर से कहकहे लगाते। कभी वे किसी नाटक की तैयारी शुरू कर देते और कभी पिकनिक का प्रोग्राम बना लेते। ऐसे अवसरों पर दीप्ति खूब सज-धजकर उनके बीच आकर बैठ जाती। किसी दिन वह मीनाकुमारी की स्टाइल से सजती थी और किसी दिन माला सिन्हा के। वे चारों उसकी ओर छिपी-छिपी दृष्टि से देखते थे और दीप्ति को लगता था कि उससे आकर्षित होकर ही वे यहाँ आते हैं। इस खयाल में सच्चाई भी थी। उन चारों में से प्रत्येक यह चाहता था कि दीप्ति उसकी ओर आकर्षित हो। इसलिए दीप्ति भी उनको आकर्षित करने की कोशिश करती थी। वह ठुमुक-ठुमुक कर चलती, जबान ऐंठ कर बोलती और साहस के साथ उनकी आँखों में घूरती। यद्यपि उसके भाव तथा इच्छाएँ अस्पष्ट थीं, परन्तु वे चारों ही उसको बहुत ही अच्छे लगते थे, जिससे उसके मन पर सदा एक नशा छाया रहता। वह अपनी सहेलियों से सदा उन चारों की तारीफ करती।

अशोक लम्बा, तगड़ा और बहुत सुन्दर था। वह एक कालेज में पढ़ाता था और बहुत ही फैशन से रहता था। उसने कुछ नाटक और कहानियाँ भी लिखी थीं और शहर के प्रबुद्ध व्यक्तियों में उसकी गणना थी। वह सदा मुस्कराया करता और मीठी जबान में बोला करता। अपने अन्य मित्रों से उसका स्वभाव अपेक्षतया गम्भीर था। वह अक्सर चुपचाप बैठा रहता, परन्तु जब वह बोलता तो ऐसा लगता कि उसको अपने ऊपर अत्यधिक विश्वास है और वह दूसरों को अपने से बहुत तुच्छ समझता है।

उस दिन शाम को पानी जोर से बरसने लगा था। चारों मित्र पानी ही में वहाँ तक आए थे। उनको देखते ही प्याज़ और मिर्ची की पकौड़ी तैयार होने लगी। फिर गर्म-गर्म चाय के साथ कुरकुरी पकौड़ी वे खाने लगे। चाय पीने के समय वे अक्सर जोर-जोर से बहसें करते। किसी मामूली बात से बहस गरमाने लगती और उसके बाद वे दुनिया का कोई भी विषय नहीं छोड़ते। 'स्त्री की आज़ादी' के सम्बन्ध में बहस छिड़ी हुई थी। मोहन, कमल, मनफूल और शंकर का यह विचार था कि स्त्रियों को

अधिक आज़ादी नहीं देनी चाहिए, लेकिन अशोक उनका अकेला विरोध कर रहा था।

अशोक ने गम्भीर एवं दृढ़ स्वर में कहा था, ''नहीं, स्त्रियों को पूरी आज़ादी मिलनी चाहिए। जब तक स्त्री पुरुषों पर निर्भर रहेगी, तब तक यह देश तरक्की नहीं कर सकता।''

अशोक की बातों का दीप्ति पर बिजली की तरह असर हुआ। वह उसकी नज़रों में बहुत उठ गया और उसके विचारों के लिए वह उसकी अत्यधिक कृतज्ञ हो उठी। निश्चय ही अशोक अपने मित्रों से बहुत ही श्रेष्ठ है, उसने सोचा। स्त्रियों की वह कितनी इज़्ज़त करता है! जो स्त्री की इज़्ज़त करेगा, उसकी वह स्त्री होने के नाते क्यों नहीं इज़्ज़त करेगी? उसने ठीक वही बातें कही थीं, जो दीप्ति के मन में थीं, जैसे उसी की इच्छाओं को अशोक ने साकार किया हो।

दीप्ति का जीवन अभी एक ऐसे शान्त सरोवर की तरह था, जिसका जल निर्मल होता है। वह सरोवर खूबसूरत था। उदय होते और डूबते सूर्य की लाली में वह अत्यधिक भव्य हो उठता था। लेकिन उसमें कभी लहरें न उठी थीं। पर अशोक की बातों ने दीप्ति के मन पर एक अत्यधिक कोमल आघात किया था, जैसे किसी सुपरिचित स्नेही व्यक्ति ने एक हल्की-सी कंकड़ी फेंक दी हो। दीप्ति के मन में छोटी-छोटी लहरियाँ उठने लगीं।

अब दीप्ति के मन में सदा अशोक बना रहता। उसके अन्य मित्र उसे बहुत ही तुच्छ लगने लगे। जब अशोक आता तो वह उसकी ओर मुस्कराकर देखती। चाय का कप वह सबसे पहले उसी की ओर बढ़ाती। बहस-मुबाहिसा में वह सदा अशोक के विचारों का ही समर्थन करती। निस्सन्देह अशोक समाजवादी विचारों का व्यक्ति था। वह कहता कि इस दुनिया का कल्याण समाजवाद से ही हो सकता है। दीप्ति भी ठीक यही बातें अपनी सहेलियों से कहती।

''यह समाजवाद क्या है, दीप्ति?'' उसकी सहेली कुन्ती उससे मज़ाक में पूछती थी।

दीप्ति समाजवाद के सम्बन्ध में कोई खास बात नहीं जानती थी, क्योंकि उसने कुछ पढ़ा भी नहीं था उसके बारे में। वह कहती थी, ''समाजवाद भी तुम नहीं जानतीं? बड़ी जाहिल हो।''

''तुम समझा दो।'' कुन्ती हँसती थी।

''तुम जैसी मोटी हो वैसी ही तुम्हारी बुद्धि भी है।''

''हाँ बहन, तुमको अशोक भाई साहब की बातों के अलावा और कोई बात अच्छी भी नहीं लगती।''

दीप्ति का चेहरा लाल हो जाता था। फिर जैसे कोई बहस में हार जाए और फिर भी वह बहस जारी रखे, इस तरह वह बोली, ''इसमें झूठ क्या है? अशोक भाई साहब की तरह व्यक्ति तो मैंने देखा नहीं आज तक। उनको तो देश का कोई

बड़ा नेता होना चाहिए।''

''जब यहाँ समाजवाद हो जाएगा तो तुमको अशोक भाई साहब की तरह ही दूल्हा भी मिल जाएगा।'' कुन्ती और भी हँसने लगी थी।

''शट-अप। मुझको ऐसा मज़ाक पसन्द नहीं।'' दीप्ति कृत्रिम नाराजी से कहती थी और उसका मुँह और लाल हो जाता था।

कुन्ती अपने मज़ाक से खुश होकर खिलखिलाने लगती थी। वह हँसी से दोहरी हो-हो जाती थी। कुन्ती दीप्ति के साथ ही पढ़ती थी और उसके पड़ोस में ही रहती थी। उसका शरीर साँवला और कुछ मोटा था और वह मज़ाकिया स्वभाव की थी।

''मुझे तो वही व्यक्ति पसन्द है, जिसके कदम लम्बे-लम्बे हों।'' कभी-कभी वह कहती थी।

उसकी बहुत-सी सहेलियाँ उसका मतलब समझ नहीं पाती थीं, परन्तु जब वह यह बात कहती उसके ख्यालों में अशोक का लम्बा-तगड़ा शरीर तथा लम्बे-लम्बे कदम होते। वह जब सवेरे उठती तो सबसे पहले उसे अशोक की ही याद आती थी। जब वह सोने लगती तो सबसे पहले उसके सामने अशोक की ही मूर्ति तैरती रहती थी। जब हवा जोर से चलती और हहर-हहर शब्दों के साथ कमरे में प्रवेश करती तो उसको लगता कि उससे 'अशोक-अशोक' की आवाज़ निकल रही है। वह दर्जे में पढ़ते वक्त कापियों पर 'अशोक-अशोक' लिखने लगती थी। अशोक का ख्याल आते ही उसके सामने एक स्वतन्त्र नारी का खाका उभरता—कोमल, लचकदार, फैशन-परस्त, भाषण देने वाली। वह नारी स्वयं वही थी, जिसका अशोक आदर करता था। वह सोचती कि अशोक उसी के लिए इतना बन-ठनकर आता है। उसी के लिए वह इतना गम्भीर रहता है। वह स्वयं अशोक के लिए पैदा हुई है।

दीप्ति अब सदा सपनों में खोई रहती। हँसती-चहचहाती तो वह पहले भी थी, अब वह कभी गम्भीर भी हो जाती थी। उसके दिल में न मालूम कैसी कसक होती थी। सुबह की ताजी हवा तथा रात की चाँदनी उसके मन को न मालूम कैसी मीठी उदासी से भर देती और उसके दिल में न मालूम कैसी पीड़ा जमा देती। उसको क्या हो गया है? क्या वह अशोक को प्यार करती है? क्या इसी को प्यार कहते हैं? परन्तु वह स्वयं इस सम्बन्ध में कुछ नहीं जानती थी। कभी-कभी उसकी इच्छा होती कि वह खूब रोए।

अशोक इतना निर्दोष और बेवकूफ नहीं था कि वह यह सब न समझता हो। परन्तु वह अपने को एक ऐसा नायक समझता था, जिसके इर्द-गिर्द दुनिया घूमती रहती है। वह अपने को एक ऐसे योग्य, महान एवं सुन्दर पुरुष के रूप में कल्पना करता जिसकी सभी इज़्ज़त करते हैं और जिसके लिए सुकुमारियाँ जान देती हैं। निस्सन्देह वह काफी भावुक और रसिक था और उसके जीवन में कई खूबसूरत लड़कियाँ आ चुकी थीं, परन्तु इससे उसकी नारी की भूख और बढ़ गई थी। वह

गम्भीर रहकर सुन्दर लड़कियों के दिलों में अपनी विद्वत्ता एवं महानता का प्रभाव जमाता था और बहुधा सफलता भी प्राप्त कर लेता था।

दीप्ति के व्यवहार-परिवर्तन पर पहले-पहल उसको आश्चर्य हुआ था, क्योंकि उसको यह उम्मीद नहीं थी कि वह उसके अन्य साथियों के बीच उसके प्रति इतनी जल्दी आकर्षित हो जाएगी। लेकिन इससे उसको बहुत आसानी से अपने ऊपर गर्व हुआ। वह खूब अच्छी तरह जानता था कि उसके व्यक्तित्व में ही ऐसी विशेषता एवं आकर्षण है, जिससे दीप्ति के हृदय में प्रेम की भावना पैदा हुई है। दीप्ति पर दृष्टि उसकी प्रारम्भ से ही थी और वह यह भी जानता था कि उसके अन्य साथी भी उसके प्यार के लिए लालायित रहते हैं। हाँ, वे एक-दूसरे से अपनी इस आकांक्षा को छिपाते थे। अशोक मन-ही-मन दीप्ति के सम्बन्ध में प्यार की योजनाएँ बुनने लगा, यद्यपि वह उसको प्यार करता है, इसके बारे में वह निश्चित रूप से नहीं कह सकता था, क्योंकि वह हर लड़की को चाहने लगता था, जिसमें मांसलता होती थी। जवानी और मांसलता उसके लिए मुख्य चीजें थीं और जहाँ से दोनों बातें होती थीं, वहाँ खूबसूरती और बदसूरती में वह भेद नहीं करता था, बल्कि दोनों को एक ही बटखरे से तौलता था। वस्तुतः वह भीतर-ही-भीतर नारी पर निरंकुश शासन करने का आकांक्षी था, यद्यपि ऊपर से वह बहुत ही गम्भीर और उदार एवं प्रगतिशील दिखाई देता था। जब वह कोई क्रान्तिकारी या ऊँची बात कहता था तो इसका वास्तविक अर्थ यह होता था कि सुन्दरियाँ उससे प्रभावित होकर उस पर तथा उसके विचारों पर मरने लगें। वे उसके व्यक्तित्व एवं विचारों को ग्रहण करें और उसी के लिए बड़ा-से-बड़ा त्याग करें तथा आवश्यकता होने पर अपने जीवन को उसी के लिए कुर्बान भी कर दें।

वह अच्छी तरह समझ गया कि दीप्ति उसको प्यार करती है। इससे उसका घमंड बहुत बढ़ गया। वह अपने अन्य मित्रों को बहुत ही तुच्छ एवं घृणित समझने लगा। जब वह दीप्ति के घर आता तो सदा इस अवसर की ताक में रहता था कि किसी बहस या बातचीत में अपने मित्रों को नीचा दिखाए। वह उनकी हर बात को काट देता था या उपेक्षा से उन पर हँस देता था। वह जानता था कि इससे दीप्ति के दिल में उसका सिक्का और जम जाएगा और वह भी उन मित्रों को तुच्छ एवं घृणित समझने लगेगी। उसका ऐसा सोचना सच भी था, क्योंकि दीप्ति हर चीज़ को अशोक के विचार और स्तर से देखने लगी थी। वह कमल, मोहन और मनफूल की जान-बूझकर उपेक्षा करती थी।

जब वे आते थे तो दीप्ति सबसे पहले अशोक को ही नमस्कार करती थी, "भाई साहब, नमस्कार।" शेष मित्रों की ओर से वह उपेक्षा से मुँह फेर लेती थी। वह अशोक की बगल में ही बैठती थी और उससे बीच ही में कोई दूसरा ही प्रश्न पूछकर बातचीत की धारा को मोड़ देती तथा इस तरह अशोक के विशेष व्यक्तित्व तथा महत्त्व को प्रमाणित कर देती। जब अशोक अपने मित्रों पर हँसता तो वह भी उसी

तरह हँस देती। किसी भी बहस में वह अशोक का ही पक्ष लेती और उसका जोरदार समर्थन करने के प्रयास में बेहद उत्तेजित हो जाती।

शंकर को अपनी बहन की ये हरकतें अच्छी नहीं लगती थीं। अक्सर वह हँसकर चल देता परन्तु कभी-कभी बिगड़ भी जाता, "क्या तू बकबक कर रही है? कुछ समझ में भी आ रहा है?"

इसके उत्तर में दीप्ति कुछ कहती, इसके पहले ही अशोक कहता था, "ठीक ही तो कह रही है। खास बात तो यह है कि तुम डिक्टेटर किस्म के आदमी हो और उसको दबाकर रखना चाहते हो।"

"मैं किसी की परवाह नहीं करती।" दीप्ति का मुँह उत्तेजना से लाल हो जाता।

धीरे-धीरे अशोक अपने मित्रों से कटने की भी कोशिश करने लगा। वह यह प्रयास करता कि जब वह यहाँ आए तो उसके मित्र न हों। कभी-कभी जब सभी एक साथ एकत्र होते थे तो वह बीच में ही उठकर चला जाता था, यह कहते हुए कि उसको जरूरी काम है और वह अगले दिन अवश्य आएगा। यह दूसरी सूचना दीप्ति के लिए रहती थी। उसके जाने के बाद दीप्ति भी जल्दी ही वहाँ से उठकर चली जाती थी। सभी मित्र चकित हो जाते थे, परन्तु कोई भी इस सम्बन्ध में कुछ नहीं कहता था, बल्कि और भी उत्साह से वे क़हक़हे लगाते थे, क्योंकि शंकर स्वभाव से इतना भला था कि वे उसके दिल को किसी भी प्रकार का आघात पहुँचाने से डरते थे।

अशोक सचमुच दूसरे दिन आता, परन्तु उस समय, जब दीप्ति और उसकी माँ के अलावा घर पर कोई नहीं रहता था। वह कालेज से जल्दी छुट्टी पर आ जाता था और सीधे दीप्ति के घर पहुँच जाता था। दीप्ति भी साढ़े तीन बजे स्कूल से आ जाती थी। शुरू-शुरू में अशोक वहाँ अकेले पहुँचने का कोई-न-कोई बहाना पेश कर देता रहा था, लेकिन बाद में उसने उसको भी त्याग दिया। वह अधिकारपूर्वक यह सब करने लगा।

दीप्ति उसकी बेचैनी से प्रतीक्षा करती रहती थी। दोनों एक-दूसरे को देखकर हँस पड़ते थे। दीप्ति जल्दी-जल्दी उसके लिए चाय बनाती थी। आश्चर्य था कि यह सब वह स्वयं करती थी, जब कि अन्य अवसरों पर वह घर का कोई भी काम नहीं करती थी। चाय के साथ नमकीन या कोई अन्य खास सामग्री रहती थी। दोनों चाय पीते हुए बातों का सिलसिला शुरू कर देते थे। अशोक पहले अधिकांश समय स्वयं ही बोलता रहता था, लेकिन जब दीप्ति का संकोच दूर हो गया और जब दीप्ति के लिए उसके मन की बेचैनी बहुत बढ़ जाती तो वह उसको ही बोलने देता। दीप्ति के पास अनुभवों का बहुत ही सीमित एवं अपर्याप्त खजाना था और जो कुछ भी था, उसमें से बहुत-सी बातों को वह स्त्री होने के नाते बता भी नहीं सकती थी। इसलिए उसकी बातचीत उसके कुटुम्बी जनों तथा सहेलियों के इर्द-गिर्द ही घूमती

रहती थी। उसके कौन से रिश्तेदार अच्छे और कौन-से बुरे हैं? उसके पिताजी उसको कितना मानते हैं? उसकी अपनी माता जी से किन-किन बातों में नहीं पटती है?

कभी-कभी अत्यधिक उमंग एवं उत्साह में आकर अशोक कहता, "आप किसी के कहने में न आइएगा, बल्कि अपने स्वतन्त्र व्यक्तित्व का निर्माण कीजिएगा। हमारे देश में स्त्रियों को बड़ी ही घृणा की दृष्टि से देखा जाता है। उनको दबाकर रखा जाता है और उन पर विश्वास किया ही नहीं जाता। यह बहुत ही घृणित बात है। मैं इसको पसन्द नहीं करता। मैं चाहता हूँ कि आप अधिक-से-अधिक पढ़ें और अपने भाग्य एवं भविष्य के सम्बन्ध में निर्णय लें। क्या कारण है कि जो बात मर्द का कुछ भी नहीं बिगाड़ पाती, उसी से स्त्री को बदनाम कर दिया जाता है? मैं इसको नहीं मानता। स्त्री को भी प्रेम का उतना ही अधिकार है जितना कि मर्द को।"

"परन्तु भाई साहब, समाज बहुत ही निर्दयी है, वह किसी को चलने नहीं देता...।"

"इस समाज को बदलना होगा। नारी जाति को आगे बढ़कर क्रान्ति कर देनी चाहिए। क्रान्ति के बिना देश का भला नहीं हो सकता। हम चुपचाप गलत बातों को देखते रहते हैं और इससे हमारी नैतिकता बन नहीं पाती और हमारे देश तथा समाज का उत्थान हो नहीं पाता। सबसे अचम्भे की बात तो यह है कि नारी स्वयं ही अपनी गुलामी को पसन्द करती है। उसमें हीनता इस हद तक कूट-कूटकर भर दी गई है कि वह इस हीनता को ही अपनी श्रेष्ठता समझती है। इसीलिए ही वह पुरानी मान्यताओं की लक्ष्मण-रेखा के भीतर न मालूम कितने युगों से बैठी है और उस रेखा को पार करके बाहर निकलने को तैयार नहीं। इन सारी मान्यताओं पर निर्दयता से प्रहार करना होगा। मैं चाहता हूँ कि आप इसके योग्य बनें और पुरानी मान्यताओं के विरुद्ध संघर्ष चलाएँ...।"

वह धारा-प्रवाह बोलता जाता था और दीप्ति उसकी एक-एक बात को अमृत की तरह पीती जाती थी। वह उमंग की उत्तेजना से काँप उठती थी। हाँ, वह ऐसी ही नारी बनेगी। वह हर पुरानी मान्यता पर जबर्दस्त प्रहार करेगी। वह अधिक-से-अधिक पढ़ेगी और उतनी ही योग्य बनेगी, जितना अशोक भाई चाहते हैं। वह यह सब इसलिए करना चाहती थी कि अशोक ऐसा चाहता था, क्योंकि वह अशोक की बातों को वेदवाक्य से कम नहीं समझती थी और उसके लिए बड़ी-से-बड़ी कुर्बानी भी कर सकती थी।

अशोक जब कोई बात कहता होता या दीप्ति ही कुछ कहती होती तो उसका ध्यान सिर्फ दीप्ति के गदराए शरीर पर रहता था। वह ऐसी विद्धत्तापूर्ण एवं दार्शनिक बातें इसलिए करता था कि दीप्ति जल्दी-से-जल्दी उसके चरणों पर गिर जाए। कितना सुन्दर उसका शरीर है? कैसी बड़ी-बड़ी आकर्षक आँखें हैं उसकी? कब ऐसा समय आएगा, जब वह उसके सुगन्धपूर्ण प्यार का सुख भोगेगा? वह जिसका अधिकारी है

और जिसके लिए वह भी लालायित रहती है, वह मंज़िल उससे अभी क्यों इतनी दूर है? इन सब बातों को सोचकर वह पागल हो जाता, क्योंकि वह प्रेम की सीढ़ी पर एक कदम भी नहीं चढ़ पाया था, यहाँ तक कि वह बहुत दिनों से किसी एकान्त क्षण में अवसर देखकर दीप्ति की कोमल अँगुली को दबाना चाहता था, लेकिन उसमें भी उसको अभी सफलता नहीं मिली थी। कभी दीप्ति ही उससे दूर छटक जाती या कभी उसकी माँ बैठके में झूठ-मूठ किसी चीज़ की तलाश करने लगती, जो वहाँ पर होती ही नहीं या जो किसी को भी कभी भी नहीं मिल सकती थी।

कभी-कभी उसको दीप्ति से ही बड़ा डर लगने लगता था। उसको प्रतीत होता कि दीप्ति उससे बहुत दूर है और वह उसका स्पर्श भी नहीं कर सकता। अगर ऐसी बात न होती तो वह इतना गम्भीर क्यों हो जाती है? क्या उसका दिल बदल गया है? क्या उसके किसी अन्य मित्र से तो उसकी घनिष्ठता नहीं हो गई है? वह निहायत व्याकुल हो उठता और अपने को बहुत ही कायर एवं तुच्छ समझने लगता। लेकिन दीप्ति की यह गम्भीरता बहुत देर नहीं रहती और वह जल्दी ही हँसने लगती थी, जिस पर अशोक का शरीर मधुर उत्तेजनाओं से चटकने लगता और वह कुछ ऐसी कल्पनाओं में खो जाता, जिन पर बड़े-से-बड़े व्यभिचारी को भी शर्म आ जाए।

अशोक लम्बे-लम्बे कदम रखते हुए उधर ही आ रहा था। सहसा दीप्ति की आँखें चमकने लगीं और होठों पर एक मधुर-सी मुस्कराहट उतर आई। खुशी के मारे वह वहाँ रुकी नहीं, बल्कि फुर्र से चिड़िया की तरह उड़कर घर के अन्दर चली गई।

दीप्ति रसोईघर में चली गई, जहाँ उसकी माँ खाना बना रही थी। वह अलमारी में कोई चीज झूठ-मूठ ही ढूँढ़ने लगी, जैसे अशोक के आगमन का उसको पता ही न हो। पर वह अपने मन में एक ऐसी उत्तेजना का अनुभव कर रही थी, जो उसके अनजान में पता नहीं कब उत्पन्न हो गई थी।

"अभी दफ्तर से नहीं आए लोग?" बासन्ती ने दीप्ति को घूरकर देखते हुए पूछा।

"आते ही होंगे...जाड़े का दिन है न।" दीप्ति अलमारी के पास से हटकर अपनी माँ के पास बैठ गई।

"क्यों धक्का देती है...अलग क्यों नहीं बैठती?" बासन्ती बिगड़ गई।

"धक्का कहाँ देती हूँ?" दीप्ति चुपचाप वहीं बैठी रही।

"धक्का तो देती ही है...इतनी लमघोड़ी हो गई, तेरा शरीर बस में थोड़े रहता है। जाकर दूसरे घरों में देख, तुमसे छोटी-छोटी लड़कियाँ सारी गृहस्थी सँभालती हैं। तेरा जाँगर तो चलता ही नहीं...।"

"तेरे पास तो इसीलिए बैठने को जी नहीं करता। जब मैं आती हूँ तो तू नसीहत

देने लगती है। हमेशा कोसती रहती है। ऐसा लगता है कि मैं तुम्हारी दुश्मन हूँ... ।" दीप्ति तिनक गई।

"अच्छा...हट, चल यहाँ से। काम करने दे। तू इसी लायक है ही। बाप ने तुझे बिगाड़कर रख दिया है।"

दीप्ति उठ खड़ी हो गई, क्योंकि उसी समय किसी के अन्दर आने की आहट मालूम हुई।

"चाची जी, नमस्कार।" अशोक आँगन में आकर खड़ा हो गया था।

"खुश रहो बेटा...बैठो।" बासन्ती ने कहा।

"मैं इधर काम से आया था तो चला आया। बाज़ार में चाचा जी और शंकर से मुलाकात हुई थी; वे कपड़े वगैरह खरीद रहे थे। उन्होंने कहा था कि वे जरा देर से पहुँचेंगे।" अशोक ने कहा।

"अच्छा, इसी से आज इतनी देर हो गई, नहीं तो अब तक आ जाते हैं लोग। बैठ जाओ बेटा बैठके में, मैं चाय बनाती हूँ।"

"नहीं चाची जी, मैं चलूँगा। यही बात बताने आया था मैं, मुझे कुछ काम है।"

दीप्ति पता नहीं कब वहाँ से खिसक गई थी और बैठके में आकर खड़ी हो गई थी। फिर वह कुर्सी पर बैठकर कोई पत्रिका उठाकर पढ़ने लगी थी। जब अशोक कमरे में आया तो वह चौंक पड़ी, जैसे वह उसके आगमन की बात सर्वथा भूल ही गई हो। फिर वे दोनों अनजाने में मुस्कराने लगे थे।

अशोक उसको देखता ही रह गया। उसकी इच्छा हुई कि आगे बढ़कर वह उसको आलिंगन में समेट ले, लेकिन इसी समय दीप्ति गोया उसकी भावनाओं को पढ़कर दूसरी ओर देखने लगी, जिसके परिणामस्वरूप वह डर गया कि कहीं वह नाराज न हो जाए। उसके कदम डगमगा गए और वह काफ़ी गम्भीर हो गया।

"अच्छा मैं चलता हूँ... ।" वह बोला।

दीप्ति चौंक उठी। उसने उसके चेहरे को गौर से देखा। कहीं वह सचमुच नाराज़ तो नहीं है? आज वह देर से भी आया और इस समय भी वह बिना कोई बात किए ही चला जा रहा है। उसको भी तो व्यवहार करने का कोई तरीका नहीं मालूम है। उसको उससे हालचाल पूछना चाहिए था या खुश होकर कोई और बात करनी चाहिए थी, लेकिन वह तो इतनी गम्भीर हो गई है कि दूसरा यही समझ सकता है कि वह नाराज है।

"आप कल क्यों नहीं आए?" वह मुस्कराने लगी।

"कल देर हो गई। हमारे यहाँ कोई मेहमान आ गए थे।" अशोक के दिल में फिर उमंगें मचलने लगी थीं। वह आशापूर्ण दृष्टि से दीप्ति को देखने लगा था। उसकी इच्छा हुई कि दीप्ति के हाथ को प्यार से पकड़ ले, लेकिन ठीक इसी समय उसकी माँ के आने की आहट भीतर से सुनाई पड़ी। वह सहसा काफी गम्भीर हो गया।

वह बोला, "कल रविवार है। हम पिकनिक के लिए चलेंगे । शंकर से बातें हो चुकी हैं। दूसरे लोगों से भी जाकर कहे देता हूँ। शायद मैं न जा सकूँ।"

"क्यों?"

"यूँ ही। कुछ काम है।"

"भाई साहब, चलिए न। पिकनिक में जब सभी रहते हैं तभी अच्छा लगता है।" दीप्ति ने दूसरी ओर देखते हुए कहा।

"मेरे जाने या न जाने से क्या होता है?"

"यह तो दूसरे ही बता सकते हैं।"

"अच्छा तो ठीक है। तुम्हारे ही कहने से चल रहा हूँ। तो तैयार रहना। अच्छा मैं चलता हूँ।"

"चाय पी लीजिए न... ।"

"नहीं, अब कल ही चाय पिएँगे... ।" वह उसकी ओर देखकर हँस पड़ा, जिससे दीप्ति का मुँह लाल हो गया। इसके बाद वह दीप्ति को घूरता हुआ वहाँ से फौरन बाहर हो गया। दीप्ति उसको उदास एवं पीड़ामयी दृष्टि से देखने लगी।

बाहर निकलकर अशोक को बेहद अफसोस होने लगा। वह व्यर्थ में बासन्ती के आगमन की आशंका से डर गया था। वास्तविकता तो यह है कि दीप्ति उसके प्यार में ऊपर से नीचे तक डूबी हुई है और उसको शीघ्रातिशीघ्र किसी सही अवसर का सदुपयोग करके उस प्यार को हस्तगत कर लेना चाहिए। औरत का प्यार एक पके आम की तरह होता है, लेकिन अगर कोई उस आम को तोड़कर खाए ही नहीं तो कोई अन्य अवश्य उसका उपभोग कर लेगा। ऐसी कल्पना से वह अत्यधिक प्रसन्न हो गया और ऐसे विचार के लिए उसको अपनी प्रतिभा एवं मौलिकता पर भारी गर्व होने लगा।

दूसरे दिन रविवार का दिन था। आसमान बहुत साफ था। हवा में ठंडक होने पर भी बहुत खुशनुमा धूप निकली थी। मोहन, कमल और मनफूल समय पर पहुँच गए थे। दीप्ति ने कुन्ती से भी कह दिया था, जो बन-ठनकर जल्दी ही आ गई थी। दीप्ति भी खूब सजी-सँवरी थी। वह एक चूड़ीदार पायजामा और चटक लाल रंग का स्वेटर पहने थी। आँखों में काजल की पतली रेखाएँ। वह उत्साह एवं उमंग की मूर्ति दिखाई देती थी। अन्य लोग भी सजे-धजे थे। अशोक गैबर्डीन का एक नया सूट पहने था और उसके कपड़ों से एक खुशबू निकलकर चारों ओर उड़ रही थी। उनमें सबसे सादी पोशाक मोहन ही की थी। वह एक मामूली कपड़े का पायजामा और कुर्ता पहने हुए था। ऊपर से काली सदरी।

मोहन का मकान दीप्ति के मकान से सटा था, पर वह उससे बहुत चिढ़ती थी।

मोहन अपने मामा के यहाँ रहता था और अंग्रेजी में रिसर्च कर रहा था। दीप्ति के चिढ़ने का कारण यह था कि उसका पहनावा उसको पसन्द नहीं था। अधिकतर पायजामा-कुर्ता। कभी-कभी धोती-कुर्ता। उसके कपड़ों से दीप्ति को शर्म लगती। उसकी दृष्टि में वह उनके साथ बैठने और घूमने लायक नहीं था। उसके संग के अन्य लड़के तथा लड़कियाँ तो नवीनतम फैशन से आते थे, जिनके बीच वह एकदम देहाती की तरह लगता था। ऊपर से तुर्रा यह कि वह सबसे बहुत ही घुल-मिलकर और हँस-हँसकर बोलता, जैसे उसको अपने पहनावे पर जरा भी शर्म न हो, बल्कि खुशी ही हो। उसकी जबान का कोई ठिकाना नहीं था। वह अक्सर हँसी-मज़ाक किया करता। किसी को छेड़ देता। किसी की आलोचना कर देता। ऐसा लगता कि उसमें गम्भीरता है ही नहीं। दीप्ति इसको असभ्यता समझती थी। यह क्या तरीका है? पता नहीं कैसे खानदान का है।

मोहन ने आते ही कहा, ''दीप्ति, इस हफ्ते कौन सिनेमा देखा?''

दीप्ति जल-भुन गई। वह खूब अच्छी तरह जानती थी कि मोहन उसका मज़ाक उड़ा रहा है। वह सिनेमा देखती है, तो किसी का क्या जाता है? सिनेमा देखने के लिए कलेजा होना चाहिए। उसमें पैसा लगता है पैसा। कंजूस आदमी क्या सिनेमा देखेगा? मोहन भाई साहब तो हैं पहले नम्बर के कंजूस। किसी मौके पर वह पैसा निकालते ही नहीं। भैया के अन्य दोस्तों में यह बात नहीं। अशोक का तो कहना ही क्या। जब अशोक रहता है तो किसी को खर्च करने नहीं देता। फौरन वह हाथ जेब में डालकर पैसा निकालता है। एक बार भी उसका हाथ हिचकिचाहट से नहीं रुकता। कमल भी कम खर्च नहीं करता, यद्यपि वह अशोक के स्तर तक नहीं पहुँचता। मनफूल भी कुछ-कुछ कंजूस अवश्य है, पर मौका आने पर वह भी आगे बढ़ जाता है, मोहन की तरह बेशर्मी से नहीं हँसता। यह भी कोई इन्सानियत है? उसकी इच्छा हुई कि वह कहे, ''भाई साहब, आप क्या खाकर सिनेमा देखिएगा? आपके पुरुखों ने भी कभी सिनेमा देखा है?'' पर शंकर की नाराज़ी का खयाल करके वह चुप लगा जाती। उसने अपनी उपेक्षा का प्रदर्शन करने के लिए अपना मुँह दूसरी ओर घुमा लिया और मोहन की बात का कोई जवाब नहीं दिया।

परन्तु मोहन इतनी आसानी से छोड़ने वाला नहीं था। वह दीप्ति के पास पहुँचकर बोला, ''अरे दीप्ति, तुम्हें सुनाई नहीं देता? तुमने तो यह बताया ही नहीं कि आजकल माला सिन्हा की तबीयत का क्या हाल है।''

''भाई साहब, मुझे मज़ाक पसन्द नहीं।'' दीप्ति का चेहरा गुस्से से बिगड़ गया।

''यह मज़ाक है?''

''मज़ाक तो है ही। आप जब देखिए मेरा मज़ाक उड़ाते हैं। मैं सिनेमा देखती हूँ, चाट खाती हूँ, फैशन से रहती हूँ तो इसमें आपका क्या जाता है? मेरे माँ-बाप मुझे जैसा रखते हैं, वैसा मैं रहती हूँ।''

मोहन हँसने लगा, ''लो, तुम तो बिगड़ गईं। मैं मज़ाक कहाँ उड़ाता हूँ? मैं तो तुमसे पूछता हूँ जानने के लिए।''

सभी चौंक उठे और उधर ही देखने लगे। शंकर हँसने लगा। वह जानता था कि मोहन की ऐसी ही आदत है और वह किसी को गम्भीरतापूर्वक नहीं लेता, इसलिए वह या उसके दोस्त उसकी बात का बुरा नहीं मानते। लेकिन आज अशोक का चेहरा काफी गम्भीर होकर तमतमा उठा। उसके ही सामने कोई दीप्ति का अपमान करे तो वह बर्दाश्त करनेवाला नहीं। मोहन उसको जानता ही नहीं। वह तो ऐसा है कि बड़ों-बड़ों का दिमाग दुरुस्त कर दे।

''माला सिन्हा तो यार, तुम्हारे जैसा नौकर रखे।'' आखिर वह बोल ही पड़ा। फिर वह अपनी घृणा एवं व्यंग्य को प्रकट करने के लिए जोर से हँसने लगा।

''तो मैं तैयार हूँ ऐसी नौकरी के लिए।'' मोहन ने बहुत ही सहजता से कहा।

सभी हँस पड़े, परन्तु अशोक उस व्यक्ति की तरह खिसिया गया जो बहस में पराजित हो गया हो। वह उत्तेजित होकर बोला, ''चलो, चलो, तुम्हारे जैसे व्यक्ति उसको बहुत मिलते हैं।''

''तुम आखिर क्यों नाराज़ होते हो? क्या तुम उसके प्राइवेट सेक्रेटरी हो?'' मोहन का चेहरा उसी तरह खिला हुआ था।

''जबान सँभाल कर बोलो। मुझे ये बदतमीजियाँ बर्दाश्त नहीं। मैं दोस्तों की कद्र करता हूँ, लेकिन जो बदतमीजी से पेश आता है, उसको मैं माफ नहीं करता। तुम अपने को समझते क्या हो? तुम अंग्रेजी में रिसर्च कर रहे हो तो तुमने अपने को समझ क्या लिया है? बन्दर को पढ़ाने से कोई लाभ थोड़े होता है? तुम तो ज़िन्दगी-भर बन्दर ही रह जाओगे।''

''बन्दर!'' मोहन ने इस तरह शक्ल बना ली, जैसे वह सचमुच बन्दर ही हो।

सभी हँस पड़े। अशोक का चेहरा तमतमाने लगा। सभी अचम्भे में थे कि आखिर अशोक जैसा गम्भीर व्यक्ति इतना नाराज कैसे हो गया? शंकर लपकता हुआ मोहन के पास आया और आजिजी के साथ बोला, ''प्लीज़।''

फिर वह अशोक से बोला, ''यार जाने भी दो, तुम भी बेकार में नाराज़ होते हो। इसकी तो आदत है नान-सीरियस बात करने की।''

मोहन चुपचाप अशोक के सामने से खिसक गया। वह अब भी हँस रहा था। अशोक बहुत गम्भीर था। दीप्ति का मुँह भी फूला हुआ था। कुन्ती उसकी बगल में खड़ी मुस्करा रही थी। सभी कुछ देर तक गम्भीर रहे। फिर सहसा मोहन अशोक के सामने जाकर खड़ा हो गया और अपने दाहिने हाथ को आगे बढ़ाकर बोला, ''नाराज़ न हो यार...मैं तुम्हारी भावनाओं की कद्र करता हूँ। आओ...हाथ मिलाओ...।''

''हाँ भाई साहब, अब आप लोगों में फिर दोस्ती हो जानी चाहिए...।'' कुन्ती ने कहा।

सभी ने "हाँ-हाँ" किया और दोनों दोस्तों ने हँसते हुए एक-दूसरे से हाथ मिलाया। सभी हँसने लगे। कमल और मनफूल ने तालियाँ पीट दी। कुछ देर पहले नाराज़ी का जो धुन्ध छा गया था, वह शीघ्र ही न मालूम कहाँ उड़ गया।

वे बाहर निकल गए। खाने-पीने का सारा सामान वे अपने साथ लिये हुए थे। दरी, चादर, स्टोव, राशन, तेल, घी, अंडे आदि सब कुछ। रिक्शों पर चढ़कर वे रवाना हुए। शहर से तीन मील की दूरी पर एक बड़ा तालाब था, जिसका किनारा बहुत साफ-सुथरा था। उस ताल के पास ही कुछ घने बगीचे और झाड़ियाँ थीं। वह स्थान पिकनिक के लिए आदर्श था। उन्होंने तट से कुछ ही दूरी पर एक पेड़ के किनारे अपना डेरा जमाया। वहीं दरी-चादर बिछा दी गईं। सभी के मुख पर प्रफुल्लता थी।

"भाई, खाने का जिम्मा कौन लेगा..." शंकर ने पूछा।

"दीप्ति, आज तुम बनाओ।" मोहन ने मज़ाक में ही यह सुझाव दिया था, परन्तु इसके पहले कि दीप्ति पर इसकी कुछ प्रतिक्रिया हो, कुन्ती ने स्थिति को सँभाल लिया।

"भाई साहब, आज आप लोगों को मैं बनाकर खिलाऊँगी।" इतना कहकर कुन्ती ने अपना लाल कोट उतारकर अलग रख दिया। वह खूब हँसने लगी अपनी इस तत्परता पर। कोट उतारने से उसके शरीर की लम्बाई-चौड़ाई और उभार अपने पूर्ण विकसित, मस्त एवं मनोहारी रूप में दिखाई दे रहे थे। उसका शरीर दोहरा था, जिससे वह कुछ मोटी मालूम हो रही थी, पर उसमें बलगम नहीं था और वह काफी स्वस्थ और तगड़ी थी। उसके गाल मालपुए की तरह फूले हुए थे और गर्दन लम्बी थी। शरीर की ऐसी मांसलता के लिए अशोक के मन में बड़ा लोभ था, इसलिए जब कुन्ती ने अपना कोट उतारा तो वह कुछ देर के लिए दीप्ति को भूल बैठा और मुँह खोलकर अजीब भावुक दृष्टि से कुन्ती को देखने लगा। वह शीघ्र ही काफी उत्साहित हो गया और बेमतलब हँसने लगा।

"कुन्ती को मदद मैं भी दूँगा...।" अशोक ने कहा।

"वाह भाई साहब, तब तो मेरा काम ही बन जाएगा...।" कुन्ती ने उत्साहपूर्वक कहा।

"यह जनाना काम तुमने कब से सीखा?" मोहन ने अशोक को फिर छेड़ा।

"बच्चू, मैं तो एक बारात के लिए खाना बनाकर खिला दूँ...।" अशोक ने जिस खीझ में बात कही, वह अन्त में एक झेंप-भरी हँसी में बिखर गई।

"तब तो ठीक है...।" मोहन ने भी हँसकर अपना मुँह दूसरी ओर फेर लिया।

दीप्ति कुछ ही दूरी पर खड़ी थी, पर उसने इस विषय पर अपना कोई उत्साह नहीं प्रकट किया। यह सच था कि घर पर जब मोहन ने उसको चिढ़ाया था तो वह चिढ़ गई थी, लेकिन इस समय उसके मन में यह बात न थी। पिकनिक के प्रोग्राम

की चहल-पहल और खुशी में वह सबकुछ भूल गई थी। सबसे खुशी उसको इस बात की थी कि उसको काफी देर तक अशोक के साथ रहने का अवसर मिलेगा। उसने सोचा था कि वह अशोक के साथ इधर-उधर घूमेगी, उससे खूब बातें करेगी, खूब कहकहे लगाएगी। गैबर्डीन के सूट में अशोक बहुत अच्छा लगता था और उसको यह सोचकर गर्व हुआ था कि शंकर के मित्रों में वह सबसे सुन्दर और सभ्य दिखाई दे रहा था।

किन्तु रिक्शे पर चढ़ते समय गड़बड़ी हो गई थी। शंकर ने जबर्दस्ती उसको अपने रिक्शे पर चढ़ा लिया। और लोग भी रिक्शे पर चढ़ने लगे। दीप्ति अपने भाई की जल्दबाजी पर मन-ही-मन कुढ़ रही थी। इसी समय उसने देखा कि कुन्ती जिस रिक्शे पर चढ़ी थी, उस पर लपककर अशोक भी चढ़ गया।

अशोक रास्ते-भर कुन्ती से बातें करता आया। न मालूम कहाँ-कहाँ की बातें। कुन्ती चुपचाप मुस्कराती हुई उसकी बातें सुनती रही थी। उन बातों का कुन्ती पर काफी प्रभाव पड़ा था। स्पष्ट बात तो यह थी कि अशोक के लिए उसके मन में भी एक कोमल भावना थी, परन्तु अभी तक उसके निकट होने का, उससे बातचीत करने का उसको कभी अवसर नहीं मिला था। दीप्ति की वजह से ही यह सब हुआ था। दीप्ति ने अशोक की उससे इतनी तारीफ की थी कि वह अशोक को दीप्ति की नजरों से देखने लगी थी, यद्यपि वह अशोक के बारे में मज़ाक ही करती थी।

अशोक पर स्वयं एक नशा छा गया। रिक्शे के उछलने से कुन्ती का शरीर उससे आ सटता, जिससे दोनों ही काफी उत्साहित हो जाते थे और एक-दूसरे को हँसकर देखते थे। अशोक अपने सम्बन्ध में खूब डींगें मारने लगा था। वह कालेज का कितना सफल शिक्षक है और प्रिंसीपल साहब उसकी सहायता के बिना एक कदम भी आगे नहीं चल सकते!

दीप्ति कुन्ती पर जल-भुन गई थी। कितनी बेशर्म है वह! वह उसके साथ निर्लज्जता के साथ बैठ गई और अब हँस-हँसकर बातें कर रही है। इसके पहले वह कुन्ती को ऐसा नहीं समझती थी, लेकिन आज उसको अच्छी तरह मालूम हो गया कि उसके दिल में गज-भर का छुरा है, जिससे वह घनिष्ठतम सहेली का गला रेत सकती थी। उसको बड़ा अफसोस हुआ कि उसने ऐसी नीच लड़की से दोस्ती की।

और जब अशोक ने उमंग के साथ खाना बनाने में मदद देने का प्रस्ताव रखा तो दीप्ति के दिल को बहुत ही जोर का धक्का लगा। क्या वह अशोक को गलत समझती रही? उसको अशोक से ऐसी आशा नहीं थी। अशोक के व्यवहार से ऐसा लग रहा था कि उसको दीप्ति के अस्तित्व का पता ही न हो या उसका दीप्ति से कभी परिचय ही न रहा हो।

वह चुपचाप उसी तरह खड़ी रही। गैबर्डीन का सूट अशोक ने उतार दिया था

और एक पायजामा और कमीज़ पहनकर कुछ ईंटें लाने के लिए फुर्ती से चला गया था। कुन्ती पास ही की झाड़ी से कुछ पतली-पतली टहनियाँ काट ले आई थी और उनको झाड़ू की तरह बनाकर उससे उस जगह की सफाई करने लगी थी। शंकर, कमल, मोहन तथा मनफूल एक दूरी पर बैठकर ताश खेलने लगे थे।

"दीप्ति, तुम भी बैठ जाओ। आज तो कुन्ती की पाक-विद्या की परीक्षा लेनी है। तुम्हारा बनाया किसी दूसरे दिन खाएँगे।" मोहन ने कहा।

दीप्ति दूसरे खयालों में डूबी थी। उसके चेहरे पर एक अजीब उदासी उतर आई थी। वह कुछ बोली नहीं, बल्कि चुपचाप मोहन के सामने आकर बैठ गई। वे लोग फ्लश खेल रहे थे, लेकिन उसकी दृष्टि के सामने ताश के पत्ते धुँधले से नज़र आ रहे थे। कभी-कभी उसकी दृष्टि कुन्ती और अशोक की ओर चली जाती। कुन्ती के चेहरे पर उसने एक अजीब चमक देखी। वह सिर को झुकाए तथा होठ पर होठ दबाए खाना बनाने में लगी थी। उसके पास बैठा अशोक छोटे-मोटे कार्यों में सहयोग दे रहा था। वह लगातार खीसें निकालकर हँस रहा था और उसका चेहरा बिना किसी बात के ही तमतमा रहा था।

दीप्ति जैसे आसमान से जमीन पर आ गिरी हो। वह स्वाभिमान और लाड़-प्यार के वातावरण में पली-बढ़ी एक लड़की थी और उसको ऐसी उपेक्षा की आदत नहीं थी। अशोक से उसका दिल टूट गया था। वह उसकी दृष्टि में एकदम ही तुच्छ हो उठा। उसको लगा कि वह दिखाने को ही सफेदपोश और शिक्षित है, परन्तु उस पर विश्वास नहीं किया जा सकता था। दीप्ति ने अपना सम्पूर्ण विश्वास उसको समर्पित कर दिया था इस आशा से कि वह भी अपना सम्पूर्ण विश्वास उसको प्रदान करेगा। लेकिन अशोक ने उसके इस विश्वास पर प्रहार करके उसका घोर अपमान किया था। कुन्ती ने उसका मज़ाक उड़ाया था, लेकिन वह क्या जानती थी कि आगे चलकर स्वयं अशोक ही कुन्ती की दृष्टि में उसको ओछा बना देगा।

उसके लिए सबकुछ बर्दाश्त के बाहर हो गया। वह वहाँ से उठ गई और धीरे-धीरे चलकर ताल के किनारे पहुँच गई। सामने जल का असाधारण विस्तार फैला था। तट पर पानी कुछ गँदला और गाज-भरा था, जो सेवार के ऊपर बह रहा था। मध्य भाग में पानी के ऊपर कुछ छोटी-छोटी चिड़ियाँ उड़ रही थीं, जो कभी-कभी झपाके से नीचे आतीं और कोई मछली या कीड़ा-मकोड़ा पकड़कर फिर ऊपर उड़ जातीं।

दीप्ति जल को देख रही थी, परन्तु उसके दिल के अन्दर एक निस्सहाय पीड़ा हिलोरें ले रही थी। जैसे कहीं कोई करुण संगीत की तान छेड़कर उसके मन को पिघला रहा था। वह यह सब कैसे बर्दाश्त करेगी? वह क्या चाहती है? अशोक से वह क्या चाहती है? वह लाख कोशिश करने पर भी कुछ समझ नहीं पाई और एक अनजान लाचारी के भाव से उसकी आँखों में आँसू आ गए।

दीप्ति देर तक वहीं बैठी रही। सूरज उसके सिर पर चढ़ गया था, जिससे उसके कन्धे जलने लगे थे। उसके पीछे बातचीत, हँसी और क़हक़हों के स्वर उठकर हवा में फैल रहे थे। यदि अशोक ने उसके साथ धोखा न किया होता तो वह आज कितने उत्साह में होती! वह भी उनके हँसी-मज़ाक़ों तथा प्रोग्राम में भाग लेती।

अचानक वह चौंकी। उसने अपने पीछे किसी की आहट महसूस की। उसने सिर घुमाकर देखा। वह मनफूल था। आश्चर्य यह था कि अब भी उसने वहाँ अशोक के आने की उम्मीद की थी। उसको अपने ऊपर बहुत क्रोध आया। आज से वह अशोक से कोई मतलब नहीं रखेगी। वह एक क्षण के लिए भी उसका खयाल अपने मन में नहीं लाएगी। वह ऐसी नहीं है कि अपने अपमान को वह चुपचाप बर्दाश्त कर ले। यदि कोई उसका अपमान करेगा तो वह उसकी ओर देखेगी भी नहीं। उसका ख्याल अपने मन से अलगनी पर बैठे हुए गन्दे कौए की तरह उड़ाकर भगा देगी।

''दीप्ति, तुम यहाँ न मालूम कितनी देर से बैठी हो, वहाँ खाना तैयार हो गया है। चलो, सब बुला रहे हैं।''

''बड़ा अच्छा लग रहा है, भाई साहब, यहाँ।''

मनफूल उसको ग़ौर से देख रहा था। वह कितनी सुन्दर है! जब हँसती है तो जैसे कमल की पंखुरियाँ काँप उठती हैं। उसका दिल दीप्ति के लिए बेचैन हो उठा! निस्सन्देह वह दीप्ति के प्रति पहले से ही आकर्षित था, लेकिन इस आकर्षण को वह पहले समझ नहीं पाया था। पर जब उसने देखा कि दीप्ति अशोक से बहुत प्रभावित है और अशोक भी उससे छिप-छिपकर मिलता है, तो उसका हृदय जहाँ अशोक के प्रति घृणा एवं ईर्ष्या से जल उठा, वहीं दीप्ति के लिए बेहद तड़प उठा। वह एक वकील था, जिसने हाल ही में वकालत शुरू की थी और जो अशोक की तरह लम्बा तथा उससे भी तगड़ा था। किस अर्थ में वह अशोक से कम था? बल्कि वह अशोक से हर माने में श्रेष्ठ है। और आज जब उसने देखा कि अशोक कुन्ती से उलझा हुआ है और दीप्ति काफ़ी गम्भीर है तो वह बखूबी समझ गया कि दीप्ति अशोक और कुन्ती पर मन-ही-मन नाराज़ है। वह इस अवसर को कैसे छोड़ देता? इनसान के जीवन में अवसर एक ही बार आता है, यह उसने कहीं पढ़ा था, और मनुष्य अगर इस अवसर को आगे बढ़कर उपयोग में नहीं लाता तो फिर उसका भाग्य किसी कठोर चट्टान से टकराकर सदा के लिए चूर-चूर हो जाता है। वह इस अवसर को हाथ से निकलने नहीं दे सकता। भगवान ने स्वयं कृपा करके ऐसा अवसर भेजा है और अब वह अपनी समस्त कायरता का त्याग कर असाधारण साहस के साथ दीप्ति के हृदय में अपने लिए कोमल भावना उत्पन्न करने की कोशिश करेगा।

वह सहानुभूतिपूर्ण करुण स्वर में बोला, ''हाँ, यह जगह बहुत अच्छी है। मुझे भी यह स्थान बहुत पसन्द है। मैं तो सच कहता हूँ, मैं प्रकृति का पुजारी हूँ। यह ताश-वाश और व्यर्थ का हँसी-मजाक मुझे क़तई पसन्द नहीं। तुमको जब मैंने उठकर

यहाँ आते हुए देखा तो बाईगॉड, मुझे बहुत खुशी हुई। मैंने मन-ही-मन सोचा कि यहाँ दो लड़कियाँ हैं, पर दोनों में कितना फ़र्क़ है। खैर, मैं तो पहले ही जानता था कि तुम बहुत ही समझदार और ऊँचे विचारों की लड़की हो। कुन्ती को देखकर मुझे बड़ा अचम्भा हुआ। मैंने नहीं सोचा था कि वह इतनी बेशर्म है। हँस-हँसकर बातें करना और प्रदर्शन करना। मुझे तो इस तरह के लोगों के बीच आने में बहुत ही संकोच होता है। सारा मूड बिगड़ जाता है। और अशोक को क्या कहूँ? खैर, मैं तो शुरू से ही जानता था। वह देखने में ही बहुत गम्भीर है, पर मैं उसकी नस पहचानता हूँ। बातें वह बहुत ऊँची-ऊँची करेगा, लेकिन आचरण में बहुत गया-बीता है। उसका तो विश्वास किया ही नहीं जा सकता। उससे तो मेरी एक मिनट भी न पटे। मैं ऐसे लोगों को पुट्ठे पर हाथ रखने नहीं देता। खैर, यह तो शंकर है, जो सबको यहाँ इकट्ठा करता है। शंकर का स्वभाव ऐसा है कि जहाँ एक बार जिससे दोस्ती हुई, उसके साथ वह निभाने की कोशिश करता है! तभी हम लोगों के बीच अशोक जैसा व्यक्ति आ पाता है। इस अशोक के क़िस्से क्या-क्या बताऊँ। यह बहुत ही जल्दी सुन्दर लड़कियों से दोस्ती करता है, उनसे शादी का वादा करता है और बाद में उनको धोखा देता है। क्या बताऊँ, यह सब मैं कहना नहीं चाहता था, लेकिन आज बाध्य होकर मुझे यह सब कहना पड़ा है।"

मनफूल सहसा चुप होकर खोजपूर्ण दृष्टि से दीप्ति को देखने लगा जो अपनी शर्म को छिपाने के लिए ताल के जल की ओर देख रही थी। फिर वह मनफूल की ओर देखकर मुस्करा पड़ी। वह बोली, "अशोक भाई साहब को मैं ऐसा नहीं समझती थी... ।" इतना कहकर वह पुनः शरमा गई।

मनफूल मन-ही-मन बेहद प्रसन्न होकर बोला, "अरे, तुम क्या जानो इन बातों को। तुम अभी बच्ची हो। मैं अगर अशोक का कच्चा चिट्ठा खोलकर रख दूँ तो तुम उससे घृणा करने लगो। पूरी बातें बताई भी नहीं जा सकतीं, क्योंकि वे इतनी घृणित हैं कि जबान से निकल नहीं सकतीं। यह अच्छा हुआ कि तुम सतर्क हो गईं। हिन्दुस्तान की लड़कियों को ऐसे पुरुषों से सावधान रहना चाहिए। ऐसे लोग कुछ कविता वगैरह कर लेते हैं और अपने को बड़ा तीसमार समझते हैं, पर उनका मतलब तो कुछ दूसरा ही होता है। खैर, ठीक है, तुम्हारा स्वभाव मैं जानता हूँ। तुम ऐसे लोगों के चक्कर में पड़ ही नहीं सकतीं।...अच्छा, तो ठीक है...बाद में मैं तुम्हें कुछ और भी बातें बताऊँगा। अब तुम किसी बात की चिन्ता न करो। मैं तुम लोगों की भलाई का सदा ध्यान रखता हूँ। शंकर के लिए तो मैं जान तक दे सकता हूँ। ऐसा आदमी चिराग़ लेकर ढूँढ़ने पर भी नहीं मिल सकता। तुम्हारा पूरा कुटुम्ब ही मुझे बहुत प्रिय है और मैं तुम लोगों में से किसी का भी नुक़सान नहीं होने दे सकता... ।"

उसका भाषण-प्रवाह रुका, क्योंकि उधर से शंकर उनको आवाज़ दे रहा था। वे दोनों आगे और कोई बात किए बग़ैर घूमकर उधर चल पड़े। मनफूल मन-ही-मन

बहुत प्रसन्न था। उसको अपनी बुद्धि पर बहुत ही गर्व हुआ। यदि यही बुद्धि उसके पास न होती तो वह इस अवसर को आसानी से खो देता। अब इसमें कोई सन्देह नहीं कि दीप्ति अशोक से नफ़रत करने लगी होगी। उसके मन में एक दुविधा थी, एक धुन्ध था, जिसकी उसने छँटाई कर दी है और उसके मन को एक नई दिशा दे दी है। जब उसी के प्रयास से दीप्ति अशोक को अपने दिल से निकाल देगी तो यह उसके लिए बहुत आसान होगा कि वहाँ स्वयं प्रवेश पा सके। उसके पाँव खुशी के मारे स्वतः ही जल्दी-जल्दी उठने लगे थे। जब वह अपने साथियों के निकट पहुँची तो वह और भी तेजी से चलने लगा, ताकि वह दीप्ति से पहले पहुँच सके और किसी के मन में उसके प्रति सन्देह न उत्पन्न हो सके।

मनफूल का सोचना ठीक ही था। दीप्ति के मन में जो कुछ कसर थी, मनफूल की बातों से दूर हो गई थी। अब उसको पूर्ण विश्वास हो गया था कि अशोक का आचरण ठीक नहीं। वह दुष्ट और धोखेबाज़ है। कुन्ती में है क्या? न उसमें खूबसूरती है, न ढंग और न पहनावा। हमेशा बेशर्म की तरह हँसती रहती है। मनफूल की एक-एक बात सच है। वे दोनों ही बदमाश और नीच हैं। वह कुन्ती से तो कभी बोलेगी ही नहीं। उसको वह फटकार बताएगी कि वह भी जानेगी। 'मैं अच्छे के लिए अच्छी हूँ और बुरे के लिए बुरी। जिससे मेरा दिल फटता है तो मैं उसको दूध की मक्खी की तरह निकाल बाहर करती हूँ।'

"आओ भाई...आओ...।" सभी चिल्ला पड़े।

कुन्ती दीप्ति की ओर दौड़ती हुई आई। उत्साहपूर्वक बोली, "अरे, दीप्ति, क्या बात है? तू कहाँ चली गई थी? देख, मैंने कितनी अच्छी चीज़ें बनाई हैं। तहरी और बैंगन की कलौंजी। उबले हुए अंडे अलग।"

किन्तु दीप्ति ने उसकी ओर देखा तक नहीं। वह दूसरी ओर मुँह घुमाकर वहाँ से खिसक गई, जैसे उसने कुन्ती की आवाज सुनी भी न हो या वह कुन्ती के अस्तित्व से अनभिज्ञ हो। कुन्ती का मुँह लजाकर छोटा पड़ गया। इसमें सन्देह नहीं कि अशोक की निकटता से वह बहुत ही उमंग में थी और उसकी आँखें चमक रही थीं। लेकिन दीप्ति के व्यवहार ने उसका आनन्द किरकिरा कर दिया। वह झट ताड़ गई कि दीप्ति की नाराज़ी का कारण क्या है। और तब उसको पूरी तरह समझ में आया कि उसने दीप्ति के अधिकार-क्षेत्र पर हमला करके वहाँ से दीप्ति को निष्कासित कर दिया था। पर उसने क्या ऐसा जान-बूझकर किया था? ऐसा कहा भी जा सकता है और नहीं भी। उसको ऐसा महसूस हो रहा था, जैसे वह अशोक को प्रथम द्रष्टि से ही प्यार करती रही है। उसने दीपि के यहाँ सबसे पहले अशोक को देखा था। उसको याद आया कि अशोक ने उसकी ओर सभ्य-शिष्ट मुस्कराहट से देखा था, जिससे उसके दिल की धड़कन तेज़ हो गई थी। फिर तो कई बार उसने उसको देखा—कभी सड़क पर, कभी बाज़ार में और कई बार दीप्ति के यहाँ। अशोक सदा उसको घूरकर देखता

था। उसको हँसी आ जाती थी, यद्यपि उस दृष्टि से वह शरमा भी जाती थी। फिर दीप्ति ने अशोक की तारीफ़ करनी शुरू कर दी थी। इन तारीफ़ों से वह अशोक के लिए एक अनोखी आत्मीयता का अनुभव करने लगी थी, यद्यपि वह ऊपर से दिखाने के लिए अशोक का नाम लेकर दीप्ति को चिढ़ाती भी थी। और आज प्रथम बार अशोक से इतनी देर तक बात करने तथा उसके साथ काम करने का अनोखा अवसर मिला था, जिससे वह उसके प्रति अत्यधिक कृतज्ञ थी। इसके अलावा उसको यह सोचकर भी प्रसन्नता हुई थी कि जो दीप्ति सदा शान, घमंड, प्रदर्शन और फ़ैशन में काफ़ी चूर-चूर रहती थी, उसी को उसने पराजित कर दिया था।

भोजन के लिए सभी बैठे। कुन्ती गाँव की लड़की थी, जो अपनी बहन के यहाँ शहर में रहकर पढ़ती थी, यद्यपि साल में दो बार वह अवश्य अपने माँ-बाप के पास गाँव चली जाती थी। उसने निकटवर्ती झाड़ी के पास पलाश का पेड़ देखा तो वह उसके पत्तों को तोड़ लाई और उनसे जोड़-जोड़कर उनके खूबसूरत पत्तल बना डाले। इस कार्य में अशोक ने भी सहयोग दिया। पत्तल में अलग-अलग सबको खाना परोसा गया।

मोहन पहला कौर खाकर चिल्लाया, "वाह, मज़ा आ गया। कुन्ती, तुमको अनेक बधाइयाँ। अपने राम तो घर से केवल एक कप चाय पीकर चले थे।" फिर उसने दीप्ति की ओर देखकर कहा, "खाओ दीप्ति, तुमको मुफ़्त ही सब कुछ मिल रहा है। अगर कुन्ती न होती तो तुमको ही चूल्हा फूँकना पड़ता...फिर भगवान जाने कब खाना मिलता।" अन्त में वह जोर से हँस पड़ा।

"क्या मतलब आपका?" दीप्ति ने तेज़ आवाज़ में पूछा।

"मतलब क्या है? मतलब कुछ नहीं।" मोहन फिर हँसने लगा!

"नहीं, आपका ज़रूर कुछ मतलब है। आप यही कहना चाहते हैं न कि मैं ऐसा खाना नहीं बना सकती? पर आप तो अकसर मेरे यहाँ खाते रहते हैं, आप जानते ही होंगे कि ऐसा भोजन हमारे यहाँ नौकर-चाकर को दिया जाता है।" दीप्ति का मुँह तमतमा आया था।

"भाई, नौकर-चाकर तो हम लोग हैं ही। देखो न, अशोक ने किस तरह आज कुन्ती के साथ नौकर की तरह काम किया? भाई अशोक, हो तुम इसी लायक। अगर तुम किसी होटल-वोटल में चले जाओ तो तुम्हारी प्रतिभा का उपयुक्त विकास हो। कालेज में तुम बेकार पड़े हो।"

इस मज़ाक का सभी ने आनन्द उठाया, सिवाय दीप्ति के। ज़ोर-ज़ोर से क़हक़हे लगने लगे। यहाँ तक कि कुन्ती और अशोक भी बेतहाशा हँस रहे थे। दीप्ति ने घृणा से अपना मुँह दूसरी ओर घुमा लिया। कुन्ती भी अधिक न हँस सकी, क्योंकि वह जानती थी कि दीप्ति उसी से नाराज है। परन्तु अशोक तो दीप्ति से नज़र भी नहीं मिला रहा था, गोया दीप्ति उसके लिए अनजान हो। वह बहुत ही व्यावहारिक क़िस्म

का व्यक्ति था और जहाँ उसका स्वार्थ-साधन होता था और जो वस्तु उसको आसानी से प्राप्त होती थी, उधर ही वह झुकता था। दीप्ति के प्रति वह आकर्षित अवश्य था और उसको सफलता की भी उम्मीद थी, परन्तु कभी-कभी उसको दुविधा भी होती थी। कभी-कभी वह एक अजीब अनिश्चय का शिकार हो जाता था। कभी-कभी दीप्ति का घमंडी और स्वाभिमानी स्वभाव उसको निराश कर देता। जब कि कुन्ती के कुछ ही समय के सामीप्य ने उसकी दृष्टि में सब कुछ स्पष्ट कर दिया था। वह समझ गया कि कुन्ती के दिल में कामनाओं की ऐसी चिनगारी लहक रही है, जो शीघ्र ही हाहाकारी अग्नि का रूप धारण कर सकती है। कुन्ती में स्वास्थ्य था, जवानी थी, उदारता थी और उमंग थी। वह दीप्ति की तरह गोरी अवश्य नहीं थी, और न दीप्ति की तरह फ़ैशन से रहती थी, परन्तु उसमें साहस था और उसकी आँखें कुछ टटोलती हुई सी मन की परतों में प्रवेश कर जाती थीं। कुन्ती एक पके आम की तरह थी, जब कि दीप्ति में एक कच्चापन था। वह खूब अच्छी तरह समझता था कि यदि वह पके आम पर ध्यान नहीं देगा तो उससे तो वह हाथ धो ही बैठेगा, साथ ही संभव है कि कच्चा आम भी किसी परिस्थिति विशेष के दबाव में सुलभ न हो सके। वह यह भी जानता था कि दीप्ति उससे नाराज है, लेकिन अब वह दीप्ति की परवाह भी नहीं करता था। उसकी सारी दिलचस्पी सहसा कुन्ती पर केन्द्रित हो गई थी।

दीप्ति दो-चार कौर खाकर उठ गई! मोहन बोला, "क्यों दीप्ति, क्या बात है? मेरी बात अधिक तीखी थी?"

"नहीं भाई साहब, तबीयत ठीक नहीं है।"

"क्या हुआ?"

"यूँ ही। सिर में कुछ दर्द है।"

"अरे, दर्द तो न खाने से होता है। खाओ-खाओ, जब पेट भर जाएगा तो सिरदर्द अपने ही आप ग़ायब हो जाएगा।"

"नहीं भाई साहब, तबीयत नहीं है। ज़रा भी तबीयत होती तो खा लेती।"

शंकर, मनफूल और कमल ने भी उससे आग्रह किया, लेकिन वह न मानी, बल्कि वहाँ से दूर हट गई। परन्तु अशोक और कुन्ती ने उससे एक जबान भी बात नहीं की, बल्कि दूसरी ओर नज़रें घुमाकर ऐसा भाव प्रकट किया, गोया वे किन्हीं दूसरे खयालों में परेशान हों। मनफूल को मोहन पर बहुत गुस्सा आ रहा था। यह व्यक्ति कितना नीच है? इसको इन्सानियत से अधिक अपने मज़ाकों की परवाह रहती है। अशोक की तो अब दीप्ति खाक परवाह नहीं करती होगी। वह ताल के किनारे मुस्कराने भी लगी थी, पर इसी मोहन साले ने इसका मूड बिगाड़ दिया है। यह जब तक मार नहीं खाएगा, इसकी आदत सुधर नहीं सकती है। यह तो एक बहुत ही मामूली क़िस्म का आदमी है। पहनता-ओढ़ता भी है यह बहुत ही मामूली कपड़े। कंजूस परले नम्बर का। ऐसे आदमी को दूसरों की भावनाओं की चिन्ता हो ही कैसे

सकती है? यह दूसरों के दुख-सुख का ख्याल कर ही कैसे सकता है? उसकी तीव्र इच्छा हुई कि किसी प्रकार मोहन का तत्काल अपमान कर दे, लेकिन लाख सोचने पर भी उसके दिमाग़ में कोई उपाय सूझा ही नहीं। उसने यह भी सोचा कि दीप्ति की सहानुभूति में वह स्वयं खाने पर से उठ जाए, लेकिन उसको बहुत ज़ोर से भूख लगी थी और उसका यह विचार बालू के घरौंदे की तरह ढह गया। अन्त में उसने इस निश्चय से अपने को सन्तोष दिया कि भविष्य में वह दीप्ति के लिए भारी क़ुर्बानी करेगा और किसी दिन मोहन को पटककर पीटेगा।

"अच्छा भाई, अब कमल का गाना होगा।" भोजन समाप्त होने पर शंकर ने प्रस्ताव किया।

"हाँ, भाई साहब।" कुन्ती ने समर्थन किया।

"हाँ-हाँ, ठीक है, बड़ा मज़ा आएगा," अशोक ने चहकते हुए कहा, यद्यपि उसकी लोलुप दृष्टि कुन्ती की ओर ही थी। वह यह सोचकर अपने को और भी उन्मुक्त महसूस कर रहा था कि दीप्ति वहाँ से हट गई थी। कमल अच्छा गाता था। वह हारमोनियम भी अच्छा बजाता था। हारमोनियम तो वहाँ नहीं था, लेकिन शंकर अपनी बाँसुरी अवश्य लाया था। मनफूल भी काफ़ी उत्साहित हो गया था, यद्यपि उसने सोचा था कि भोजन के बाद वह दीप्ति के पास जाएगा और अशोक तथा मोहन, दोनों की निन्दा करके उसके प्रति अपनी सहानुभूति प्रकट करेगा। लेकिन कठिनाई यही थी कि वह अपनी मित्र-मंडली में ढोलक अच्छा बजाता था। ढोलक न होने पर उसने उसकी क्षति-पूर्ति किसी अन्य ही वस्तु से की थी। उसने वह छोटी-सी बाल्टी अपने पास खींच ली थी, जो वे लोग अपने साथ पानी खींचने के लिए लाए थे। बाल्टी का पानी उसने फेंक दिया और उसको अपने दाहिने पैर के नीचे दाबकर तबलची की तरह बैठ गया। उसकी आँखों में संगीत-रस की शोखी टपकने लगी थी और होठ महत्त्व की अनुभूति से आगे को लटक आए थे।

मुझसे न पूछ मेरा हाल...

कमल ने बुलन्द आवाज़ में एक ग़ज़ल शुरू की, जिसको शंकर बाँसुरी की तान से मिठास एवं भव्यता प्रदान करने लगा। मनफूल बाल्टी पर तबला ठुनकाने लगा। संगीत की मधुर स्वर-लहरी चारों ओर गूँज उठी तथा ताल के जल पर लहराने लगी। कुन्ती गम्भीर हो गई। ग़ज़ल के भावों में वह डूबने-उतराने लगी। उसके जीवन का क्या होगा? वह आज अशोक को अपना मन समर्पित कर बैठी थी। क्या अशोक उसका साथ देगा? उसने प्यार एवं पीड़ा से अशोक की ओर देखा जो उसी की ओर देख रहा था। कुन्ती की उस दृष्टि से अशोक भावाभिभूत हो उठा। उसका मन पत्ते की तरह काँपने लगा। काश, यहाँ कोई न होता--केवल वह और कुन्ती होते! सफलता उसके कितने निकट थी, यद्यपि वह कुन्ती को छू नहीं सकता था! उसने अपनी दृष्टि से ही कुन्ती के प्रश्नों का समुचित उत्तर देकर अपने को

फिलहाल सन्तोष प्रदान किया।

इस बीच पता नहीं कब मोहन वहाँ से उठकर दीप्ति के पास चला गया।

"क्या बात है दीप्ति? कैसी तबीयत है?" उसका स्वर कोमल था।

दीप्ति ने सिर घुमाकर उसके चेहरे की ओर देखा। लेकिन उस पर कहीं भी मज़ाक का भाव नहीं था। वह बोली, "कोई खास बात नहीं, भाई साहब।"

"यह ठीक नहीं, दीप्ति। तुमको इस तरह खाना-पीना नहीं छोड़ना चाहिए। यह सिरदर्द वग़ैरह तो चलता ही रहता है। नाज़ुक बनने से क्या फायदा? लो, मेरे पास कोडोपाइरिन की एक गोली है...खा लो, ठीक हो जाएगा।"

"नहीं, भाई साहब...कोई बात नहीं।"

"लो-लो, तुम लाड़-प्यार और आराम में पली लड़की हो...तुम्हें फ़ौरन आराम मिलना चाहिए।"

इतना कहकर उसने वह गोली ज़बर्दस्ती दीप्ति के हाथ पर रख दी। फिर वह घूमकर वहाँ से चलता बना। दीप्ति जल-भुनकर कोयला हो गई। यह व्यक्ति हमेशा ज़हर बूका करता है। उसकी तकलीफ़ की वजह से थोड़े वह आया था, बल्कि गोली देने के बहाने अपने व्यंग्य-भाव प्रकट करने आया था। उसने क्रोध में आकर कोडोपाइरिन की वह गोली ताल के जल में घुमाकर फेंक दी।

मनफूल का रंग साँवला था। उसका मुँह भी चपटा और आँखें छोटी-छोटी थीं। नाक लम्बी। सदा पान खाए तथा तम्बाक़ू का इस्तेमाल करने से उसके दाँत पीले तथा दागयुक्त थे। लेकिन वह काफ़ी तगड़ा था। उसे लड़कपन से ही कसरत करने का शौक था और यूनिवर्सिटी से निकलने पर भी उसने अपना शौक नहीं छोड़ा था। आरम्भ में वह संगीत से कोसों दूर रहता था, परन्तु जब से उस शहर की एक नाट्य संस्था के अध्यक्ष की कृपा-दृष्टि उस पर पड़ी थी, तबसे उसके जीवन में अद्भुत परिवर्तन हो गए थे। उस समय उक्त नाट्याधिकारी को अपने 'वीर अर्जुन' नामक नाटक के लिए 'भीम' की तलाश थी। वह सारे शहर में घूम आए, लेकिन उनकी मनोकामना पूरी नहीं हुई। ऐसी दुर्भाग्यपूर्ण स्थिति में मनफूल ने उस शहर को एक राष्ट्रव्यापी बदनामी से बचा लिया। किसी खेलकूद के समारोह में आयोजित एक फ़ुटबाल मैच में वह रेफ़री का दायित्वपूर्ण कार्य कर रहा था। उसने ऐसी कुशलता से खेल खिलाया कि जो टीम अधिक कमज़ोर थी और जिसमें उसके दो वकील मित्र भी थे, वह दो गोल से जीत गई। इस पर नादान दर्शक बहुत उत्तेजित हो गए और उन्होंने फील्ड से दौड़कर रेफ़री को घेर लिया और कुछ व्यक्तियों ने उस पर हाथ भी छोड़ दिए। मनफूल पिट तो गया; लेकिन उसने उस आततायी भीड़ का अकेले ही मुक़ाबला किया और वर्षा की तरह गिरने वाले घूसों और तमाचों के बीच उछलकर

दो बार चिल्लाया, "मैं एक-एक को कच्चा चबा जाऊँगा।"

यही वह सुनहरा मौका था, जो भगवान की कृपा से ही मिला करता है। सौभाग्य से उक्त नाट्याधिकारी भीम की तलाश से निराश होकर उस महत्त्वपूर्ण मैच को देखने आ पहुँचे थे। रेफ़री से वे बेहद प्रभावित हुए। वे खुशी से उछल पड़े। इसी व्यक्ति की तो उनको न मालूम कब से तलाश थी! हर दृष्टि से यह व्यक्ति भीम होने के उपयुक्त है। तगड़ा, हठी, बहादुर और चीखने-चिंघाड़ने में अद्वितीय। हाथ-वाथ भी वह इस तरह चलाता है, जैसे गदा भाँज रहा हो। ऐसा हीरा आदमी कहाँ मिलेगा?

पुलिस के आने पर जब बहादुर दर्शक वहाँ से भाग खड़े हुए तो नाट्याधिकारी ने आगे बढ़कर मनफूल से हाथ मिलाया। बोला, "मैं आपको बधाई देता हूँ। कौन कहता है कि आप बेईमान हैं? जो आपको बेईमान कहे वह स्वयं बेईमान! आज का खेल बहुत अच्छा रहा।"

मनफूल ने अपने सूजे हुए होठों के बीच में मुस्कराने की असफल चेष्टा की। वह धीमे से बोला, "धन्यवाद।"

"मैं आपसे एक खास बात कहना चाहता हूँ। खैर, कभी बाद में मिलूँगा।"

"नहीं, अभी कहिए न।" मनफूल ने आग्रह किया।

"आप इस समय तकलीफ़ में हैं।"

"इस तकलीफ़ की ऐसी-तैसी। मुझे आप जानते नहीं। मैच-वैच में मैं इससे भी तगड़ी मार खा चुका हूँ...फिर भी मुझे कुछ नहीं हुआ। शुरू से आखिर तक मैं हँसता रहा। कहिए, जो कुछ कहना है।" मनफूल ने बहुत ही शान से कहा।

"अच्छा तो एक मिनट ज़रा इधर तकलीफ़ कीजिए...।"

मनफूल जब भीड़ से अलग हटकर आया तो उस नाट्याधिकारी ने कहा, "मुझे एक नाटक के लिए एक ऐसे व्यक्ति की तलाश है, जो भीम का अभिनय कर सके, लेकिन सारे शहर में आपसे अच्छा 'भीम' कोई नहीं बन सकता। मैं तो यहाँ तक कहने का दुस्साहस करूँगा कि ऐसे सम्भाव्य पात्रों की एक अखिल विश्व-प्रतियोगिता हो तो आप सबसे नम्बर मार ले जाएँगे। मुझे तो आज आपको देखकर ऐसा लगा कि स्वयं महाभारत के भीम आज प्रकट हो गए हों। तो समझे जी, आप मेरी इस तुच्छ प्रार्थना को स्वीकार कर लीजिए...।"

खैर, उसी वर्ष उसने भीम का अभिनय किया। फिर तो वह ड्रामा का ही होकर रह गया। खूब ही मेहनत से वह अपना अभिनय करता, विशेष रूप से गरजने और शरीर भाँजने में वह काफ़ी कमाल दिखाता। उसकी प्रसिद्धि शहर के मोहल्ले-मोहल्ले में फैल गई। अन्य नाट्यसंस्थाओं में भी उसकी काफ़ी पूछ होने लगी। भीम ही की बात नहीं थी, हनुमान, रुस्तम या ऐसे ही किसी योद्धा का भी अभिनय करना होता तो उसी के पास लोग दौड़े आते। उन्हीं दिनों किसी ने कह दिया कि वह तबला भी बहुत अच्छा बजा सकता है, क्योंकि वह तगड़ा भी है और भाँग-वाँग भी काफी खाता

है। बस, वह तबले के पीछे पड़ गया और बहुत कुछ सीख भी गया। इसी के बाद उसकी शंकर से मित्रता हुई थी।

दीप्ति को उस दिन से अशोक से घृणा हो गई। कुन्ती को तो उसने स्कूल में बहुत डाँटा-फटकारा और 'कुतिया', 'कमीनी' आदि विशेषणों से विभूषित किया। अशोक ने तो उससे बोलना ही छोड़ दिया। अब अशोक उसके यहाँ बहुत कम आता। वह अब कुन्ती के बहुत निकट आ गया था। वह रोज ही कुन्ती को कहीं-न-कहीं घुमाने ले जाता। कभी पार्क में, कभी सिनेमा में। निकट आकर वह कुन्ती के गुणों से और परिचित हुआ था। कुन्ती में यह खूबी थी कि उसके निकट आकर उसके स्वभाव को कोई भी पसन्द करने लगता था। अशोक तो उसको इतना चाहने लगा कि वह सदा उसके लिए बेचैन रहने लगा। वह कितनी उदार थी! कितनी मज़ाकिया थी! उसका वह कितना ख्याल रखती थी! उसका समर्पण कितना महान था। कहने का मतलब यह कि अशोक को कुन्ती के अलावा और कुछ सोचने की फ़ुर्सत नहीं थी।

दीप्ति दो दिनों तक उदास और निराश रही, फिर उसने अपने मन को धो-पोंछकर साफ़ कर दिया। इसी बीच मनफूल उसके प्रति बहुत ही सदय हो गया था। पिकनिक के दिन तो गाने-बजाने के बाद उसको दीप्ति से बातचीत करने का अवसर ही नहीं मिला था, पर वह मन-ही-मन प्रसन्न हुआ कि दीप्ति का मन अशोक से फिर गया था। लौटते वक़्त अशोक और कुन्ती लपककर एक ही रिक्शे पर बैठ गए थे। इस प्रकार की फुर्तीबाज़ी सभी मित्रों को नागवार गुज़री थी, लेकिन कोई भी इस सम्बन्ध में कुछ भी नहीं बोला था। मनफूल की बड़ी इच्छा थी कि वह भी अपने साथ दीप्ति को लेकर एक रिक्शे पर बैठ जाए, परन्तु उसमें वांछित साहस का सर्वथा अभाव था। फिर वैसी स्थिति भी नहीं थी।

लेकिन दूसरे दिन वह स्कूल के गेट पर दीप्ति से मिला। स्कूल खत्म होने के कुछ देर पहले ही वह बाहर खड़ा हो गया था और दीप्ति बाहर निकली तो वह पास से इस प्रकार गुजरा, जैसे अचानक ही वहाँ आ पहुँचा हो और जब आ गया है तो बिना बातचीत किए वहाँ से चले जाना उचित नहीं।

"कहो दीप्ति, तुम्हारी छुट्टी हो गई?"

"हाँ, भाई साहब।"

"घर कैसे जाती हो?"

"पैदल चली जाती हूँ। कोई बहुत दूर नहीं।"

"हाँ, ठीक करती हो। मैं तो गाड़ी या साइकिल के पक्ष में हूँ भी नहीं। जो मेहनत नहीं कर सकते, वे जीवन में कुछ भी नहीं कर सकते। पैदल चलना तो बहुत अच्छी बात है। यह तुम्हारी आदत मुझे बहुत पसन्द है। चलो, मैं तुम्हें घर तक छोड़ देता हूँ। मैं इधर काम से आया हूँ और मुझे उधर ही जाना भी है। ठीक है न?"

"जी हाँ।"

"अरे हाँ, कुन्ती कहाँ है? वह भी तो तुम्हारे साथ जाती है न?"

"मुझे उसके बारे में कुछ भी पता नहीं। वह शायद आई भी नहीं। आती भी तो मैं उसके साथ नहीं जाती।"

दीप्ति ने मुँह बिगाड़ कर कहा।

मनफूल मन-ही-मन बहुत प्रसन्न हुआ। वह झट बोला, "तुम ठीक कहती हो, ऐसी लड़कियों से दूर रहना चाहिए। मुझे तो कुन्ती और अशोक एक ही प्रकार के लगते हैं। आज ही की बात नहीं, शुरू से ही उनको देखकर मेरे मन में ऐसे ही ख्याल आते हैं। ऐसे लोग खाली टीप-टाप से रहते हैं और जीवन में कुछ भी नहीं कर सकते। मुझे तो कल की बातों पर बड़ी हैरत होती है। मैं तो शंकर से कहने वाला हूँ कि वह अशोक जैसे लोगों को घर में न बुलाए। ऐसे ही लोग हम लोगों की सोसायटी बदनाम कर देते हैं। जरा अभी चुप हूँ, सब कुछ देख रहा हूँ, जिस दिन गुस्सा आएगा तो दो-चार हाथ धर दूँगा। मैं तो साफ आदमी हूँ, लल्लो-चप्पो मुझे एकदम नहीं आता। मेरा दिल एकदम पवित्र है। आओ, रिक्शे पर चलें...मैं कुछ थक गया हूँ...ठीक है न?"

"ठीक है।"

मनफूल ने एक रिक्शेवाले को बुलाया और वे दोनों उस पर बैठ गए। मनफूल का ऐसा शरीर था कि दीप्ति को सिकुड़कर बैठना पड़ा। मनफूल बहुत ही प्रसन्न था। उसकी इच्छा हुई कि दीप्ति को लेकर वह अशोक के मुहल्ले में चले और उसके घर के सामने से गुजरे। कमबख्त अपने को बहुत तीसमार खाँ बनता है, परन्तु अक्ल है ही नहीं उसमें। दीप्ति और कुन्ती का क्या मुकाबला? दीप्ति सोना है तो कुन्ती ताँबा या गिलट। गिलट लेकर आदमी क्या करेगा? दुनिया में ऐसे बहुत लोग हैं जो सोना के लिए प्रतीक्षा नहीं करते, उसके लिए मेहनत नहीं करते और गिलट को पाकर अत्यधिक सन्तुष्ट हो जाते हैं। अशोक उसी कोटि का व्यक्ति है। वह जिन्दगी भर गिलट के पीछे दौड़ेगा और जीवन में कुछ भी नहीं कर पाएगा।

"तुमको कुछ संगीत-वंगीत का शौक है?" मनफूल ने दीप्ति की ओर देखकर कोमल स्वर में पूछा।

"शौक तो है भाई साहब...।" पर दीप्ति आगे न बोल सकी, क्योंकि उसको गाने-बजाने का कभी शौक नहीं रहा। वह गाती भी अच्छा नहीं थी। संगीत को लेकर ही उसकी शंकर से काफी नोंक-झोंक चलती थी। शंकर उसको यह कहकर चिढ़ाता था कि वह गाती नहीं, रेंकती है। तब दीप्ति कहती थी, 'तुम क्यों नहीं किसी नौटंकी में चले जाते?' कभी-कभी दीप्ति चिढ़कर कहती थी कि यदि वह कोशिश करे तो शंकर से अच्छा गा सकती है। इस पर शंकर जोरों से हँस पड़ता था।

"मेरी राय है कि तुम तबला बजाना सीखो।" मनफूल ने सुझाव दिया।

"तबला?" दीप्ति ने उसको अचम्भे से देखा। फिर वह हँसने लगी।

"क्यों? तुम चौंकी क्यों?"

"कहीं औरतें तबला बजा सकती हैं?"

"यह किसने कहा कि नहीं बजा सकतीं? ऐसे दकियानूस विचार अशोक जैसे लोगों के हो सकते हैं, जो संगीत आदि से काफी दूर रहते हैं। यह आधुनिक जमाना है। औरतें क्या नहीं कर सकतीं? चलो, मैं तुमको संगीत विद्यालय दिखाऊँ। वहाँ काफी लड़कियाँ तबला सीखती हैं। देखो, तबला ऐसी चीज है, जो सारी चिन्ताओं को दूर करके मनुष्य को निर्द्वन्द्व बनाता है। उससे अँगुलियाँ और बाँह के पुट्ठे मजबूत होते हैं। मैं तुमसे बताता हूँ, जब से मैं तबला का रियाज़ करने लगा हूँ, मेरे गट्ठे इतने मज़बूत हो गए हैं कि अगर दस व्यक्ति भी लगें तो मेरा पंजा ऐंठ नहीं सकते। तबला मस्ती और तन्दुरुस्ती का बाजा है। तुम्हीं बताओ, इस जिन्दगी में रखा क्या है? लोग जन्म से लेकर मृत्यु तक हाय-हाय करते रहते हैं। मरना तो सबको एक दिन है, फिर हाय-हाय क्यों की जाए? क्यों न मस्ती से रहा जाए?"

उसको पूर्ण विश्वास था कि वह बहुत ही बुद्धिमानी की बात कर रहा है, जिसका दीप्ति पर मनोनुकूल प्रभाव पड़ता होगा! इसी की परीक्षा के लिए उसने सन्तोषपूर्ण भाव से दीप्ति को देखा। लेकिन वह चुपचाप सामने देख रही थी और उसका चेहरा सर्द था, भावशून्य! वह अपने प्रभाव को जमाने के उद्देश्य से और भी उत्साह से बोला :

"दूसरी बात है तन्दुरुस्ती। इसको तो बनाना ही चाहिए। जब तक तन्दुरुस्ती नहीं रहेगी, आदमी इस दुनिया में कुछ नहीं कर सकता। यही बात मैं सबसे कहता हूँ। शंकर को कई बार समझा चुका हूँ। शंकर बाँसुरी तो बहुत अच्छी बजाता है और यह बात भी है बहुत अच्छी, लेकिन उसकी तन्दुरुस्ती अच्छी नहीं। उसको कसरत करनी चाहिए। कसरत नहीं तो दो मील दौड़ ही आना चाहिए सवेरे-सवेरे। पर शंकर हँसकर टाल देता है। तुम मेरी इन बातों पर अवश्य ही चलो। सवेरे चार बजे उठो और दातुन-कुल्ला करके हल्की कसरत करो। कसरत हमेशा ऐसी करनी चाहिए जो आसानी से हो सके। कठिन कसरत के पक्ष में मैं नहीं हूँ। यह तो वे लोग करते हैं जिनको पहलवान बनना होता है। कसरत करने के आधा घंटा बाद कुछ भिगोए चने, कुछ किसमिस, एक अंडा और एक गिलास दूध पी जाओ। दूध से अच्छा नाश्ता कुछ भी नहीं हो सकता। नाश्ते के बाद कुछ आराम करो। फिर तबले का रियाज़ करने बैठ जाओ। यह सब काम नियमित रूप से होना चाहिए। एक घंटा पक्का रियाज़ करने के बाद पढ़ाई-लिखाई का काम करो या घर के काम-धाम में लगो। एक महीना इस नियम पर चलकर देखो...कितना मज़ा आता है। कितनी शान्ति मिलती है।"

"भाई साहब, क्या मैं कमज़ोर हूँ?" दीप्ति हँस रही थी।

"कमज़ोर नहीं हो, लेकिन तुमको और मजबूत होना चाहिए। देखो, जमाना

कितना खराब है? गुंडे-बदमाशों की संख्या बढ़ रही है। मैं तो यह चाहता हूँ कि स्त्री ताकतवर और साहसी हो, ताकि मौका पड़ने पर गुंडे की पिटाई भी कर सके। मैं हर स्त्री के लिए यह कहता हूँ। यह सब मेहनत के बिना थोड़े हो सकता है? अगर तुम मेरे बताए हुए तरीके पर चलो तो तुम बहुत ही ऊँचा उठोगी। तुम मुझ पर भरोसा करो...मैं तुमको आगे बढ़ा दूँगा। मैं अशोक की तरह नहीं हूँ, जो पक्का स्वार्थी है। तुम यह सच जानो कि कोई मौका या बात पड़ने पर अशोक वगैरह भाग खड़े होंगे। कमल वगैरह भी नहीं टिक सकते। मोहन तो खैर एकदम वाहियात आदमी है और वह किसी दिन भी मेरे हाथ से पिट सकता है। कल मुझे उस पर बहुत ही गुस्सा आ रहा था, जब वह तुम्हें चिढ़ा रहा था। मेरे एक हाथ का आदमी है वह। दोस्त जानकर छोड़ देता हूँ, नहीं तो ऐसे लोगों पर मेरा हाथ बिना सोचे-समझे चलता है। तुम ऐसे लोगों पर कभी भी विश्वास न करना। कमल और मोहन भी अशोक की तरह ही कमीने हैं। वे बेहद स्वार्थी हैं और किसी भी क्षण धोखा दे सकते हैं। तुम मेरे बताए हुए रास्ते पर चलो, तुम बहुत ही जल्दी देश-भर में अपना नाम ऊँचा करोगी। मुझे तो रोज़ ही, पता नहीं कितने लड़के-लड़कियों से मिलना पड़ता है। कितनी लड़कियाँ मेरे रास्ते पर चलकर क्लास में टॉप करने लगीं। बात यह है कि जब तन्दुरुस्ती अच्छी रहती है तो दूसरे काम भी बहुत ही अच्छे ढंग से होते हैं। वे लड़कियाँ पहले मरियल थीं, सदा आलसी की तरह पड़ी रहती थीं, लेकिन उन्होंने मेरा कहना मानकर अपना स्वास्थ्य सुधारना शुरू किया। जब स्वास्थ्य अच्छा हो गया तो वे पढ़ाई-लिखाई में भी खूब मेहनत करने लगीं। उनमें से कई तो सेन्ट्रल गवर्नमेंट में ऊँची-ऊँची नौकरियों पर लम्बी-लम्बी तनखाहें झाड़ रही हैं। समझ गईं न?"

"हाँ, भाई साहब।"

मनफूल एक ऐसा व्यक्ति था, जो पढ़ने-लिखने से कोसों दूर रहता था, परन्तु दूसरों को उपदेश देने में उसकी तबीयत काफी लगती थी। वह बहुत ही तुच्छ था और लम्बी-चौड़ी बातें करके वह अपनी तुच्छता की क्षतिपूर्ति करता था। उपदेश देने का उसका एक ही विषय था—तन्दुरुस्ती। वह कोई बहस भी होती थी तो उसको अपने प्रिय विषय की ओर मोड़कर दूसरों को प्रभावित करने की कोशिश करता था। वह मन ही मन बहुत प्रसन्न हो रहा था और उसको अब पूरा विश्वास था कि उसकी बातों का दीप्ति पर गहरा असर पड़ रहा है। वह बातें करता जाता था और साथ ही दीप्ति को घूरता भी जाता था। रिक्शा तेजी से जा रहा था। रिक्शा हिलने से उनके शरीर में धक्के लगते थे। वे एक-दूसरे से सट जाते। मनफूल जान-बूझकर दीप्ति के शरीर पर झुक जाता। दीप्ति उसके भारी-भरकम शरीर से दब-सी जाती। मनफूल अपने शर्म-संकोच को लगभग छोड़ ही चुका था। उसका एक मोटा सा तर्क था। वह पहले दोस्ती के लिहाज़ में दीप्ति की ओर देखता न था, यद्यपि दीप्ति की नज़ाकत-भरी चाल, उसका घमंड, उसकी शान, उसका फ़ैशन—ये सभी बातें उसको बेहद आकर्षित

करती थीं। लेकिन वह दीप्ति को किस तरह अपनी ओर आकर्षित करे? लड़कियों पर जाल फेंकने की नफ़ीस कला उसको नहीं आती थी। उसको तो बस यही विश्वास था कि उसके सुन्दर स्वास्थ्य से लड़कियाँ स्वयं प्रभावित हो जाएँगी और उसकी ओर आकर्षित हो जाएँगी। बहरहाल, जब उसने यह देखा कि दीप्ति अशोक की ओर झुक रही है तो उसको यह प्रमाण मिल गया कि दीप्ति सीधी-सादी लड़की नहीं है, बल्कि वह खेली-खाई है या खेलने-खाने के लिए लालायित रहती है। तब से वह इसी ताक में था कि कब उसको सुअवसर मिले। उसको पूर्ण विश्वास था कि दीप्ति के मन से अशोक का रंग उखड़ चुका है और वहाँ उसका प्रवेश हो गया है। यदि ऐसा न होता तो दीप्ति उसके साथ न आती और उसकी बातों में हाँ में हाँ न मिलाती। अब उसके अन्दर वासना की आँधी प्रबलता से बह रही थी।

"दीप्ति, तुमसे एक बात पूछूँ?" सहसा उसने पूछा।

"पूछिए न।" दीप्ति ने आश्चर्य से उसकी ओर देखा।

"अशोक के बारे में तुम्हारी क्या राय है?"

"मेरी क्या राय होगी?" दीप्ति सहसा काफी गम्भीर हो गई।

"मैं यूँ ही पूछ रहा हूँ। मैं यही बात कमल और मोहन से भी पूछ चुका हूँ। मैं यह देखना चाहता हूँ कि सचमुच मैं जो सोचता हूँ वैसा अन्य व्यक्ति भी सोचते हैं कि नहीं? समझ गईं न मेरा मतलब?"

"जी हाँ, भाई साहब...।"

"तो...?"

"अशोक भाई साहब बड़े घमंडी और स्वार्थी हैं...।" वह तीखे स्वर में बोली।

"ठीक! एकदम ठीक!" मनफूल ने मुस्कराकर इस भाव से उसको देखा, जैसे विपरीत परिस्थितियों में भी उसकी अप्रत्याशित जीत हो गई हो और इसी समय उसने दीप्ति के दिल में उतरने की भी कोशिश की। और उसने दीप्ति की पीठ थपथपा दी, जैसे वह उसकी किसी बहादुरी के कार्य के लिए शाबाशी दे रहा हो। काश, यह एकान्त जगह होती! यह तो बाज़ार है और उसकी सीमाओं के अन्तर्गत चलना पड़ रहा है। कहीं शंकर या उनके घर का कोई आदमी देख न ले। हाँ, अभी उसको कदम सँभालकर चलना चाहिए। कहीं ऐसा न हो कि बना-बनाया काम बिगड़ जाए! लेकिन हाँ, वह अब दीप्ति का संग छोड़ेगा नहीं। मैत्री क्या चीज़ है? मनुष्य मैत्री के लिए क्या अपने सुख को छोड़ दे? अपनी खुशी को बर्बाद कर दे? इसमें सन्देह नहीं कि शंकर एक बहुत अच्छा आदमी है। उसके साथ धोखा करने की इच्छा नहीं करती। लेकिन दीप्ति जैसी खूबसूरत लड़की का जब सवाल आएगा तो कोई भी अपने उच्चतम आदर्शों का भी त्याग कर देगा।

"मैंने तुमको जो दोनों बातें बताईं, उसका ध्यान रखोगी न?" उसने अनुनयपूर्वक पूछा।

"हाँ, भाई साहब, कोशिश करूँगी।"

"नहीं, यह करना पड़ेगा। इसमें नियमित रहने की जरूरत होती है। तुममें प्रतिभा बहुत है, लेकिन तुम उसको पहचानी नहीं। मेरी तो तुम पर शुरू से ही नज़र है। कभी-कभी जब मैं तुमको अशोक से बातें करते हुए देखता था तो मुझे बहुत अफसोस होता था। मैं घर जाकर घंटों अफसोस करता था। ऐसी लड़की, जो किसी भी लाइन में चमक सकती है और देश का नाम ऊँचा कर सकती है, अपने को समझती क्यों नहीं? अशोक तो भारी लम्पट है। कभी-कभी इच्छा होती कि अशोक का गला पकड़ लूँ जाकर। खैर, उससे पिंड छूटा। अब छोड़ो उसका जिक्र। मैं अब उसका नाम भी नहीं लूँगा। तुम चिन्ता न करो...तुम आँख मूँदकर मेरे पीछे चली आओ, मैंने तुम्हारा नाम देश भर में चमका न दिया तो कहना! तुम में रूप है, गुण है, तुममें सभ्यता है, तुममें शराफत है, तुममें इन्सानियत है—तुममें क्या नहीं है?"

दीप्ति कुछ नहीं बोली, लेकिन उसके चेहरे पर एक स्वप्निल मुस्कराहट खिल रही थी। वह अशोक से बेहद चिढ़ी हुई थी, इसलिए अशोक की आलोचना करके मनफूल उसका प्रिय बन बैठा था। उसने गर्व के भाव से मनफूल की ओर देखा, जिसका अर्थ मनफूल ने समझा आत्मसमर्पण की इच्छा। वे घर के पास पहुँच गए थे। दरवाजे पर पहुँचकर वे उतर गए।

"अच्छा तो तुम जाओ...मैं अब चलूँगा।" मनफूल ने हँसकर कहा।

"नहीं भाई साहब, बैठिए, चाय पी लीजिए।"

"इस समय नहीं...कल आऊँगा।" मनफूल ने उसकी आँखों में देखा।

जब मनफूल वहाँ से चला तो वह बहुत प्रसन्न था। उसका दिल खुशी और घमंड से भरा हुआ था। ऐसा नहीं था कि वह स्त्रियों के मामले में अनुभवशून्य ही था। उसके जीवन में कई स्त्रियाँ आई थीं पर वे सभी बहुत ही साधारण किस्म की औरतें थीं—उससे भी निम्न। वे कुछ दिनों तक साथ रहीं, फिर पता नहीं किधर गईं। वह शादीशुदा भी था और उसके तीन बच्चे भी थे। लेकिन उसके दिल में यह तमन्ना बाकी रह गई थी कि कोई लड़की उसके व्यक्तित्व से प्रभावित होकर अपना दिल उस पर लुटा दे। पता नहीं क्यों, सुन्दर और पढ़ी-लिखी लड़कियाँ उससे भागती थीं। वे उसकी बातों से खुश होंगी, उससे बातें करेंगी, लेकिन असली मौके पर वे भाग खड़ी होंगी। ऐसे प्यार के लिए उसका मन सदा भूखा रहा। खैर, स्वयं भगवान ने दीप्ति को उसके लिए भेजा है! वह किस तरह चमकती आँखों से उसको देख रही थी? यदि दीप्ति ने उसका प्यार स्वीकार कर लिया तो सबसे पहला काम वह यह करेगा कि पूरे दस रुपये के खोए के लड्डू हनुमानजी को प्रसाद चढ़ाएगा। फिर वह फ़ैशन से रहेगा। बात यह है कि जैसी स्त्री हो वैसा पुरुष को भी रहना चाहिए। वह पहलवानी के चक्कर में अपने कपड़ों पर ध्यान नहीं देता। बोलने-चालने की भी उसको तमीज़ नहीं। वह मुँह में जो भी ऊल-जलूल आता है बकने लगता है। इसलिए

सभा-सोसायटी के लोग उसका मज़ाक उड़ाते हैं। अब वह ऐसा नहीं होने देगा। वह गम्भीरता और कायदे-सलीके से रहेगा और हर दृष्टि से दीप्ति के योग्य बनने की कोशिश करेगा। और हाँ, एक बात और। वह अशोक की तरह स्वार्थी नहीं बनेगा, बल्कि दीप्ति के प्यार को ज़िन्दगी-भर निभाएगा और उसके लिए हर प्रकार का त्याग एवं बलिदान भी करेगा। प्यार क्या त्याग-बलिदान के बिना चल भी सकता है?

ये सब बातें सोचकर उसको अपने ऊपर बहुत ही गर्व हुआ। उसके पाँव उत्साह एवं खुशी में तेज़ी से पड़ रहे थे और उसकी छाती निकली हुई थी।

सरोवर का जल कब तक स्थिर रह सकता है। उसमें लहरें उठेंगी ही—चाहे कोई कंकड़ी फेंक दे, या कोई चिड़िया जल पर चोंच मारे या वायु के झोंके आघात करें। अशोक के व्यवहार से दीप्ति को बड़ी निराशा हुई थी। उसने घोर अपमान का अनुभव किया था। वह अपनी उपेक्षा एवं अपमान बर्दाश्त नहीं कर सकती थी। कोई उसकी ओर से एक बार मुँह फेरे तो वह उसकी ओर जन्म-भर तक नहीं देखेगी। अशोक ने अपने को समझ क्या लिया है? उसने अशोक को अपने मन से निकालकर बाहर कर दिया था।

लेकिन अब वह मनफूल के बारे में सोचने लगी थी। वह अत्यधिक लाड़-प्यार में पली थी, इसलिए वह इसकी अभ्यस्त थी कि लोग उसकी तारीफ करें। जो उसकी आलोचना करता था उससे उसकी नहीं पटती थी। इसी वजह से मोहन से उसकी नहीं पटती थी। मोहन स्वभाव का बुरा नहीं था। वह किसी की न शिकायत करता और न किसी का नुकसान करता। बस, एक उसमें दोष यह था कि मुँहफट बातें करता था। दूसरों के दोषों की वह आलोचना कर देता जिससे लोग नाराज़ भी हो जाते। उसको बहुत कम लोग समझ पाते थे।

परन्तु जब से मनफूल ने उसकी तारीफ की थी, उसका मन मनफूल के प्रति काफी कोमल हो गया था। वह रिक्शे पर गम्भीर रही थी, लेकिन उसने मनफूल की बातों को उत्सुकता से ग्रहण किया था। सचमुच मनफूल ही उसको ठीक से समझ सका था। दीप्ति को आसानी से अपनी योग्यता पर विश्वास हो जाता था और जब मनफूल ने यह कहा था कि वह देश-भर में अपना नाम रौशन करेगी तो उस पर एक क्षण के लिए भी उसे सन्देह नहीं हुआ था, यद्यपि वह यह नहीं जानती थी कि किस तरह वह अपना नाम ऊँचा करेगी। यह तो स्वयं मनफूल भी नहीं जानता था।

दीप्ति अब अपने को बहुत ऊँचा समझने लगी। वह अपने सम्बन्ध में राष्ट्रव्यापी कल्पनाएँ करने लगी। जब कभी वह सुनती कि कोई लड़की किसी अखिल भारतीय दौड़ में प्रथम आई है तो वह अपने को उस जगह देखने लगती। वह सोचती कि एक दिन वह भी अखिल भारतीय दौड़ में प्रथम आएगी और सबका ध्यान अपनी ओर

आकर्षित करेगी। इसी तरह फिल्म-तारिकाओं की बात सोचकर वह मानसिक रूप से फिल्मी दुनिया में विहार करने लगी। वह ख्वाब देखती कि वह किसी फिल्म की नायिका बनी हुई है और उसके उत्कृष्ट अभिनय से देश के लोग चकित हो गए हैं। उसकी फिल्म महीनों चल रही है, वह सारी पुरानी फिल्मों के रिकार्ड तोड़ देती है और राष्ट्रपति उसको एक विशेष समारोह में दिल्ली में सम्मानित करते हैं। ऐसे ही ख्याल उसके मन में सदा बने रहते। यह सब सोचकर वह जैसे नशे में झूमने लगती। इसी तरह वह कल्पना में कोई तेज़ छात्रा बन जाती और आई.ए.एस. परीक्षा में सर्वप्रथम आती। वह कभी किसी वाद-विवाद प्रतियोगिता में सबका मान-मर्दन करती। कभी वह संसद में जोरदार भाषण देती और वह कभी आक्रमणकारियों से, अपने नेतृत्व में युवक-युवतियों का संघटन करके देश की रक्षा करती।

वह सदा ऐसी विचित्र-सी कल्पनाओं में खोई रहती और जितना ही वह ऐसी बातें सोचती उतना ही मनफूल के प्रति कृतज्ञ रहती। मनफूल ने ही उसको ऐसा बनाया था। यदि मनफूल ने उसको अशोक ने सतर्क न किया होता और उसको रास्ता न दिखाया होता तो वह पता नहीं कब तक भटकती रहती। असल बात तो यह है कि मनफूल अपने सभी मित्रों से श्रेष्ठ और समझदार है। वह कितना तन्दुरुस्त है! दिल भी उसका साफ है। वह दूसरों की भलाई का बड़ा ख्याल रखता है। अब उसको मनफूल की हर बात पसन्द आई—उसका चलना, उसका पहनावा, उसकी बातें, उसका तबला बजाना।

अब वह अपनी सहेलियों से कहती, "भाई, मुझे भैया के दोस्तों में सबसे अच्छे मनफूल भाई साहब लगते हैं। उनका दिल बड़ा साफ है।"

एक दिन उसने अपने पिता के सामने तबला सीखने का प्रस्ताव रखा। मुंशीजी हँसने लगे।

"बड़ी मेहनत पड़ती है, बेटी, उसमें।" मुंशीजी ने कहा।

"किसने कहा बाबूजी? फिर मेहनत लगती है तो क्या मैं मेहनत नहीं कर सकती?"

"खाक मेहनत कर सकती हो। घर का एक छोटा-सा काम तो तुमसे होता नहीं।" बासन्ती रसोईघर से ही चीखी। तबला सीखने के प्रस्ताव से ही उसका मन जल-भुन गया था। पता नहीं, यह लड़की किस लक्षण में गई है? ऐसी लड़की तो उसने देखी नहीं। बिगाड़ डाला इसके बाप ने इसको। अपने जैसे रहे, वैसे ही लड़की को बनाना चाहते हैं। बाप रे, वह कम रोई है अपने पति के कारण? अब वह लड़की की मदद से मुझे रुलाना चाहते हैं।

"काम करेगी न वह?" मुन्नीलाल ने बिगड़कर पत्नी से कहा, "उसको तुम समझती क्या हो? वह तुमसे अधिक मेहनती और काम करनेवाली निकलेगी। हाँ, बेटी, तुम क्या कह रही थीं? तबला? पर तबला तो लड़कियाँ नहीं सीखतीं। तुम कोई

दूसरा बाजा सीखो।''

''नहीं, मैं सीखूँगी तो तबला। आप क्या जानें, जमाना बदल गया है, काफी लड़कियाँ तबला-ढोलक सीखती हैं। चलिए, संगीत कालेज में मैं आपको दिखाऊँ।''

''अच्छा भाई, तबला सीख लेना। कल शंकर के साथ चली जाना और वहाँ अपना नाम लिखा लेना।'' वह जोर से हँसने लगे।

''चौपट हो गया घर अब।'' बासन्ती चौके में भुनभुनाई।

'''एक तबला-सेट भी चाहिए।''

''वह भी आ जाएगा।''

''आज ही ला दीजिए।''

''अच्छा...अच्छा...।'' मुन्नीलाल जी हँसे जा रहे थे।

दीप्ति की आँखें खुशी से चमकने लगीं। लेकिन बासन्ती को इससे इतना दुख हुआ कि वह चौके में आँचल में मुँह छिपाकर रोने लगी।

शंकर को भी पहले बहुत हँसी आई थी। दीप्ति का नाम संगीत विद्यालय में लिख गया था। मुन्नीलाल जी ने उसके लिए तबला-सेट भी बाजार से खरीदकर ला दिया था। पर शंकर उससे उत्साहित भी कम न हुआ।

''तुझसे तबला सीखने को किसने कहा, रे?'' संगीत विद्यालय में नाम लिखाने के लिए बहन को ले जाते हुए शंकर ने हँसकर पूछा।

''कहेगा कौन?'' दीप्ति ने कृत्रिम गम्भीर स्वर में कहा।

''जरूर तुझे किसी ने सिखाया-पढ़ाया है, नहीं तो कहाँ तू और कहाँ संगीत! वह भी तबलावादन!''

''तुम तो दुनिया में केवल अपने को ही संगीतज्ञ समझते हो। यह घमंड ठीक नहीं है।'' दीप्ति ने झनक कर कहा।

''अच्छा, तू ही बता, क्या मैं बुरा बजाता हूँ?'' शंकर फिर हँसने लगा था।

''नहीं बुरा बजाते, पर इसी वजह से दूसरों को हीन क्यों समझते हो?''

''हीन नहीं समझता। मुझे आश्चर्य हुआ था तुम पर। लेकिन यह तो ठीक ही बात है। मुझे खुशी तो इस बात की है कि तेरा ध्यान तो गया इधर। कला और संगीत को मैं बुरा समझूँ, इसका सवाल ही नहीं उठता। तू सीख जाएगी तो मुझे परिवार में एक व्यक्ति संगीत के लिए मिल जाएगा। पर खूब मेहनत कीजिए। नियम से अभ्यास। समझीं? दो दिन के उत्साह से काम नहीं चलेगा।'' शंकर अब गम्भीर हो गया था।

दीप्ति को भाई की बात से बहुत प्रसन्नता हुई। उसने निश्चय किया कि अब से वह शंकर का हर कहना मानेगी और उससे कभी भी झगड़ेगी नहीं। उसको मनफूल की याद आई। मनफूल की बातें कितनी सही थीं! ठीक वही बातें शंकर ने कही हैं। शंकर से बड़ा हितैषी उसका कोई भी नहीं हो सकता, पर मनफूल भी उसका हितैषी

है, इसमें कोई सन्देह नहीं। सम्भव है कि यदि वह मेहनत करती रही तो एक दिन उसका नाम भारत में प्रसिद्ध हो जाएगा! उसका हृदय मनफूल के प्रति कृतज्ञता से भर आया।

"पर अम्माँ तो बहुत नाराज़ हैं।" दीप्ति ने सूचना दी।

"क्यों?"

"कहती हैं कि घर चौपट हो जाएगा। मान-मर्यादा मिट्टी में मिल जाएगी। मैंने भी उनको खूब सुनाया।"

"क्या सुनाया?" शंकर ने उसको अचम्भे से देखा।

"यही कहा कि तुम मेरी दुश्मन हो। तुम जैसी अशिक्षित और जाहिल हो, वैसी ही मुझको भी बनाना चाहती हो। अगर बाबूजी ने मुझे लिखाया-पढ़ाया न होता तो मैं अभी तक जानवर की तरह होती। अम्माँ इस पर एक चैला उठाकर मुझे मारने दौड़ीं तो मैं भागकर कमरे में छिप गई और भीतर से साँकल लगा दी। हाँ, मुझे भी गुस्सा आ गया था।" दीप्ति के स्वर में उत्तेजना स्पष्ट दृष्टिगोचर हो रही थी।

"पर यह ठीक नहीं है, दीप्ति।" शंकर ने गम्भीर स्वर में कहा।

"तो क्या मैं गलत-सलत बात चुप होकर बर्दाश्त कर लूँ?"

"देखो, तुमको दो-तीन खास बातों पर ध्यान देना चाहिए। एक तो माँ का दर्जा बहुत ऊँचा होता है और उसको वैसा ही आदर देना चाहिए...।"

"वह मेरे पीछे डंडा लेकर क्यों पड़ी रहती है? बाबूजी मेरे लिए जो कुछ भी करेंगे, उसको वह जरूर काट देंगी। मुझको हमेशा कोसेंगी। हर बात में मुझ पर सन्देह करेंगी...हमेशा मुँह से गालियाँ निकालेंगी। यह भी कोई बात हुई? मैं भी आखिर कितना बर्दाश्त करूँ?" दीप्ति का स्वर रुआँसा हो गया था।

"दीप्ति, धैर्य रखो। मैं अम्माँ की इन बातों का समर्थन नहीं कर सकता। अम्माँ को ऐसा नहीं करना चाहिए। मैंने उनसे दो-तीन बार कहा कि वे तुम्हारे पीछे डंडा लेकर न पड़ें। लेकिन मान लो कि उनको यह बात समझ में नहीं आती तो इसका मतलब यह नहीं कि तुम भी वैसा ही व्यवहार करो। वह माँ हैं और तुम बेटी, इसलिए उनका कुछ तो बर्दाश्त करना चाहिए तुमको। और अगर बर्दाश्त न हो तो चुप लगा जाना चाहिए और वहाँ से खिसक जाना चाहिए। बात का जवाब देने से फायदा? असल बात यह है कि अम्माँ पुराने ख्यालों की औरत हैं। वह जिस तरह रह आई हैं उसी को सर्वोत्तम मानती हैं। औरत की शिक्षा-दीक्षा को वह प्रशंसनीय बात नहीं मानतीं। अच्छे ढंग से पहनने-ओढ़ने को वह बेशर्मी समझती हैं। इसमें उनका दोष उतना नहीं है, ज़ितना कि दोष है गरीबी तथा अशिक्षा का, स्त्री की परतन्त्रता का। इन सब बातों को समझकर ही तुमको कुछ कहना चाहिए...।"

"लेकिन बाबूजी भी तो पुराने जमाने के हैं?"

"हाँ, लेकिन बाबूजी शिक्षित हैं। उन्होंने दुनिया देखी है। इसलिए वह बहुत-सी

बातों को सोच सकते हैं। वह कुछ अर्थों में हृदय से बहुत उदार भी हैं और सबसे बड़ी बात है कि वह तुमको अत्यधिक प्यार करते हैं। अम्माँ और बाबूजी को एक ही पलड़े में रखना ठीक नहीं। समझ गई न?''

''मुझसे गलत बातें बर्दाश्त नहीं होतीं, चाहे वह जिसकी भी हों। अगर कोई मुझे परेशान करेगा तो उसका मैं जरूर जवाब दूँगी। मुझसे किसी की भी अनुचित बात सही नहीं जाती।''

''चल हट। बेकार बातें न किया कर, फिर तबला-वादक को तो बहुत ही उदार होना चाहिए। तुझे क्रोध छोड़ना ही पड़ेगा। तब जाकर तू कोई काम कर सकेगी।''

परन्तु माँ-बेटी का सम्बन्ध बिगड़ता ही गया। दीप्ति अब सवेरे ही उठ जाती, जबकि पहले वह बहुत ही लेट उठती थी। वह उसी समय नहा-धो लेती और फिर कुछ कसरत करती। तत्पश्चात् तबला लेकर बैठ जाती 'धम्म-धम्म।' सारे घर को उसी समय उठना पड़ जाता था और आसपास जो घर थे, वहाँ भी तबले की धमक चली जाती थी। शंकर मन ही मन बहुत बिगड़ता था, क्योंकि वह आठ बजे सोकर उठता था, लेकिन बोलता वह कुछ भी नहीं था। कुड़मुड़ाकर रह जाता। लेकिन बासन्ती के क्रोध का अन्त न था। ऐसी लड़की तो उसने देखी नहीं। ये भी कोई लक्षण हैं? अगर लड़की हर काम में मर्दों की नकल करे तो उसका भगवान ही मालिक है। उसको क्या लड़ाई में जाना है या पहलवानी करनी है कि वह कसरत करती है? कुलक्षिणी कहीं की!

एक दिन उसने पति से कहा, ''अब मुझे कहीं दूसरी जगह भेज दीजिए...मुझसे यहाँ नहीं रहा जाएगा।''

''क्या बात हो गई?''

''बात क्या है? आपको क्या मालूम नहीं? आप ही की तो आग लगाई हुई है।''

''क्या बात है भाई, तुम तो हमेशा बन्दूक चलाने को तैयार रहती हो।''

''बन्दूक मैं चलाती हूँ कि आपकी वह लाड़ली, पता नहीं किस लक्षण में पड़ी है? जब मैं दूर रहूँगी तो चाहे जो कुछ करे, पर जिन्दा मक्खी मुँह से नहीं निगली जाती।''

''तुम क्यों ऐसा सोचती हो? हमारी लड़की में क्या खराबी है? वह तो लाखों में एक है। तुम रहती हो पुरानी दुनिया में। अपने ही बच्चों के पीछे इस तरह डंडा लेकर नहीं पड़ना चाहिए। यह उम्र है ऐसी...बाद में सभी सुधर जाते हैं...।'' मुंशी मुन्नीलाल ने समझाते हुए कहा।

''जैसे आप सुधर गए! क्या लड़की को अपने ही तरह बनाना चाहते हैं?''

मुंशी मुन्नीलाल को यह बात तीर की तरह लगी। इसमें कोई सन्देह नहीं कि उन्होंने बासन्ती को बहुत दुख किया था, उनका सारा जीवन गुलछर्रे उड़ाने में ही बीत गया। जिन्दगी भर वह बासन्ती को कोसते रहे थे। एकाध बार उन्होंने हाथ भी छोड़

दिया था। लेकिन जब उम्र ढलने लगी थी और इन्द्रियाँ शिथिल पड़ गई थीं, उनको पत्नी पर किए गए अपने व्यवहार पर पश्चात्ताप हुआ था। वह अब पत्नी की बहुत-सी बातें बर्दाश्त कर जाते। पत्नी का ख्याल रखते। उसके लिए हमेशा कोई न कोई अच्छी साड़ी ले आते। कभी-कभी उसकी चापलूसी पर भी उतर आते। दूसरे, उनमें एक और भी परिवर्तन हो गया था। वह काफी पुजारी हो गए थे। वह अपना काफी समय गीता और रामायण पढ़ने में व्यतीत करते। वह सच्चे हृदय से अपने को सुधारने की कोशिश कर रहे थे, इसलिए जब पत्नी ने उन पर व्यंग्य-बाण मारा तो उनको ऐसा महसूस हुआ कि वह अब भी उनको धोखेबाज समझ रही है उसका दिल उनकी ओर से साफ नहीं है।

"तुम्हारी आदतें छूटेंगी थोड़े? इसीलिए तुमको भोगना पड़ रहा है।"

"ऐहे! उल्टे चोर कोतवाल को डाँटे! मेरा सारा शरीर चौपट कर डाला, मेरी जिन्दगी नरक बनाकर रख दी और ऊपर से नसीहत दे रहे हैं। मेरी जवानी तो मिट्टी में मिल गई, मेरे सुख के दिन तो चौपट कर दिए आपने। मैं उन दिनों को भूली नहीं हूँ। अब मीठी-मीठी बातों से पेट भरनेवाला नहीं है।" बासन्ती चीख रही थी।

"बस कहे देता हूँ, चीखो-चिल्लाओ नहीं।"

"चीखूँगी। अब मैं किसी से नहीं डरती। मेरा इस घर में है ही क्या? मेरी क्या चलती है इस घर में? अब मैं किसी का बर्दाश्त नहीं करूँगी। चाहे मुझे बाहर मजूरी करके ही पेट भरना पड़े। मैं तो समझूँगी कि कोई भी नहीं है मेरा इस दुनिया में। आप जो मुझसे दो-चार शब्द मीठे बोल लेते हैं, वह इसलिए कि आपके शरीर में अब गुलछर्रे उड़ाने का जोर नहीं है। जब जोर नहीं रहता तो सभी महात्मा बन जाते हैं।"

ऐसे तगड़े हमले से मुंशीजी तिलमिला उठे। ऐसा भीषण प्रहार बासन्ती ने कभी नहीं किया था। उनका चेहरा क्रोध से लाल हो गया और आँखें आग उगलने लगीं। वह गरज पड़े, "अच्छा रह, कमीनी-कुतिया कहीं की।"

इतना कहकर उन्होंने पास में पड़ी अपनी छड़ी उठाई और पत्नी पर लपके। बगलवाले कमरे में बैठा शंकर कुछ पढ़ रहा था। बरामदे में दीप्ति खड़ी थी और कोई किताब पढ़ने का अभिनय कर रही थी। जब मुंशीजी बासन्ती की ओर बढ़े तो दीप्ति ने चौंककर देखा। वह स्वयं अपनी माँ पर क्रुद्ध थी, लेकिन उसने अपने पिताजी को ऐसे उग्र रूप में कभी भी न देखा था। उसके चेहरे पर एक दहशत छा गई।

शंकर पिता की ऐसी गर्जना सुनकर किताब फेंककर बिजली की तरह फुर्ती से उठ खड़ा हुआ और मुंशीजी की चलाई हुई छड़ी बासन्ती पर पूरे वेग से गिरती, इसके पहले ही वह बीच में आकर खड़ा हो गया था। छड़ी का पूरा निर्दय प्रहार उसके कन्धे पर पड़ा और वह तिलमिला उठा। फिर वह स्थिर खड़ा हो गया और स्थिर दृष्टि से अपने पिता को देखने लगा।

"हट जाओ शंकर, तुम सामने से हट जाओ, इनके जी में जो हो, वह करके

दिखा दें। मैं डाँट-मार बहुत खा चुकी हूँ...आज यह नई बात नहीं है। यह मुझे मार डालें...मेरी जिन्दा रहने की अब कोई इच्छा नहीं...।" इतना कहकर बासन्ती फूट-फूटकर रोने लगी।

मुंशीजी की दृष्टि जब लड़के की खामोश दृष्टि से मिली तो उनको होश हुआ। उनको अपने ऊपर बहुत शर्म मालूम हुई। अब सर्वप्रथम उनको एहसास हुआ कि उन्होंने अपनी जिन्दगी एक पशु की तरह व्यतीत की थी। कैसे वह काबू के बाहर हो गए थे? बासन्ती ने गलत ही क्या कहा था? उन्होंने उसको बहुत ही सताया था और वह ऐसी स्त्री थी जिसने गऊ की तरह कभी जबान नहीं खोली थी और गुलाम की तरह उनकी सेवा की थी। वह अपने बच्चे के सामने कैसे तुच्छ हो गए थे? शंकर उनके बारे में क्या सोचता होगा? स्वयं दीप्ति उनके बारे में क्या सोचती होगी? और अब एक बात स्पष्ट है। वह अब बासन्ती पर अन्याय भी नहीं कर सकते, यदि अन्याय करेंगे तो शंकर इसको बर्दाश्त नहीं करेगा। वह अपनी माँ की रक्षा करने आ जाएगा और उनका विरोध करेगा।

वह वहाँ से चुपके से हट गए और कमरे से बाहर निकल गए। शंकर माँ के पास जाकर बोला, "अम्माँ, जी छोटा न करो। चुप रहो।"

"बेटा...।" बासन्ती अपने बेटे के कन्धे पर मुँह रखकर सिसकने लगी।

दीप्ति चुपचाप वहाँ से खिसक गई, जो अभी तक चुपचाप खड़ी यह सब देख रही थी। शंकर ने माँ को चुप कराया। फिर उसको समझाया कि दीप्ति के सम्बन्ध में उसको इस तरह नहीं सोचना चाहिए। अगर वह कसरत करती है और संगीत सीखती है तो यह कोई बुरी बात नहीं, यह तो और अच्छी बात है। हाँ, अगर किसी गलत राह पर जाए तो उसे रोकना चाहिए। वह खुद बाँसुरी सीखता है तो क्या वह इससे बुरा हो गया?

बेटे की वाणी बासन्ती के हृदय में अमृत की तरह प्रवेश कर रही थी। बेटे के लिए उसका हृदय गर्व से भर गया था। अभी कुछ देर पहले उसको ऐसा लगा था कि इस दुनिया में उसका कोई सहारा नहीं है और उसका जीवन व्यर्थ है। शंकर से भी उसको कोई खास उम्मीद नहीं थी। शंकर को वह बहुत मानती थी, लेकिन वह अपनी बाँसुरी को लेकर व्यस्त रहता या अपने ड्रामा या दोस्तों में अपना समय व्यतीत करता। वह सोचती थी कि शंकर भी बमभोला निकलेगा और उसको दुनिया की किसी भी बात से मतलब नहीं होगा। लेकिन आज शंकर ने उसकी उन शंकाओं को निर्मूल कर दिया था और उसके हृदय में विश्वास की भावना उत्पन्न कर दी थी।

कुछ देर बाद बासन्ती चुप होकर अपने काम-धाम में लग गई। शंकर जब बाहर के बैठके में आया तो वहाँ मुंशीजी चुपचाप कुर्सी पर बैठे हुए थे। उनका मुँह नीचे की ओर झुका था। उनके चहरे पर पश्चात्ताप तथा शर्म का मिला-जुला भाव था। उनको अपनी पत्नी पर हाथ छोड़ने का पश्चात्ताप तो था ही, साथ ही उनको एक

और बात का दुख हो रहा था—और वह यह कि उन्होंने शंकर को कभी भी प्यार नहीं किया। वह हमेशा अपनी आकांक्षाएँ पूरी करते रहे या अपनी बेटी की। इसके लिए उन्होंने किसी और की परवाह ही नहीं की। शंकर के लिए उनके दिल में कभी उत्साह और उमंग पैदा ही नहीं हुई, क्योंकि शंकर सुन्दर नहीं था और अपनी माँ पर ही गया हुआ था। क्या यह उचित है? क्या एक बाप को अपने बेटे के साथ ऐसा ही व्यवहार करना चाहिए? शंकर से उनको कोई खास उम्मीद नहीं थी। लेकिन आज वह शंकर के व्यवहार से मन-ही-मन खुश तथा उसके प्रति अत्यधिक कृतज्ञ हो गए थे। क्योंकि आज शंकर ने उनको एक बुरे काम से रोक लिया था। यदि शंकर आज वहाँ न आ गया होता तो क्या होता? उनको तो कुछ होश नहीं था और सम्भव है कि उन्होंने उस समय बासन्ती के प्राण ही ले लिये होते। आज सचमुच उन पर खून सवार हो गया था। इस बुढ़ौती में जब वह संयम, पवित्रता और भगवान की ओर उन्मुख हो रहे थे, उनसे एक बहुत भयंकर पाप होने जा रहा था। शंकर बोदा नहीं है, जैसा कि उन्होंने उसे समझा था। वह समझदार और साहसी है। साथ ही किसी नाजुक संकट के समय वह अपनी विवेक-बुद्धि भी नहीं खो सकता। वह चाहता तो उनको फटकार सकता था, उनको भला-बुरा कह सकता था, लेकिन उसने एक बार भी जबान भी नहीं खोली, यहाँ तक कि उसकी दृष्टि तक में क्रोध का भाव नहीं था—था केवल एक विनम्र विरोध।

"बेटा, मुझसे आज बहुत भारी गलती हो गई...तुम माफ करो।" इतना कहकर मुंशी मुन्नीलाल रो पड़े।

शंकर हक्का-बक्का उनको देखने लगा। उसको पहले ही बड़ा संकोच हो रहा था। यह सोचकर कि उसने पिता के किसी कार्य का विरोध करने का साहस किया था। उसके प्रति पिता का जो उपेक्षा-भाव था, उसकी किंचित् भी परवाह न करके वह उनकी बहुत इज़्ज़त करता रहा था। लेकिन वह खूब अच्छी तरह जानता रहा था कि माँ के प्रति उनका व्यवहार कभी अच्छा नहीं रहा और वह अब भी विद्रूपात्मक एवं संशयपूर्ण ही है। इसलिए वह माँ की रक्षा के लिए आ गया था। और जब उसके पिताजी इस तरह बच्चों की तरह रोने लगे तो वह अपने को अपराधी समझने लगा।

"बाबूजी", वह आर्द्र स्वर में बोला, "इसमें किसी की गलती नहीं, माँ भी कुछ बातों में ज़िद ठान लेती हैं। लेकिन अम्माँ बहुत दुखिया हैं। उनको ऐसा विश्वास है कि वह दुनिया में बेसहारा हैं। उधर दीप्ति भी समझकर नहीं बोलती। बहुत जल्दी वह तैश में आ जाती है और अम्माँ को दुखी कर देती है। इन सब बातों पर ठंडे दिल से सोचने की जरूरत है। मैं आपकी बहुत इज़्ज़त करता हूँ...पर अम्माँ की तकलीफ भी मुझसे देखी नहीं जाती। मुझसे अनजान में जो अशिष्टता और भूल हो गई हो, उसके लिए मैं माफी चाहता हूँ... ।"

इतना कहकर शंकर तेजी से कमरे से बाहर निकल गया और मुंशी मुन्नीलाल सिर उठाकर अपने आँसुओं के बीच में उसका जाना देखते रहे।

दीप्ति ने अपनी माँ से बोलना ही छोड़ दिया, यद्यपि मुंशी मुन्नीलाल ने अपनी पत्नी से अपने व्यवहार के लिए माफी माँग ली थी तथा यह भी आश्वासन दिया था कि वह भविष्य में ऐसा नहीं करेंगे। इसके बाद सचमुच उनका व्यवहार उत्तम रहा। बासन्ती को भी अपने क्रोध पर बड़ा पश्चात्ताप हुआ था और उसने पति के चरणों पर सिर रखकर अपनी गलती को स्वीकार किया था। लेकिन दीप्ति के दिल में एक काँटा अटक गया।

दीप्ति का यह विचार था कि माँ ने उसका घोर अपमान किया था और उसके प्रति ऐसी शत्रुता प्रदर्शित की थी जैसा बड़ा से बड़ा शत्रु भी नहीं प्रदर्शित कर सकता। बाबूजी के साथ वह उसी के लिए लड़ी थीं और चीख-चिल्लाकर सारे मोहल्ले में उसकी बदनामी कराई थी। एक तो मोहल्लेवाले यों ही उससे जलते हैं। वह मोहल्ले की सारी लड़कियों से अधिक अच्छे कपड़े पहनती है, उनसे अधिक स्वच्छन्दतापूर्वक रहती है। फिर जब से कुन्ती दुश्मन हुई है, वह और भी उसकी बदनामी फैलाती रहती है। लेकिन इन सबसे बढ़कर उसकी माँ हो गई है। अब सारा मोहल्ला जान गया है कि उसके परिवार के लोग नीच जातियों की तरह लड़ते रहते हैं, उसके पिता अपनी पत्नी को मारते हैं और उन्होंने अपनी पत्नी को बहुत दुख पहुँचाया है। इसीलिए जब दीप्ति मोहल्ले में निकलती है तो औरतें हँस-हँसकर खुसुर-फुसुर बातें करने लगती हैं। यह जब उसकी माँ की वजह से हुआ है तो वह माँ को क्षमा नहीं कर सकती। वह अब यही समझा करेगी कि उसकी माँ नहीं है।

घर के अन्दर माँ-बेटी के बीच एक अजीब-सा तनाव उत्पन्न हो गया था। बासन्ती का दिल भी बेटी की ओर से पूरी तरह साफ नहीं हुआ था—और दीप्ति ने उससे बोलना ही छोड़ दिया तो उसको लड़की से घृणा हो गई। बाप रे, ऐसी छोकरी तो सात घर दुश्मन के यहाँ न हो। यह तो जहाँ जाएगी, लगुसी से पानी पिलाएगी। इस तरह मुझसे व्यवहार करती है, जैसे वह मेरी जेठानी या सास हो। ठीक है, वह यही समझेगी कि उसकी लड़की हुई ही नहीं थी...।

दीप्ति पर मनफूल का प्रभाव बढ़ने लगा था। वह उसी के बताए रास्ते पर चल रही थी। उसको पूरा विश्वास था कि वह इसी रास्ते पर चलकर आगे बढ़ेगी और एक दिन अपना नाम रोशन करेगी। वह सबसे मनफूल की तारीफ करती। स्कूल की सहेलियाँ जानती थीं कि वह क्या बात करेगी, क्योंकि उन दिनों मनफूल की तारीफ के अलावा उसको कुछ कहने को रहता न था। कुछ लड़कियाँ तो उसको देखते ही दूसरी ओर खिसक जाती थीं।

एक दिन सरला नामक उसकी एक सहपाठिन ने उससे पूछा, "दीप्ति डियर, तुम

एक बात बताओगी?"

"पूछो न।" दीप्ति ने खुश होकर कहा।

"तुम जिस मनफूल भाई साहब की बात करती हो, उनकी शादी हो गई है?"

"इससे तुमको क्या मतलब?" दीप्ति चौंकी।

"यूँ ही पूछ रही हूँ।"

"शादी हो गई है।"

यह सुनकर सरला कुछ बोली नहीं, बल्कि कुटिलता से मुस्कराकर चुप हो गई।

"क्यों, क्या बात है? साफ-साफ बताती क्यों नहीं?" दीप्ति चिढ़ गई।

"कोई खास बात नहीं है। तुम्हारी बातों से ऐसा लगा था कि मनफूल भाई साहब की शादी नहीं हुई है।"

"क्या मतलब?"

"मतलब कुछ नहीं। मतलब क्या है मुझे?"

परन्तु दीप्ति इतनी मूर्ख नहीं कि मतलब नहीं समझ सकती। उसका चेहरा क्रोध एवं अपमान से लाल हो गया। वह अच्छी तरह समझ गई कि मनफूल के साथ बदनाम करने का षड्यन्त्र किया जा रहा है और उसको कुन्ती पर ही सन्देह अधिक हुआ। कुन्ती और उसमें खूब नोंक-झोंक चलने लगी थी। दीप्ति ने स्वयं कुन्ती की काफी बदनामी की थी। उसने अशोक के साथ उसके प्रेम का अत्यधिक अतिरंजित गंदगी का पुट देकर अपनी सहेलियों के बीच में प्रचार किया था। शायद उसी का बदला निकालने के लिए कुन्ती सरला के जरिए उसकी बदनामी करा रही है। उसने सरला को उसी समय खूब गालियाँ दीं तथा यह भी चेतावनी दी कि यदि आइन्दे उसने कोई ऐसी बात कही तो वह उसकी जबान कटवा लेगी।

इसमें कोई सन्देह नहीं कि उसका मनफूल से मिलना-जुलना बहुत बढ़ गया था। मनफूल भी उसके पीछे बुरी तरह पड़ा था। उसको कभी-कभी अफसोस होता कि दीप्ति ने जल्दबाजी करके तबले की शिक्षा के लिए संगीत विद्यालय में क्यों नाम लिखा लिया। वह स्वयं ही उसको तबला सिखाता और इस तरह से उसके निकट आने का उसको काफी मौका मिल जाता। खैर, यह बात हुई सो हुई, लेकिन उसको विद्यालय में पहुँचाने तथा उसको विद्यालय से ले आने के लिए शंकर ही रोज़ पहुँचता था। रात का समय हो जाता था और संगीत विद्यालय कुछ दूर पड़ता था, इसलिए शंकर उसको साइकिल पर बिठाकर ले जाता था और ले आता था।

एक दिन मनफूल ने शंकर से हँसकर कहा, "शंकर, आजकल तुम्हारा समय बहुत बर्बाद हो जाता है?"

"कैसे?"

"अरे, तुमको दीप्ति को संगीत विद्यालय पहुँचाना पड़ता है?"

"हाँ यार...क्या बताऊँ। मैं दफ्तर से आता हूँ और एक मिनट भी आराम नहीं

कर पाता।"

"खैर, चिन्ता न करो...तुम्हारी चिन्ता बहुत जल्दी छूटने वाली है।"

"कैसे?" शंकर ने अचम्भे से पूछा।

"मैं खुद तबले की आगे की शिक्षा के लिए संगीत विद्यालय में नाम लिखाने जा रहा हूँ...अभी ठीक से नहीं कह सकता, सिर्फ सोच ही रहा हूँ। हो सकता है कि न भी लिखाऊँ। लेकिन अगर लिखा लिया तो तुम दीप्ति को पहुँचा दिया करना या स्वयं ही वह आ जाया करेगी और मैं यहाँ से उसको पहुँचा दिया करूँगा।" मनफूल बहुत ही गम्भीरतापूर्वक बोल रहा था।

"वाह, यह तो बहुत अच्छी बात है। तब एक बड़ी जहमत से मुझे छुट्टी मिल जाएगी।" शंकर वास्तव में प्रसन्न हो गया था।

"हाँ बेशक...लेकिन नाम लिख जाए तब तो। मैं दो वर्ष से यह सोच रहा हूँ, पर हो नहीं पा रहा है। कोई न कोई बाधा उपस्थित हो जाती है। लेकिन इस बार कुछ न कुछ अवश्य करना है। तुम मित्रों का आशीर्वाद चाहिए। मैं तो अपने मित्रों की भलाई का सदा ख्याल रखता हूँ। मैं कोई भी काम उनके आ सकूँ। बस तुम चिन्ता न करो...नाम लिखा लेने दो...समझ गए न?" मनफूल ने कहा।

"हाँ जी, तुम जल्दी नाम लिखा लो।"

शंकर ने सोचा कि मनफूल मज़ाक कर रहा है, लेकिन मनफूल ने सचमुच दूसरे दिन नाम लिखा लिया। जब शंकर उस दिन दीप्ति के साथ विद्यालय पहुँचा तो मनफूल को उसने विद्यालय के फाटक पर खड़ा पाया।

"कहो भाई, क्या हाल है?" शंकर ने उसको देखते ही कहा।

"बस ठीक-ठाक है। तुमको अब कोई चिन्ता करने की जरूरत नहीं। मैं दीप्ति को वहाँ तक पहुँचा दिया करूँगा।" मनफूल ने बहुत ही लापरवाही से कहा।

"सच?"

"हाँ-हाँ, मैं मज़ाक नहीं किया करता। मैं मोहन नहीं हूँ।"

"तब तो बहुत ही अच्छी बात है।"

"भाई साहब, मैं भैया से कहती हूँ कि वह क्यों आते हैं मेरे साथ। मैं क्या अकेले आ-जा नहीं सकती?" दीप्ति ने कहा।

"हाँ-हाँ, अकेले आने-जाने में कोई बात नहीं, लेकिन ज़माना खराब है...कुछ सँभलकर भी रहना चाहिए। खैर, तुमको अब डरने की ज़रूरत नहीं, मैं यहाँ पहुँच गया हूँ, तुमको अब ज़रा भी परेशानी नहीं होगी। अब तुम जाओ शंकर...कोई चिन्ता न करो। बल्कि मैं तो कोशिश करूँगा फिर उधर से आते हुए भी दीप्ति को लेता आऊँ। जाओ-जाओ तुम।"

शंकर प्रसन्न होकर चला गया, लेकिन मनफूल की प्रसन्नता का तो कोई अन्त नहीं था। दीप्ति से एकान्त में मिलने का इससे अच्छा उपाय क्या हो सकता था?

अब उसको पूर्ण विश्वास हो गया कि दीप्ति उसकी मुट्ठी में है। अगर ऐसा न होता तो आज वह तबला की शिक्षा न ले रही होती। औरतें कितनी भोली होती हैं? या मूर्ख? वह उसकी बातों मे किस तरह आ गई थी? अब जैसा चाहे उसको वह बना सकता है।

यह सब सोचकर मनफूल बहुत ही अधीर हो रहा था। वह कब अवसर आएगा जब वह दीप्ति को पूरी तरह अपना सकेगा? लेकिन यह सब बहुत सतर्क होकर करना है। अगर उसने जल्दबाजी से काम लिया तो मामला बिगड़ सकता है। उसको अपने अन्य मित्रों से बड़ी ईर्ष्या हुई। सभी साले अभी अविवाहित हैं, केवल वही है, जो गृहस्थी की चक्की में पिस रहा है और नरक की जिन्दगी व्यतीत कर रहा है। काश, उसकी आज शादी न हुई होती और उसके बच्चे न हुए होते। तब कितनी निर्द्वन्द्व जिन्दगी होती उसकी। अब तो उसको इसकी भी चिन्ता करनी होगी कि कहीं उसकी पत्नी को इन सब बातों का पता न लग जाए। उसकी पत्नी है बहुत डामिस। उसकी जबान कैंची की तरह चलती है। वह उससे किसी बात से नहीं डरती। वह बाघिन-सी चौकन्नी रहती है और एक का चार सुनाती है। दरअसल वह अपनी पत्नी से मन-ही-मन घबराता है। ऐसी जटिल परिस्थिति में उसको मस्ती का जीवन व्यतीत करना है। हाँ, एक और कठिनाई है उसके साथ। गृहस्थ होने की वजह से वह बहुत खर्च-वर्च भी नहीं कर सकता। सारा पैसा तो पत्नी ही झाड़ लेती है। उसकी चले तो वह उसको कंगाल की तरह रखे। लेकिन वह भी बड़ा काँइया है। वह दुनिया-भर की बहानेबाजी करके बहुत सारे पैसे खुद दबा लेता है। अब जरा और भी होशियारी से रहना पड़ेगा। होशियारी के बिना स्वर्ग का सुख कहीं भोगा जा सकता है?

मनफूल एक बहुत ही तुच्छ प्राणी था और तुच्छता एवं धूर्तता के किसी भी स्तर पर उतर सकता था, परन्तु इस बार उसने इस मामले में अपनी सारी शक्ति लगा दी। उसकी पत्नी लीला तबला-वादन के सदा विरुद्ध रही थी। नाटकों में उसका भाग लेना भी वह पसन्द न करती थी। लेकिन वह सदा झूठ बोलकर अपनी पत्नी की रजामन्दी प्राप्त कर लेता था। उसकी पत्नी नहीं चाहती थी कि वह तबला सीखने जाए, लेकिन मनफूल ने कहा कि यदि वह तबला सीख जाएगा तो उसकी वकालत खूब चल निकलेगी। बस यह उपाय रामबाण सिद्ध हो गया। पैसे का लालच देकर वह अपनी पत्नी को खुश कर लेता था। वह जानता था कि पैसे का जिक्र करने से ही उसके मुँह में पानी भर आता है।

उसकी पत्नी ने फिर भी उससे काफी जिरह की थी। उसने पूछा था, ''तबला सीखने से कैसे वकालत चलने लगेगी?''

''अरे भाई, बात यह है कि जो नए मजिस्ट्रेट आए हैं, वह खुद संगीत के बड़े शौकीन हैं। तबला बहुत अच्छा बजाते हैं। वह उससे बहुत खुश रहते हैं, जिसको

गाने-बजाने का शौक होता है। जब उन्होंने यह सुना कि मैं तबला बजाता हूँ, तब से वह मुझसे बहुत प्रसन्न रहते हैं। अलग बुलाकर घंटों बात करते हैं। सारे वकील मुझसे काफी जलने लगे हैं। अब बताओ, जिस पर मजिस्ट्रेट खुश है, उसकी वकालत कैसे नहीं चलेगी। मुअक्किल सिर के बल दौड़े आएँगे। बस उसमें एक ही गड़बड़ी रह गई है। एक और ससुरा वकील है, जो मेरा प्रतिद्वन्द्वी है। वह भी तबला बजाता है। बजाता क्या है, हाथ भाँजता है। पर अगर मजिस्ट्रेट साहब उसको पसन्द करने लगे तो मेरा पत्ता वह जरूर काट देगा। साला बड़ा हरामी वकील है। इसीलिए मैं उसको नीचा दिखाने के लिए तबला वादन की ऊँची शिक्षा लेना चाहता हूँ। वैसे अब भी मैं बजा देता हूँ तो लोग नाच-से उठते हैं, लेकिन यह दुनिया है, इस दुनिया में होशियार होकर चलना पड़ता है। जो होशियार नहीं होता, उसको कोई नहीं पूछता, क्योंकि दूसरे बाजी मार लेते हैं और वह हाथ पर हाथ रखे रहता है। समझ गईं न?''
मनफूल जब झूठ बोलने का निश्चय कर लेता था तो उसको पकड़ना मुश्किल होता था, क्योंकि हर खिलाड़ी और खेलकूद-प्रेमी की तरह वह अपने को बहुत फक्कड़ और स्पष्टवादी बताता था, इसलिए लोग यह सोचते थे कि वह किसी बात को छिपाता नहीं।

''अगर वकालत चल निकली तो मैं हाथ का कंगन बनवाऊँगी। शादी-ब्याह में सभी कंगन पहनकर आती हैं, मेरा ही हाथ सूना रहता है। एक से एक तो डिजाइनें चली हैं। मैं एक-दो महीने के अन्दर यह करा लूँगी।''

''हाँ-हाँ, मैं खुद इस बारे में सोच रहा हूँ। कंगन ही नहीं, तुम्हारे गले की जंजीर भी हल्की है, एक नए डिज़ाइन की जंजीर भी ला दूँगा। ये दोनों चीज़ें मुझे खरीद देनी हैं। दो-तीन महीने में तो मैं तुमको रुपए से पाट दूँगा। समझो, भगवान ने खुद मेरे लिए इस मजिस्ट्रेट को भेजा है, नहीं तो एक से एक नामी वकील पड़े हैं जो हजारों रुपए महीना पीटते हैं और जिनसे कलक्टर तक हाथ मिलाने के लिए लालायित रहते हैं। मेरे जैसे पिद्दी को कौन पूछता है? मेरे जैसे लोग तो गली-गली मारे-मारे फिरते हैं। पर वह मजिस्ट्रेट तो मेरी इज़्ज़त इतनी करता है जितनी वह कलक्टर की करता है। बस तुम देखती जाओ।''

''जंजीर रहने दीजिए—वह मुझे नहीं चाहिए।'' लीला ने गम्भीर होकर कहा।

''क्यों?'' मनफूल ने इस तरह कहा जैसे उसके दिल को पत्नी की बात से अत्यधिक चोट पहुँची हो।

''जब आप दो सामान की बात करेंगे तो एक भी न होगा। कई बार मैंने देखा है कि जब मैं एक सामान की बात करती हूँ और आप दो सामान पर ज़ोर देने लगते हैं तो एक भी नहीं आने पाता। बस मैं तो केवल कंगन चाहती हूँ।'' लीला मुस्करा रही थी।

मनफूल भी जोरों से हँस पड़ा, पर उसने मन-ही-मन पत्नी को दो-चार मोटी

गालियाँ दीं। अच्छा यह गले पड़ी है, हर बात को समझ जाती है। उसकी हर बात पर शक करती है। ऐसी भी औरत क्या, जो इतनी काँइया हो। कहीं इसको यह भी न मालूम हो जाए कि वह सफेद झूठ बोल रहा है और दरअसल वह एक लड़की के चक्कर में पड़ा हुआ है। इसलिए वह बहुत जल्दी गम्भीर हो गया था।

"तुम ऐसी बात क्यों कर रही हो? क्या मेरी बात पर तुमको विश्वास नहीं? क्या तुम यह सोचती हो कि वकालत बढ़ने की बात मैं झूठ कह रहा हूँ?" मनफूल ने बनावटी नाराज़ी प्रकट की।

"यह किसने कहा?" लीला ने कहा।

"तुम्हारी बातों से ऐसा ही लग रहा है। इसलिए मैं तुमसे कोई बात नहीं बताता।"

"आप बेकार में नाराज़ हो रहे हैं। मेरे कहने का मतलब यह है कि पहले कंगन हो जाने दीजिए, फिर जंजीर की बात देखी जाएगी। कंगन में ही क्या कम खर्च लगेगा?" लीला अब भी हँस रही थी।

मनफूल को मन-ही-मन बहुत गुस्सा आ रहा था लीला पर। वह भीतर ही भीतर अत्यधिक डर रहा था। अगर इस चुड़ैल को मालूम हो जाएगा तो यह छाती पर बैठकर उसका खून पी जाएगी। ऐसी जालिम औरत है यह। वह दुनिया में किसी से नहीं डरता और बड़ों-बड़ों को चरका दे सकता है। अदालत में जो वह झूठ बोलता है, उस पर मजिस्ट्रेट तक दंग रह जाते हैं, यह बात दूसरी है कि उसकी वकालत नहीं चलती। बस वह इस औरत को तीन-पाँच नहीं पढ़ा सकता। यह तो भीतर हाथ डालकर दिल का राज़ बाहर निकाल ले आनेवाली औरत है। खैर, इस बार इसको वह पाठ पढ़ाऊँगा कि जीवनभर का बदला निकल जाएगा।

इतना सब सोचकर ही उसने अपनी नाराज़ी बाहर प्रकट नहीं होने दी, बल्कि एक कुशल अभिनेता की तरह, जैसा कि वह अपने को समझता था और जो वह नहीं था, मन्द-मन्द मुस्कराने लगा। फिर उसने कुछ इस प्रकार अपने प्यार का प्रदर्शन किया कि पत्नी ने फौरन उसको संगीत विद्यालय में नाम लिखाने की अनुमति दे दी। मनफूल मन ही मन बहुत प्रसन्न हुआ। उसके सामने भविष्य दीप्ति के रूप में उसकी आरती उतारने की प्रतीक्षा कर रहा था।

इस समय तक अँधेरा हो जाता था। सर्दी भी कुछ बढ़ जाती थी। दीप्ति की क्लास साढ़े पाँच बजे शुरू हुई थी और साढ़े सात बजे खत्म हो गई थी। वह शलवार और काले रंग का ढीला-ढाला स्वेटर पहने हुई थी। ओढ़नी को उसने अपने कानों के चारों ओर लपेट लिया था। वह क्लास से छूटते ही फाटक पर आई। वहाँ मनफूल उसकी पहले से ही प्रतीक्षा कर रहा था। उसके पास आते ही मनफूल ने उसको कोमलता से देखा। फिर बेमतलब हँस पड़ा।

"आ गईं?" वह उसी तरह हँस रहा था।

"हाँ। आप देर से खड़े हैं?"

"नहीं, मैं भी अभी ही छूटा हूँ। कोई देर नहीं हुई है। समझ गई न?"

"जी हाँ।"

"कैसा चल रहा है?"

"सब ठीक चल रहा है।"

"कोई कठिनाई तो नहीं है न?"

"नहीं, अभी तक तो कुछ भी नहीं है।"

"अगर कठिनाई हो तो तुम मुझे बताना।"

"जी हाँ...।"

"मैं तो तुम्हारे बारे में लगातार सोच रहा हूँ। बस दो साल तुम तबला पर मेहनत कर जाओ...फिर सब कुछ देख लूँगा मैं। तुम्हारा डंका न बजने लगे तो मुझे कहना। तुमसे सब ईर्ष्या करने लगेंगे। तुम घर पर रियाज़ कर रही हो न?"

"हाँ।"

"जैसा मैंने कहा था, उसी तरह?"

"हाँ।"

"हाँ, यह बहुत जरूरी चीज़ है। अच्छा आओ चलें। कुछ देर तक पैदल चलेंगे, फिर रिक्शा लेंगे।"

वे दोनों फाटक से निकलकर सड़क पर आ गए। सड़क पर कोई खास भीड़भाड़ नहीं थी। मोटरें और रिक्शे कभी-कभी एक ओर से आते थे और दूसरी ओर निकल जाते थे। बिजली की रोशनियाँ उनकी गति को भव्यता प्रदान कर रही थीं। वे दोनों बाईं पटरी से चल रहे थे। मनफूल संगीत पर ही भाषण कर रहा था। उसकी बातों में अज्ञान और झूठ तथा धूर्तता का इतना अद्भुत सम्मिश्रण था कि बड़े से बड़ा ठग उससे ईर्ष्या कर सकता था। कभी-कभी वह दीप्ति से सट जाता और फौरन इस तरह चौंककर हट जाता, जैसे उससे ऐसा अनजान में ही हो गया है। कभी-कभी दीप्ति ही संकुचित होकर अलग हट जाती थी। मनफूल फ़ौरन और भी सतर्क हो जाता था। कहीं दीप्ति भड़क न जाए। फिर वह और भी अलग हट जाता था।

"अब कभी अशोक तंग तो नहीं करता?" सहसा मनफूल ने पूछा।

"तंग कैसा?" दीप्ति ने उसको चकित होकर देखा।

"अरे वही। बड़ा बदमाश आदमी है। बात यह है कि मैंने दो दिन पूर्व उसको कड़ी फटकार लगाई थी। बस उसको मारते-मारते रह गया था।"

यह बात उतनी ही झूठ थी, जितनी कि रात को दिन कहना। पर इससे दीप्ति बहुत खुश हो गई और इसके लिए वह मनफूल के प्रति कृतज्ञता का अनुभव करने लगी। वस्तुतः मनफूल की ओर झुकने का एक कारण यह भी था कि वह सदा अशोक

की निन्दा करना न भूलता था।

"क्या?" दीप्ति बहुत ही उत्सुक हो उठी थी।

"अरे कोई खास बात नहीं। मैं इधर से ही गुजर रहा था। रात हो गई थी। फिर क्या देखता हूँ कि अशोक और कुन्ती पार्क से निकलकर हँसते हुए सड़क पर चल रहे हैं। मुझे बहुत ही बुरा लगा। बेशर्मी की हद हो गई। मैंने उनको तत्काल रोका। उनके चेहरे फ़क पड़ गए। उनको उम्मीद नहीं थी कि मैं यहाँ पर मिलूँगा। तब मैंने उनको वह सुनाई कि वे भी याद करेंगे जन्म-जन्म तक। कुन्ती तो रोने लगी...।"

"रोने लगी?" दीप्ति की आँखें फैल गईं।

"हाँ-हाँ, एकदम रोने लगी। मैं झूठ थोड़े कह रहा हूँ? सिसकी बँध गई उसकी। अशोक हक्का-बक्का होकर देख रहा था। पर उसकी हिम्मत नहीं हुई बोलने की। अगर बोलता तो उसको दो-चार हाथ देता भी। पूछना तुम कुन्ती से...।" वह हँसने लगा।

"मैं नहीं पूछती किसी से।"

"कुन्ती से तुम नहीं बोलती हो?"

"नहीं।" दीप्ति ने घृणा से मुँह सिकोड़ लिया।

"ठीक करती हो। मैं भी तुमको यही राय देनेवाला था। खैर छोड़ो उनकी बातें। हाँ, तुम कसरत कर रही हो न?"

"हाँ।"

"नियमित रूप से?"

"हाँ।"

"आओ देखें तुम्हारा हाथ?" उसने बहुत ही गम्भीर होकर कहा।

दीप्ति उसको चकित होकर देखने लगी। वह मतलब ही नहीं समझ सकी कि आखिर वह क्यों हाथ देखने का प्रस्ताव कर रहा है।

"अरे जरा हाथ बढ़ाओ...मैं व्यक्तिगत रूप से देखना चाहता हूँ कि तुम्हारे गट्टों में ताकत आई है कि नहीं। जब तक हाथों में ताकत नहीं आएगी तो कसरत से क्या फायदा?"

इस पर दीप्ति ने हाथ नहीं बढ़ाया यद्यपि उसके चेहरे पर एक नासमझ मुस्कराहट थिरक रही थी। मनफूल ने इस सम्बन्ध में विलम्ब करना उचित न समझा। उसने जल्दीबाजी में सड़क के दोनों ओर देखा—कोई भी नजर नहीं आ रहा था। एकदम जनशून्य। मनफूल ने आगे लपककर दीप्ति का दाहिना हाथ अपने हाथ में लिया और उसके दाहिने हाथ को सहलाने लगा।

वह अत्यधिक धूर्ततापूर्वक बोला, "ठीक है, पर इसमें अभी सुधार की जरूरत है। मैं तुमको कुछ कसरत बता दूँगा। तुम बहुत ही तरक्की करोगी। तुम्हारे में बहुत ही प्रतिभा है। शरीर भी तुम्हारा बहुत अच्छा है—और भी बहुत अच्छा होगा वह।

दुनिया में स्वास्थ्य और मस्ती से बढ़कर कुछ भी नहीं। बड़े-बड़े महात्मा तक अपने स्वास्थ्य पर ध्यान देते हैं।"

वह स्वास्थ्य और जीवन के नैतिक मूल्यों पर एक काफी लम्बा भाषण देने लगा, जैसी कि सस्ती पुस्तकों एवं फिल्मों में आसानी से उपलब्ध हो जाता है। साथ ही वह कोमलतापूर्वक दीप्ति के हाथ को सहलाता भी जा रहा था। कभी-कभी वह हाथ को धीरे से दबा भी देता था। पर उसके चेहरे में ऐसी गम्भीरता थी, जैसे वह कोई महान चिन्तक एवं दार्शनिक हो। जैसे वह अपने हाथों की हरकतों के प्रति सर्वथा अनभिज्ञ हो। लेकिन उसके मन की हालत बड़ी खराब थी। अब इससे अधिक सफलता उसको क्या चाहिए? यदि दीप्ति को जरा भी एतराज होता तो वह फौरन प्रतिवाद करती, लेकिन वह चुपचाप उसकी प्यार भरी हरकत को ग्रहण कर रही है। जरूर यह लड़की दुनिया काफी देख चुकी है। अशोक से भी इसका सम्बन्ध जरूर होगा। पर उस ससुरे का भँवरे का हाल है। रोज साले को नया-नया फूल चाहिए। अपना काम निकल जाने पर साले ने इसको छोड़ दिया और दूसरे फूल का रस लेने लगा। पर वह ऐसा नहीं करेगा। वह अशोक की तरह नीच नहीं होगा। यदि उसको सफलता मिल गई तो जीवनपर्यन्त दीप्ति का साथ देगा, उसके लिए बड़े-से-बड़ा त्याग करेगा। वह दुनिया को दिखा देगा कि प्यार एक पवित्र वस्तु है और उसके लिए बड़ी से बड़ी कुर्बानी की जा सकती है और बड़े से बड़ा दुख उठाया जा सकता है।

पर दीप्ति अत्यधिक संकुचित हो गई थी। उसका चेहरा शर्म से लाल हो गया था, यद्यपि अँधेरे में उसका कुछ भी पता नहीं चलता था। आखिर वह हाथ छोड़ता क्यों नहीं? लेकिन उसको मनफूल के बारे में सोचना नहीं चाहिए। सचमुच वह उसकी भलाई चाहता है। कई बार उसकी इच्छा हुई कि वह अपना हाथ खींच ले, लेकिन शिष्टाचारवश वह ऐसा नहीं कर सकी। मनफूल क्या समझेगा उसको? सम्भव है कि वह पवित्रतम भावनाओं से प्रेरित होकर आश्वासन देने के उद्देश्य से यह सब कर रहा हो! कहीं वह उसको असभ्य एवं कृतघ्न न समझे।

सहसा एक घटना हो गई। कुछ आगे बढ़ने पर बाईं ओर एक इमली का घना पेड़ था, जहाँ बहुत अँधेरा था। वहाँ पहुँचकर मनफूल ने सहसा दीप्ति को आलिंगनबद्ध करने की चेष्टा की। पर दीप्ति इसके लिए तैयार न थी। उसके जीवन में ऐसी घटना प्रथम बार हो रही थी, इसलिए वह मनफूल की बाँहों में छटपटाने लगी और छटक कर अलग हो गई।

पर दीप्ति के मुँह से कोई प्रतिवाद नहीं निकला। वह उत्तेजना और भय से हाँफ रही थी। वह अलग होकर तेजी से चलने लगी। मनफूल भी हटकर उससे कुछ अलग हटकर चल रहा था। उसका भाषण तो बन्द हो ही गया था, अब वह अत्यधिक गम्भीरतापूर्वक चल रहा था। पता नहीं कब उसका सारा सन्तुलन गायब हो गया था। शायद उसने सोचा हो कि दीप्ति स्वयं ही उसके प्यार के लिए व्याकुल है। यह उसको

चुनौती की तरह लगा था। इसके बाद उसको कुछ याद नहीं कि क्या हुआ। उसको होश तभी आया जब दीप्ति छटपटाकर उससे अलग हो गई। क्या वह नाराज़ हो गई? कहीं वह अपने घरवालों से शिकायत न कर दे। मनफूल इससे बहुत डरता था। वह डूबकर पानी पीने का समर्थक था। साथ ही उसे अफसोस भी बहुत हो रहा था। क्या उसके जीवन में असफलता ही लिखी है? यही तो कमी है उसमें। वह लालची की तरह जल्दी करके अपना बना-बनाया काम बिगाड़ लेता है, जब कि अशोक ससुरा अन्त तक चिकना बना रहता है। अपनी इस कुशलता से उसको बहुत जल्दी सफलता मिल जाती है। 'हे प्रभु, दीप्ति के दिल में मेरे प्रति नाराज़ी न प्रकट करना।'

कुछ दूर जाने पर वह अत्यधिक करुण आवाज़ में बोला, "दीप्ति, इस समय तुम मुझ पर बहुत नाराज़ हो सकती हो। मेरा दिल एकदम साफ रहता है। मैं दूसरों की तरह धूर्त नहीं हूँ, मेरे दिल में जो कुछ है, उसको मैं बहुत जल्दी प्रकट कर देता हूँ, इसलिए लोग मुझे बहुत गलत समझते हैं। बात यह है दीप्ति, कि मैंने तुम्हारे जैसी लड़की देखी नहीं। शायद स्वर्ग में भी तुम्हारी जैसी लड़की नहीं होगी। तुममें रूप है तथा गुण भी। तुम्हारा कोई मुकाबला कर ही नहीं सकता। बात यह है कि जब से मैंने तुमको देखा है, मैं सदा तुम्हारे बारे में सोचा करता हूँ। सदा मुझे यही चिन्ता रहती है कि तुम किस तरह आगे बढ़ो, तरक्की करो, अपने देश और खानदान का नाम ऊँचा करो। यह सच है कि मेरी शादी हो गई है पर मैं एक बहुत ही निराश व्यक्ति हूँ। मेरी पत्नी एक बहुत ही कमीनी स्त्री है। मैं उसको अपनी सारी शक्ति से घृणा करता हूँ। वह मेरी कुछ भी परवाह नहीं करती। बात-बात पर मुझे गालियाँ दे बैठती है। मैं कुछ नहीं बोलता, क्योंकि मैं स्त्री जाति की बहुत इज़्ज़त करता हूँ, उसको इस दुनिया की सबसे पवित्र वस्तु मानता हूँ। मैं स्त्री को देवी समझता हूँ। पर स्त्रियाँ मेरी कद्र नहीं करतीं। वे मेरी पवित्र भावनाओं को समझ नहीं पातीं। मैं चाहूँ तो अपनी पत्नी को घर से बाहर निकाल दूँ, लेकिन मैं ऐसा नहीं करता, क्योंकि मैं मानवता को प्यार करता हूँ। सच कहता हूँ, जब मैं तुम्हारे पास आता हूँ तो दुनिया के सारे दुख को भूल जाता हूँ। मेरी चिन्ताएँ गायब हो जाती हैं, जैसे मैं स्वर्ग में पहुँच गया होऊँ। इस संसार में केवल तुम्हीं अकेली हो, जो मुझसे सहानुभूति का व्यवहार करती हो। खैर, मैं तुमको हमेशा याद करूँगा। मैं अशोक की तरह नीच नहीं हूँ। मेरा हृदय पवित्र है और मैं जिसको एक बार मान लेता हूँ उसको जीवन-भर के लिए मान लेता हूँ। वह व्यक्ति यदि मेरी जान भी ले ले, पर मैं उसकी इज़्ज़त ही करता रहूँगा। उसके लिए खुशी-खुशी अपना गला काटकर सामने रख दूँगा। मेरा प्यार कोई पुरस्कार नहीं चाहता, बल्कि वह केवल देना चाहता है, कुर्बान होना जानता है। तुमको मैं इतना मानता हूँ इसलिए मैंने तुमको इतना बढ़ाने की कोशिश की। तुम मुझसे खुश रहो या नाराज़, मैं तुमसे हमेशा खुश रहूँगा, तुम्हारा हमेशा भला करूँगा। ऐसी मेरी प्रकृति ही है।

बस, मैं तुमसे एक बात पूछता हूँ। क्या तुम मुझसे नाराज़ तो नहीं हो?''

दीप्ति कुछ न बोली, बल्कि चुपचाप चलती रही सिर झुकाकर।

''दीप्ति, मेरे एक प्रश्न का जवाब दो...बस एक ही प्रश्न है मेरा। फिर मैं तुमको तंग नहीं करूँगा।''

दीप्ति ने रुआँसे स्वर में कहा, ''मैं घर जाऊँगी।'' फिर वह रोने लगी।

''इसका मतलब है, तुम नाराज़ हो।''

''नहीं, नाराज़ नहीं हूँ...मैं घर जाऊँगी।'' दीप्ति रोती हुई बोली।

''हाँ-हाँ, अभी पहुँचा देता हूँ मैं तुमको... ।''

इतना कहकर वह व्यस्त-सा हो उठा। वह वहाँ खड़ा हो गया और उसने घूमकर चारों ओर देखा। दीप्ति के रोने से वह स्वयं अत्यधिक दहशत में पड़ गया था। अभी शायद मामला बिगड़ा न हो। पर वह रोई क्यों? उसको ऐसे कार्यों में असफलता कैसे मिल जाती है, जबकि उसके अन्य मित्र अशोक वगैरह, जो वास्तव में नीच हैं, जल्दी ही सफल हो जाते हैं। यही तो उसको अफसोस है। लेकिन अभी निराश होने की जरूरत नहीं है। वह दीप्ति से माफी माँग लेगा और जरूरत पड़ेगी तो उसके चरण पकड़ लेगा। स्त्री का चरण पकड़ने में कोई हर्ज नहीं। स्त्री का चरण पकड़कर यदि कार्य की सिद्धि हो जाए तो यह श्रेयस्कर है। बुरी बात तो यह है कि किसी मर्द का चरण पकड़ा जाए, उसकी चापलूसी की जाए। यह काम वह जन्म भर तक नहीं कर सकता। मर्द का तो वह गला पकड़ ले।

दूर से एक रिक्शा की लाल-मटमैली रोशनी दिखाई पड़ी। वह खड़ा हो गया। दीप्ति भी कुछ अलग हटकर खड़ी हो गई। रिक्शा खाली था, उसको मनफूल ने रोका।

''बैठो दीप्ति, मैं तुमको पहुँचा देता हूँ।''

दीप्ति ने रोना बन्द कर दिया था। उसने धीरे से कहा, ''मैं चली जाऊँगी।''

''अच्छा ठीक है...कोई बात नहीं। सारा शहर जागा हुआ है, कोई बात नहीं। बैठ जाओ... ।''

दीप्ति धीरे-धीरे आगे बढ़कर उस पर चढ़ गई। उसके बैठते ही मनफूल ने, जो कि बेहद डरा हुआ था, एक अजीब ही हरकत की, जो कि उसके जैसे खिलाड़ी तथा नाटक में सदा भीम का अभिनय करनेवाले महत्त्वपूर्ण व्यक्ति के लिए सर्वथा अशोभनीय थी। उसने जल्दी से हाथ बढ़ाकर दीप्ति का पैर स्पर्श कर लिया, फिर और भी करुण धीमे स्वर में बोला, ''दीप्ति, तुम नाराज़ नहीं हो सकतीं। मेरी सारी जिन्दगी तुम पर निर्भर करती है। अगर तुम नाराज़ हुईं...तो मैं आत्महत्या कर लूँगा।'' फिर वह जोर से बोला, ''अच्छा तो तुम जाओ, कल मैं तुम्हारे घर पर शाम को आऊँगा और तुमको ले आऊँगा। ठीक है न?''

''हाँ।'' दीप्ति ने अपने पैर सिकोड़ लिए थे।

''जाओ रिक्शेवाले...ठीक से पहुँचा देना। क्या नम्बर है तुम्हारा?''

उसने रिक्शेवाले का नम्बर नोट किया। फिर रिक्शा चल पड़ा। वह कुछ देर तक वहाँ खड़ा रहा। वह रिक्शे को जाते हुए देखता रहा, जो शीघ्र ही दृष्टि से ओझल हो गया। वह अब अपने को धिक्कार रहा था। कैसी गलती हो गई थी उससे? इतनी जल्दीबाजी से वह क्यों काम लेता है? हो सकता है कि दीप्ति अभी एकदम निर्दोष हो और कोई अनुभव न हो। हो सकता है उसका अशोक से कोई साथ न हो। स्त्री को धीरे-धीरे चारा देकर अपनी ओर आकर्षित करना चाहिए। उसके शर्म-संकोच को दूर करना चाहिए। जब यह कार्य हो जाता है तो स्त्री स्वतः ही व्याकुल हो जाती है। वह स्वयं बेचैन हो उठती है। यही सफलता का अवसर है। यही सब ज्ञान तो उसमें नहीं है, और अगर है भी तो असली मौके पर उसकी बुद्धि मारी जाती है। एक तो खेलकूद में भाग लेने, कई बार मैचों में मार खा जाने तथा सदा नाटकों में भीम आदि का अभिनय करने से उसकी आदतें खराब हो गई हैं। वह अपने को बहुत तीसमार खाँ समझता है और सबको अपनी भोंड़ी स्पष्टवादिता से दबाने की चेष्टा करता है। फिर उसकी असफलता का कारण है उसकी स्त्री लीला। लीला स्वयं उसको बहुत तुच्छ समझती है और उसको सदा दबाए रहती है। उसकी चले तो वह उसकी सारी मस्ती, उसके जीवन का समस्त रस सुखाकर रख दे। शायद इसी लीला की वजह से उसकी प्रतिभा का ठीक से विकास नहीं हो पाता। नहीं तो स्त्रियाँ तो ऐसी होती हैं, जो सदा देश की पुरानी संस्कृति के अनुसार आचरण करती हैं। वे पति को देवता स्वरूप मानती हैं और स्वयं प्रशंसनीय त्यागमय जीवन व्यतीत करती हुई अपने पति के किसी कार्य में बाधा नहीं पहुँचातीं।

वह धीरे-धीरे आगे बढ़ने लगा। अपनी स्त्री को मन ही मन भयंकर गालियाँ देने के बाद वह फिर दीप्ति के बारे में ही सोचने लगा था। कैसी भोली और सुन्दर है वह। वह अभी एकदम पवित्र है। यदि ऐसा न होता तो वह नहीं रोती। सम्भव है कि डरकर रोने लगी हो और सचमुच उसके दिल में उसके प्रति कोई दुर्भावना न हो। खैर इसमें बहुत-सी बातें हो सकती हैं। यह उसने अच्छा किया कि उसके पैर पकड़ लिए। दरअसल उसकी यह आदत भी है। वह अपनी सफलता के लिए दूसरे के चरण पकड़ लिया करता है। जीवन के हर क्षेत्र में वह यही करता है। वह जिसको दुर्बल एवं सीधा-सादा देखता है, उसके सामने वह अपनी शक्ति के बारे में, अपने गुणों के बारे में खूब डींगें मारता है, और जब उसका शक्तिशाली लोगों से पाला पड़ा है, वह उनके सामने बहुत जल्दी झुक जाता है और उनकी चापलूसी करने लगता है। यही कारण है कि उसके अफसर लोग उसको बहुत तुच्छ समझते हैं। लेकिन पैर पकड़ने पर, हाथ जोड़ने पर वे उसका काम कर देते हैं। ऐसी ही चाल उसने दीप्ति के प्रति चली थी। सम्भव है, दीप्ति इसकी वजह से मन ही मन प्रसन्न हो गई हो। नहीं-नहीं, वह दीप्ति के मामले में अभी निराश नहीं होगा, बल्कि एक ऐसी आशावादिता से काम लेगा, जो पुरुषार्थी लोगों को शोभा देती है। हाँ, वह अब बहुत

ही सतर्क होकर व्यवहार करेगा एक घुटे हुए कूटनीतिक नेता की तरह। यदि आवश्यकता पड़ेगी तो वह फिर उसके चरण पकड़ लेगा। सफलता उसको अवश्य मिलेगी। सफलता मिलेगी कैसे नहीं?

दीप्ति सहसा बहुत ही डर गई थी। मनफूल ने उसके साथ ऐसा व्यवहार किया था, जो उसके लिए सर्वथा अप्रत्याशित था। इस प्रकार का उसका यह प्रथम अनुभव था। लेकिन मनफूल ने जब उसके पैर पकड़ लिये तो उसको बहुत ही शर्म मालूम हुई। उसको अपने व्यवहार पर बड़ा ही अचम्भा हुआ। कितना दुखी है मनफूल बेचारा! उसका दिल मनफूल के प्रति अत्यधिक कोमल हो गया। वह बहुत जिद्दी तथा घमंडी लड़की थी और मनफूल ने उसकी प्रशंसा कर तथा उसके पैर स्पर्श करके उसके अहं को पूर्ण रूप से सन्तुष्ट कर दिया था। उसके मन में मनफूल के लिए बहुत ही दया और करुणा उपजने लगी। वह उस पर कितना विश्वास करता है? कहीं वह सचमुच आत्महत्या न कर ले? नहीं, वह उसको ऐसा नहीं करने देगी। वह उसको समझाएगी और उसको उस रास्ते पर चलने से रोकेगी। वह अपने को साहसी एवं उदार बनाएगी।

यह सब सोचकर उसको मनफूल की पत्नी के प्रति बड़ी ही घृणा उत्पन्न हुई। औरतें कैसे इतनी संकीर्ण हो जाती हैं? वह तो कभी भी ऐसा व्यवहार न करे। उसको अपने ऊपर अत्यधिक गर्व होने लगा यह ख्याल करके कि मनफूल ने यदि उसको न देखा होता तो उसका जीवन बर्बाद हो गया होता। वह अपने को एक ऐसी नायिका के रूप में कल्पना करने लगी, जिसने प्यार से एक पतित मनुष्य के जीवन को सुधार लिया हो। वह स्वयं घमंडी थी और उसके घमंड की जो तुष्टि करता था, उससे वह बहुत प्रसन्न होती थी। उसको अपने रूप पर घमंड था, उसको अपने गुण पर घमंड था। वह सामाजिक प्रतिष्ठा एवं स्थिति के मामले में भी अपने को बहुत ऊँचा समझती थी। वह अपनी प्रशंसा को बेहद पसन्द करती थी और जो उसकी प्रशंसा करता था, उसको प्रसन्न करने के लिए वह व्याकुल हो जाती थी। अब वह हर तरह से मनफूल को प्रसन्न करेगी, ऐसा उसने निश्चय कर लिया।

घर पहुँचते-पहुँचते उसके हृदय से समस्त भय एवं विषाद गायब हो गया था और उसका मन पहले से और भी हल्का हो गया था। उसके मुँह पर एक अनूठी मुस्कराहट खिल उठी थी। बैठक में उसके पिता जी बैठे थे। वह उसी के लिए चिन्तित हो रहे थे। जब उन्होंने अपनी लाड़ली बेटी को देखा तो उनका चेहरा खिल उठा।

"आ गईं?" वह बोले।

"मैं तो रोज़ ही अकेले आया-जाया करूँगी...भैया को बेकार में तकलीफ होती है।"

"रात का समय...।"

दीप्ति ने बात काटकर कहा, ''रात क्या करेगी? सारी दुनिया तो आती है? न मालूम कितनी लड़कियाँ जाती हैं...वह भी काफी दूर-दूर से। वे सभी अकेले आती हैं और अकेले जाती हैं। मुझे डर-वर नहीं लगता।''

''ठीक है...ठीक है...मैं जल्दी ही तेरे लिए एक साइकिल खरीद दूँगा।''

''हाँ बाबूजी, यह बात मैं आपसे कहने ही वाली थी। साइकिल के बिना मेरा काम नहीं चलेगा। यही देखिए न, आज रिक्शा बहुत देर तक नहीं मिला। वह तो मनफूल भाई साहब साथ थे, इसलिए पैदल चलना मालूम नहीं हुआ।''

''मनफूल? वह कहाँ से पहुँचा?''

''वह भी तो वहीं पढ़ते हैं। वह भी तबला सीखते हैं बाबूजी।''

''अच्छा। यह तो बहुत अच्छी बात है। तब तो तुझे कोई चिन्ता नहीं। शंकर तुमको पहुँचाकर आया...फिर वह कहीं दूसरी जगह चला गया। अपनी माँ से कह गया कि दीप्ति अकेली ही आ जाएगी। तुम्हारी माँ ने पूछा भी, पर वह जल्दी में था और उसने कुछ भी नहीं बताया। मैं बहुत ही चिन्ता में पड़ा था। समय भी हो गया था। मैंने सोचा कि मैं ही चलूँ, लेकिन उसी समय तुम आ गईं। चलो बड़ा अच्छा हुआ कि मनफूल वहाँ पर है। कोई जान-पहचान हो तो किसी बात की चिन्ता नहीं रहती।''

''बाबूजी, वह केवल जान-पहचानी ही थोड़े हैं, वह तो भैया के खास मित्रों में से हैं। वह हम लोगों का बहुत ही ख्याल रखते हैं। कहते थे कि तुम लोगों का मुझे बहुत ध्यान रहता है। अब भैया क्यों कष्ट करेंगे? वह भी कोई काम नहीं करते, मेरे ही पीछे परेशान रहते हैं। पहले तो पहुँचा के जाना और फिर दो घंटे बाद ले आने जाना। इससे फायदा क्या?''

''चलो अच्छा है।''

दूसरे दिन मनफूल ने स्वयं एक भारी हिम्मत का काम किया। वह स्वयं दीप्ति को लेने पहुँच गया। उस समय शंकर दफ़्तर से आ गया था। मनफून मन-ही-मन बहुत डर रहा था कि कहीं दीप्ति ने अपने घरवालों से कह न दिया हो। लेकिन जब शंकर ने उसका हँसकर स्वागत किया तथा दीप्ति भी उसको देखकर मुस्करा पड़ी तो वह मन-ही-मन बहुत प्रसन्न हुआ, यद्यपि ऊपर से वह काफी गम्भीर बना रहा। उसने दीप्ति को एक बार कनखी से देखा था, लेकिन इसके बाद एक बार भी उसकी ओर नहीं देखा था।

''भाई, यह अच्छा हुआ कि तुम आ गए...नहीं तो मुझे ही जाना पड़ता। एक-दो दिन वह इस तरह जाएगी...फिर अकेली आया-जाया करेगी। तुमको भी परेशानी उठाने की जरूरत नहीं पड़ेगी।''

''अरे कोई बात नहीं,'' मनफूल लापरवाही से बोला, ''मैं आज इधर एक जरूरी काम से आया था तो यहाँ भी चला आया। लेकिन मैं कल से नियमित रूप से यहाँ

आ जाया करूँगा। संगीत विद्यालय मुझे भी तो जाना ही रहता है...इधर से ही आ सकता हूँ... ।"

इतना कहकर मनफूल ने दीप्ति की ओर कनखी से देखा लेकिन वह नीचे देख रही थी। वह बोली नहीं। मनफूल को पूर्ण विश्वास हो गया कि दीप्ति ने न अपने घरवालों से कहा है और न ही वह नाराज़ है। शायद कल चरर्ण-स्पर्श करने से यह सुपरिणाम निकला हो। कितना आसान तरीका है। यह उसका ईजाद किया हुआ रास्ता है। कई बार उसकी पत्नी ऐसी ही गलतियाँ पकड़ जाने पर जब विकराल रूप धारण कर लेती थी तो झट वह उसके पैर पकड़ लेता था। चाहे जो हो, वह दो-तीन दिन तक पूर्ण गम्भीर रहेगा। हो सकता है कि यदि उसने पुनः जल्दीबाजी की तो दीप्ति सदा के लिए भड़क जाए। पुरानी गलतियों से लाभ उठाना चाहिए। वह अब उसके दिल में विश्वास पैदा करेगा, उसको अपने हृदय के निकट ले आएगा। भगवान चाहेगा तो उसको अवश्य सफलता मिलेगी।

रिक्शे पर जाते वक्त उसने दीप्ति से केवल इतना ही पूछा, "कहो, ठीक से रियाज़ चल रहा है?" जिसका उत्तर दीप्ति ने मुस्करा कर दिया "हाँ।" इस मुस्कराहट से मनफूल की प्रसन्नता बहुत ही बढ़ गई, लेकिन ऊपर से वह और भी गम्भीर हो गया, यहाँ तक कि उसका मुँह फूला-फूला लगने लगा। वह रिक्शे पर भी एक ओर सिकुड़ा-सिकुड़ा बैठा रहा, जैसे दीप्ति की असुविधा का उसको बहुत ख्याल हो और उस दिन की हरकत का उसको अब भी बहुत पश्चात्ताप हो।

दीप्ति को बहुत आश्चर्य हो रहा था। उसको आशंका हुई कि मनफूल का विचार उसकी ओर से कहीं बदल न गया हो और वह उससे नाराज़ न हो। मनफूल स्वभाव से ऐसा गम्भीर तो कभी नहीं था। कुछ न कुछ वह अवश्य बोला करता था। आखिर उसमें ऐसा परिवर्तन कैसा?

लौटते वक्त उसने कोई खास बात नहीं की। दीप्ति को इससे बहुत निराशा हुई। उसने सोचा कि मनफूल से वह क्षमा माँग लेगी तथा उसको यह भी आश्वासन देगी कि वह उसकी बड़ी इज़्ज़त करती है तथा उसके जैसा सज्जन और शरीफ व्यक्ति उसने अब तक नहीं देखा। यदि अवसर आया तो वह अपने प्यार को प्रकट कर देगी, क्योंकि वह अपने प्यार द्वारा मनफूल के दुख को दूर करेगी और उसको आत्महत्या करने से रोकेगी। लेकिन उसकी यह कामनाएँ मन ही मन में रह गईं।

जब मनफूल रिक्शे पर से दीप्ति के दरवाज़े पर उतरा तो उसने झट से पूछ भी लिया, "कल भी आऊँ न?"

"हाँ-हाँ, आइएगा।"

"तुमको कोई एतराज़ तो नहीं?"

दीप्ति चौंकी। फिर मुस्कराने लगी। अन्त में गम्भीर होकर बोली, "मुझे खुशी होगी।"

"खैर आ जाऊँगा...कोई बात नहीं। एक ही जगह तो जाना रहता है...।"

इतनी देर बाद अब कहीं जाकर मनफूल ने दीप्ति की आँखों में साहस के साथ देखा। दीप्ति की आँखें चमक रही थीं। वह कैसा मूर्ख है? वह अपने को इतना तीसमार खाँ बनता है, लेकिन नारी के सम्बन्ध में उसने कैसी अनुभवहीनता से काम लिया। कम से कम उसके चेहरे को तो वह देखता। तब वह सबकुछ समझ जाता और तब उसको आश्चर्य भी होता कि वह कितनी गलती में रहा था। वह अब निश्चित रूप से कह सकता है कि दीप्ति उससे प्रसन्न है और उससे प्यार भी करती है। सम्भवतः उस दिन उसकी हरकत ने ही उसके दिल में प्यार की अग्नि जलाई हो। कैसा सुनहरा अवसर उसने खो दिया है? इनसान की जिन्दगी का क्या ठिकाना? कल के बारे में कोई क्या जानता है कि क्या हो?

सहसा उसका शरीर उत्तेजना से काँपने लगा था। इच्छा हुई कि वह आगे बढ़कर दीप्ति को अपने आलिंगन में ले ले, पर यहाँ कोई ऐसा मौका भी नहीं था। पर इसी क्षण से उसका दिमाग योजनाएँ बनाने में व्यस्त हो गया। क्या वह उसको पार्क में घुमाने के लिए लिवा चले? इस अँधेरे में अभी किसी ने देखा नहीं है कि वे लौट आए हैं। वे बहुत ही आसानी से वहाँ से चुपके से निकल सकते हैं और एकाध घंटा बाद वापस आ सकते हैं। किसी को कुछ मालूम भी नहीं हो पाएगा और जब वे यह कहेंगे कि रिक्शा न मिलने से देर हो गई तो कोई अविश्वास भी न करेगा। दीप्ति तो फौरन तैयार हो सकती है। वह अवश्य खेलीखाई लड़की है। किस तरह उस रोज़ तिरिया चरित्र कर रही थी? बहुत ही जल्दी रोने-धोने लगी। कहीं इतनी आसानी से रुलाई आ सकती है? यह काम तो नखरीली औरत ही कर सकती है। इसीलिए कहा गया है कि औरत के 'ना' में 'हाँ' छिपा रहता है। उसने कहीं पढ़ा है कि औरत की रुलाई पर विश्वास नहीं करना चाहिए।

वह दीप्ति के सामने घूमने का प्रस्ताव रखने ही वाला था कि शंकर घर के अन्दर से निकलता हुआ दिखाई पड़ा। इसी समय मनफूल के सब्र का बाँध एकदम टूट गया। नहीं, अब वह अधिक प्रतीक्षा नहीं कर सकता। विलम्ब करने से, हो सकता है, सारा काम बिगड़ जाए। हर बात का एक अवसर होता है। अब अवसर आ गया है कि वह साहस का परिचय दे और जबर्दस्ती सुख को अपने अधीन कर ले। इतना सोचकर उसने अँधेरे में झट दीप्ति का हाथ पकड़कर दबा दिया, फिर धीरे से बोला, "अच्छा तो तैयार रहना। ठीक है न?"

"हाँ।" दीप्ति का स्वर काँप रहा था।

शंकर की दृष्टि उस पर पड़े, इसके पहले ही वह अँधेरे में किसी विषधर सर्प की तरह गायब हो गया।

मनफूल का दिमाग शैतान की तरह काम कर रहा था। योजनाओं का चक्र। सुखकर

कल्पनाएँ। इस समय उसकी दुष्टता एवं तुच्छता चरम विकास की स्थिति पर पहुँच गई थी। पर किसी की जीभ काली होती है। बहस के दौरान कहा जाता है 'फलाने की जीभ बहुत काली है'। ऐसा व्यक्ति जो जबान से निकालता है—खास तरह से बुरी बात—वह घटित हो जाता है। पर दिमाग़ के बारे में क्या कहा जाएगा? यदि किसी की सोची हुई अशुभ बात घटित हो जाती है तो क्या उस व्यक्ति को काले दिमाग वाला व्यक्ति कहा जाएगा? मनफूल ने सोचा था कि पता नहीं, कल क्या होगा? सिर्फ दो-चार क्षण के लिए यह आशंका उसके मन में आई थी। उसके बाद वह पुनः आशंकाओं की दुनिया में विचरण करने लगा था। लेकिन सचमुच वह उसकी आशंका घटित हो गई थी।

जब से दीप्ति ने कुन्ती को फटकारा था, कुन्ती उसकी जानी दुश्मन बन गई थी। दीप्ति ने उसको नीचा दिखाने की कोशिश की थी। जब से इन दोनों की दोस्ती हुई, दीप्ति ऐसा व्यवहार करती, जैसे कुन्ती रूप, गुण एवं धन की दृष्टि से एकदम हीन हो। शायद इसी अपमान का बदला चुकाने के लिए कुन्ती ने अशोक को आकर्षित करने की कोशिश की थी और उसको अपदस्थ करके अशोक के दिल पर अपना आधिपत्य जमा लिया था। लेकिन इतने से ही वह सन्तुष्ट नहीं हुई। वह दीप्ति को और भी नीचा दिखाना चाहती थी।

कुन्ती तथा दीप्ति की एक सहपाठिनी वनमाला थी, जो मनफूल के ही मोहल्ले में रहती थी। उसके घर तथा मनफूल के घर में आना-जाना था। वनमाला स्वभाव की बहुत तेज़ और लुतरी थी। वह उसी दर्जे में तीन वर्ष से फेल भी हो रही थी। कुन्ती ने बड़ी होशियारी से उसको अपनी ओर मिलाया।

कुन्ती यह जान चुकी थी कि दीप्ति अब मनफूल के पीछे पड़ी हुई है, क्योंकि अब वह हर बात में मनफूल की ही तारीफ़ करती थी। इसकी विस्तृत रिपोर्ट कुन्ती को अपनी सहेलियों से मिल जाती थी। उसको यह भी पता चल चुका था कि दीप्ति संगीत विद्यालय में तबला सीख रही है और मनफूल ने भी इसी उद्देश्य से वहाँ अपना नाम लिखा लिया है। एक दिन उसने स्वयं अपनी आँखों से मनफूल और दीप्ति को एक ही रिक्शे पर आते हुए देख लिया था। कुन्ती बहुत ही प्रसन्न हो गई। अब इस चुड़ैल को बताऊँगी। अपने को यह बहुत लगाती है, लेकिन इस बार उसको छठी का दूध याद आ जाएगा। अब यह पूरी तरह मेरे हाथ में है। कितना सुनहरा अवसर है! उसने दूसरे ही दिन वनमाला से सारी बातें काफी नमक-मिर्च लगाकर कहीं तथा साथ ही यह भी संकेत किया कि यदि ये बातें जाकर मनफूल की पत्नी से बता देगी तो वह लीला और मनफूल का अत्यधिक उपकार करेगी, क्योंकि दीप्ति बहुत ही चुड़ैल और कमीनी औरत है और वह न मालूम कितने ही परिवारों को चौपट कर चुकी है। वह खूब अच्छी तरह जानती है कि इसमें मनफूल का कोई दोष नहीं है, वह औरत ही ऐसी है कि दूसरे पुरुषों को अपने जाल में फौरन फँसा लेती है।

वनमाला को और क्या चाहिए? फिर मुफ्त में ही उसको परोपकार करने का भी सुअवसर मिल रहा था। उसने लीला से सारी बातें अपने नमक-मिर्च के साथ सुना दीं; उसको सुनकर फौरन ही लीला रणचंडी की तरह दिखाई देने लगी। पहले तो उसकी इच्छा हुई कि वह फौरन दीप्ति के घर जाकर उसके माँ-बाप के सामने ही उसकी जूतों से पिटाई करे। फिर वह सोचने लगी कि कचहरी में जाकर इजलास पर ही मनफूल का गला पकड़ ले। परन्तु कुछ विचार करने पर यह भी स्कीम उसको पसन्द नहीं आई। फिर उसने काफी सोचने-विचारने के बाद यह निश्चय किया कि वह पहले दूसरी परीक्षा ले, क्योंकि हो सकता है कि वनमाला की बात झूठ हो। वह पति से दफ्तर से आने पर भी कुछ नहीं कहेगी, बल्कि वह आज उसका पीछा करेगी और आज वनमाला की बात सच हुई तो वह उसकी ऐसी मरम्मत करेगी कि वे जन्म-भर तो उसको भूल नहीं सकेंगे।

जब मनफूल कचहरी से आया तो लीला ने बड़ी ही धूर्तता से काम लिया। वह अपने स्वभाव के विपरीत पति को देखकर मुस्कराई। मनफूल का माथा पहले ही ठनका। पत्नी की यह मुस्कराहट उसको बहुत मनहूस लगी, क्योंकि आज तक वह तरसता ही रह गया था कि कचहरी से आने पर उसकी पत्नी बन-ठनकर उसका स्वागत करे, मुस्कराए, प्रेम से भर पेट नाश्ता कराए। लेकिन वह फिर सब भूल गया, क्योंकि उसका दिमाग योजनाओं और कल्पनाओं में व्यस्त था। वह दीप्ति से जल्दी मिलने के लिए बेचैन था। उसने दृढ़ निश्चय कर लिया था कि वह आज अवश्य ही सफलता को हस्तगत कर लेगा।

"भाई मैं जा रहा हूँ...नाश्ता नहीं करूँगा।" वह बोला।

"मेरी कसम, चाय पी लीजिए। तैयार है सब कुछ।"

"तुम तो कुछ समझती नहीं। मैं रोज लेट पहुँचता हूँ।"

"लेट आप आते ही हैं। मेरा नाश्ता तैयार रहता ही है। मैं आपसे एक बात करना चाहती थी...।"

लीला सहसा रुक गई और मुस्कराते हुए पति के चेहरे को देखने लगी। मनफूल बहुत ही हैरत में था। वह इतना मीठा क्यों बोल रही है आज? क्या उसको डिगाने के लिए और उसके दिल में नैतिक भावना पैदा करने के लिए? पर ऐसा अब नहीं होगा। वह इस औरत से ऊब गया है यद्यपि उसने इसके लिए जो त्याग किए हैं, वैसे त्याग कोई एक पत्नीव्रत पति भी नहीं कर सकता। या वह कोई काम निकालना चाहती है? शायद गहना खरीदने की बात हो! ठीक है, ठीक है, यही बात होगी। यह सोचकर उसको कुछ निश्चिन्तता सी मालूम हुई।

"हाँ-हाँ, कहो।" वह कुछ उत्साहपूर्वक बोला।

"आपको देखकर मेरा भी मन गाना और नाच सीखने का हो रहा है।"

लीला मुस्कराए जा रही थी, पर मनफूल का माथा फिर ठनका। उसको क्या हो

गया है? क्या उसको दीप्ति वाली बात मालूम हो गई है? अजीब पगलेट की तरह बात कर रही है। जरूर कोई बात है, नहीं तो इस समय तक अपनी आदत के अनुसार वह कोई व्यंग्य-बाण छोड़ चुकी होती।

"तबला भी सीखोगी?" मनफूल ने मुस्कराने की चेष्टा की।

"नहीं, तबला-वबला नहीं। यह मुझसे नहीं चलेगा। मुझे हारमोनियम की शिक्षा दिला दीजिए...हारमोनियम मुझे बहुत पसन्द है।"

"सच्चे मन से कह रही हो? या मज़ाक कर रही हो?"

"मज़ाक?" लीला ने अचम्भा प्रकट किया, "मैं क्यों मज़ाक करूँगी? मुझे तो यह सोचकर बहुत खुशी होती है कि आप तबला सीख रहे हैं। कम से कम समय का तो अच्छा इस्तेमाल हो जाता है? फिर गाने का तो मुझे भी बहुत शौक था, पर मेरे माता-पिता पुराने विचारों के थे और उन्होंने मुझे पढ़ाया भी कम, और गाने-वाने की शिक्षा नहीं दिलवाई। इसीलिए कहा था कि मैं भी अपना चील का जन्म छुड़ा लूँ।"

"सच कह रही हो?" मनफूल ने उसकी आँखों में घूरकर कहा।

"हाँ-हाँ। झूठ क्यों बोलूँगी? आपको मुझ पर अविश्वास क्यों हो रहा है? क्या मैं ऐसा नहीं सीख सकती?"

"सीख सकती हो। ठीक...देखूँगा।"

"देखूँगा नहीं...कल मेरा नाम लिखा दीजिए। मैं आपका यह उपकार कभी भी नहीं भूलूँगी।" लीला ने गिड़गिड़ाकर कहा।

"कल नहीं हो सकता। दो-तीन महीने लग जाएँगे।"

"क्यों?"

"क्या क्यों-क्यों कर रही हो?" मनफूल जोर से चिल्ला पड़ा। सचमुच उसके धैर्य का अन्त हो चुका था, "तुमको समझ भी है? बच्चों की कौन देख-रेख करेगा?" फिर यह सोचकर कि लीला बेकार में गरजने-तड़पने लगेगी और फौरन ही मोहल्ले वालों का एक भारी समूह आकर्षित कर लेगी, उसने अपने स्वर को काफी नीचे गिराकर कहा, "तुम एक बात समझ लो, मैं उन मर्दों में नहीं हूँ, जो औरत को धोखा देते हैं या औरत को दबाकर रखते हैं। मैं औरत को अधिक से अधिक पढ़ाने और स्वतन्त्रता देने के पक्ष में हूँ। पर यह हो कैसे सकता है? बच्चे जो हैं। खैर, तीन-चार महीने सीखकर मैं छोड़ दूँगा तो तुम शौक से जाकर सीख लेना। बल्कि मैं बाद में एक संगीत ट्यूटर भी घर लगा दूँगा, क्योंकि उस समय तक मेरी वकालत की शहर और जिले में धूम मची होगी। समझ गईं न?"

लीला हँसने लगी बेतहाशा। फिर वह सहसा गम्भीर हो गई और बोली, "अच्छा, इसको भूलिएगा नहीं। हाँ, वकालत कब तक चल निकलेगी?"

मनफूल को ऐसा लगा जैसे वह गुस्से से पागल हो जाएगा। कमीनी-कुतिया कहीं

की। इसको बोलने का तरीका कभी भी नहीं आएगा। उसके मन में इच्छा उत्पन्न हुई कि वह तत्काल ही लीला का गला घोंट दे, जिस पर नियन्त्रण प्राप्त करने में उसने प्रशंसनीय क्षमता का परिचय दिया। पर यही था कि मामला कहीं बिगड़ न जाए।

"देखो, तुम घबराओ नहीं, समय पर सब कुछ हो जाएगा। जब वकालत चलने लगेगी तो अपने आप ही मालूम पड़ जाएगा। मैं उसी फिक्र में तो लगा हूँ। इसी वजह से मैं तबला सीख रहा हूँ, अन्यथा मुझे क्या पड़ी है। काम चलाने तथा बेवकूफों को सिखाने लायक तबला तो मैं पहले ही से जानता था। कम्बख्त मजिस्ट्रेट पिंड ही नहीं छोड़ता। उसको जब से मालूम हो गया है कि मैं तबला-वादन की ऊँची शिक्षा प्राप्त कर रहा हूँ, वह मेरा आदर करने लगा है। मेरे जाने पर कुर्सी से उठकर पहले मुझे बिठाता है, फिर ढेरों नमकीन-मिठाई मँगाकर डबल नाश्ता कराता है। इसके बाद संगीत-कला की चर्चा छिड़ जाती है। अगर फुर्सत रही तो घंटों छनती रहती है। तुम यह क्या समझो कि यह सब मैं तुम्हारे लिए कर रहा हूँ, बच्चों के लिए कर रहा हूँ, ताकि तुम लोगों की जिन्दगी सुधर सके।"

लीला भीतर ही भीतर जल-भुन रही थी। यह आदमी कितना झूठ बोलता है? वह अभी तक समझती थी कि वह इसको अपनी मुट्ठी में रखती है और उससे वह बाहर निकल ही नहीं सकता। जब लीला की शादी हुई थी तो उसकी माँ ने समझाया था कि औरत को हमेशा बाघिन की तरह चौकन्ना रहना चाहिए और मर्द को दबाकर रखना चाहिए। मर्द होता है जाति का कुत्ता, काम निकल जाने पर धोखा देता है। ठीक साँपों की हालत है। साँप को कितना भी दूध पिलाओ, वह डसना छोड़ नहीं सकता। ठीक यही हाल है मर्दों का। इसलिए उससे हमेशा सतर्क रहना चाहिए और उसको पूरी तरह अपने कब्जे में रखने की सदा नियमित रूप से चेष्टा करते रहना चाहिए। एक बार औरत जहाँ मर्द से दबी कि वह शेर हो जाता है और मनमानी करने लगता है! और जब उसको दबाकर रखा जाता है तो वह भीगी बिल्ली बन जाता है। अपनी माँ की इसी शिक्षा के अनुसार उसने काम किया था और इसमें उसको आशातीत सफलता भी मिली थी। उसने देखा था कि उसका पति लहीम-शहीम होने पर भी मन से बहुत कायर है। अगर उससे सिधाई से पेश आओ तो वह बेहद डींग मारने लगता है और सिर पर सवार हो जाता है, लेकिन अगर कड़ाई से काम लो तो झट में-में बोलने लगता है। वह धीरे-धीरे उस पर शासन करने लगी। वह घर-गृहस्थी को खूब अच्छी तरह से रखती, पर अपने पति को ज़रा भी छूट न देती। वह उससे पाई-पाई का हिसाब लेती, उसके दूसरी जगह आने-जाने के बारे में सदा पूछताछ करती रहती, और घर में अगर कोई जवान लड़की आ जाती तो वह अपने पति से अकेले में मिलने नहीं देती। दो-चार बार मनफूल ने पूर्व सूचना दिए बिना ही घर आने में देर लगा दी थी, इस पर लीला इतनी नाराज़ हो गई कि उसने सारा घर अपने सिर पर उठा लिया था। वह फौरन मैके जाने को तैयार हो गई। इसका

परिणाम बहुत ही अच्छा निकला और मनफूल ने फौरन ही पत्नी के पैर छूकर माफी माँगी थी। पता नहीं, मनफूल ने यह पैर छूने की आदत कहाँ से सीखी थी। यदि वह कोई बात अपने खिलाफ देखता, जिससे उसका नुकसान हो रहा होता तो वह झट माफी माँग लेता। इससे उसको जल्दी ही सफलता मिल जाती थी। यही चालकी भरा तरीका वह हर जगह इस्तेमाल करता था, चाहे घर हो या बाहर। हाँ, घर के अन्दर अपनी पत्नी के उग्र स्वभाव के आगे उसकी एक नहीं चल पाती थी। इसीलिए वह भरसक उससे कोई बात छिपाता नहीं था और उससे छिपाकर कोई खास खर्च भी नहीं करता था। यही उसके जीवन का ढर्रा बन गया था, एक कायर चापलूस मुसाहिब की तरह।

जब दीप्ति से उसकी निकटता बढ़ी थी तो उसके रास्ते में सबसे बड़ी बाधा उसकी स्त्री ही थी। वह मन ही मन बहुत डरा था, लेकिन पत्नी को धोखा देने के अलावा उसके पास कोई रास्ता भी नहीं था। बहुत दिनों के बाद वह झूठ और धोखाधड़ी का सहारा ले रहा था, लेकिन उसने निश्चय किया था कि अपना काम निकालकर दीप्ति से किनाराकशी कर लेगा, क्योंकि ऐसे मामले में उसकी पत्नी जो-जो उपद्रव कर सकती है, इसकी कल्पना करके ही उसके रोंगटे खड़े जो जाते थे।

लीला ने बहुत ही कठिनाई से अपने मन को रोका। उसके मुँह पर से हँसी गायब नहीं होने पाई। वह बोली, "अच्छा, मेरी बात याद रखिएगा। कंगन जरूर लूँगी। समझ गए न?"

"हाँ-हाँ, अवश्य। अपने को बेचकर भी तुम्हारे लिए कंगन ले आऊँगा।"

"अच्छा, चाय पी लीजिए।"

"देखो, इच्छा नहीं है। देर भी हो रही है। लौटकर पीऊँगा।"

"किसी ने कुछ खिला-पिला तो नहीं दिया?"

कमीनी। मनफूल ने फिर मन ही मन उसको गालियाँ दीं। उसकी एक बात पर भी वह विश्वास नहीं करती।

"खिलाएगा कौन? तुम तो जानती ही हो कि अपने साथियों में सब कितने कंजूस हैं। साले एक नया पैसा भी खर्च नहीं करते, जब कि मैं उन पर सैकड़ों रुपए बर्बाद कर चुका होऊँगा। खैर, मैं एक-एक साले की खबर लूँगा।" वह काफी गम्भीर था।

"खिलाने वालों की कमी थोड़े है? मैं देखने थोड़े जाती हूँ। एक से एक नई मिलती होंगी।"

मनफूल का चेहरा एकदम फक पड़ गया। वह फिर बेहद डर गया, जैसी कि उसकी आदत थी। कहीं इस कम्बख्त को कुछ मालूम तो नहीं हुआ? अजीब उखड़ी-उखड़ी बातें कर रही है आज। वह सहसा पास ही रखी कुर्सी पर बैठ गया और सिर को इस तरह घुमा लिया, जैसे किसी झूठे आरोप से लाचार होकर वह

बहुत अफसोस में हो।

"क्या बात हुई?" लीला चौंकी।

"कुछ नहीं। अब मैं नहीं जाऊँगा।"

"क्यों? तबीयत ठीक नहीं है?"

"तबियत ठीक है, पर तुम्हारी बातें मेरी समझ में नहीं आतीं। न मालूम कैसी बातें तुम आज कर रही हो।"

"कैसी बातें?"

"तुम्हारी बातों से साफ मालूम पड़ रहा है कि तुम मुझ पर शक कर रही हो।" मनफूल ने साहसपूर्वक उसकी आँखों में देखने की कोशिश की।

"शक? कैसा शक?" लीला ने अनजान बनकर कहा।

"यह भी बताना होगा? क्या तुम सोचती हो कि मैं किसी कालेज की लड़की से फँसा हूँ? संगीत विद्यालय में लड़कियाँ तो हैं, पर वे बहुत कम हैं और मैं उनसे कोसों दूर रहता हूँ। फिर मेरा नेचर तुम जानती नहीं। सारी कचहरी और विद्यालय में मेरे ऊपर एक व्यक्ति भी अँगुली नहीं उठा सकता। लड़कियाँ मेरी बड़े भाई की तरह इ़ज़्ज़त करती हैं और मैं भी उनको अपनी सगी बहनों की तरह मानता-जानता हूँ।" मनफूल की जबान लड़खड़ा रही थी।

"मैंने कुछ कहा तो नहीं...।" लीला फिर हँसने लगी।

"हँस क्यों रही हो?" मनफूल का डर और भी बढ़ गया था।

"हँस कहाँ रही हूँ?"

"इसीलिए मैं कह रहा हूँ कि कहीं भी नहीं जाऊँगा। मैं तबला भी नहीं सीखूँगा।"

"तबला क्यों नहीं सीखेंगे?" लीला गम्भीर हो गई।

"क्या सीखें? जब घर में शक-सन्देह का वातावरण रहता है तो किसी चीज़ में तबीयत नहीं लगती। इससे तो अच्छा है कि आदमी अपने घर में चुपचाप बैठा रहे और शान्ति का जीवन व्यतीत करे। मैं आज से अपना हर प्रकार का मनोरंजन बन्द कर दूँगा। न मैं सिनेमा जाऊँगा, न किसी पार्टी में और न किसी दोस्त के यहाँ। हाँ, मैं तो दफ्तर-कचहरी में खटता हूँ और तुम्हें शक रहता है कि मैं गुलछर्रे उड़ा रहा हूँ। इससे कैसे काम चल सकता है? मैं वैसा कमीना नहीं हूँ, जैसा तुम समझती हो।" मनफुल रुआँसा-सा हो रहा था।

मनफूल एक गहरी कूटनीतिकता से काम ले रहा था, पर लीला उसको बखूबी समझ रही थी। मनफूल का यह ख्याल था कि इस चाल से लीला का सन्देह समाप्त हो जाएगा और वह स्वयं आग्रह करेगी संगीत विद्यालय जाने को और सम्भव है कि वह अपने व्यवहार के लिए क्षमा भी माँग ले।

"अच्छा, अब आप जाइए तबला सीखने के लिए। मेरे दिल में कुछ भी नहीं।

मैं तो मज़ाक कर रही थी।" लीला ने फिर उसी तरह हँसते हुए कहा।

"नहीं...अब नहीं।"

"वाह! आपको जाना पड़ेगा। वकालत का मामला है और आप बेकार में मुँह फुला बैठे हैं। उठिए...जाइए।" लीला ने उसका हाथ पकड़कर उठाया।

मनफूल खुशी से हँसने लगा, यद्यपि उसने गम्भीर रहने की बहुत ही कोशिश की। वह बोला, "अच्छा तुम वैसी बात फिर तो नहीं करोगी?"

"नहीं।"

"अब शक नहीं करोगी न?"

"नहीं बाबा! आप पर मैंने शक किया ही नहीं।"

"सच कहती हो?"

"हाँ।"

"मेरी कसम?"

"देखिए, यह औरतों की तरह कसम-वसम न धराइए। बस, मेरा दिल ही जानता है...आप विश्वास करें या न करें।"

"अरे, तुम पर मुझे विश्वास नहीं होगा? तुम्हीं तो केवल ऐसी हो इस दुनिया में, जिस पर मैं विश्वास करता हूँ, जिसके लिए मैं जान दे सकता हूँ। तुम्हारे बिना मैं एक पल भी जिन्दा नहीं रह सकता...।"

फिर अपने प्रेम को सिद्ध करने के लिए मनफूल उठ खड़ा हुआ और लपककर उसको अपने आलिंगन में ले लिया। लीला बहुत ही छटपटाई, पर उसने उसके कपोलों पर अपने प्रेम-चिह्न भी अंकित कर दिए।

"अच्छा तो...।" वह मुस्कराकर घर से जल्दी से बाहर निकल गया।

लीला पत्थर की मूर्ति की तरह कुछ देर तक वहाँ खड़ी रही। उसका मुँह क्रोध एवं घृणा से विकृत हो गया था।

मनफूल के जाने के आधा घंटा बाद लीला अपने घर से निकली। उसने अपने बच्चों को खिला-पिला दिया और उनको अपनी पड़ोसिन के यहाँ रख दिया, उससे उसका काफी मेल-मुहब्बत था। उसने कहा कि उसकी तबीयत ठीक नहीं और उसकी कमर में तेज़ दर्द उठ रहा है, इसलिए वह डाक्टर को दिखाने जा रही है और एक-डेढ़ घंटे में आ जाएगी। सचमुच वह अपने होश में नहीं थी और जल्दी से जल्दी कुछ फैसला कर लेना चाहती थी। यदि आज उसने अपने पति को गलत काम करते हुए देख लिया तो वह प्रतिहिंसा में क्या करेगी, इसके बारे में वह कुछ भी नहीं कह सकती थी। या तो वह अपनी जान दे देगी या कुछ और भयंकर कर गुजरेगी।

वह हैंडलूम की साड़ी, पूरी बाँह का ब्लाउज और लाल रंग का स्वेटर पहने हुए

थी। ऊपर से उसने एक चादर ओढ़ ली थी। संगीत विद्यालय वह जानती थी कि कहाँ है। बाहर से वह अच्छी तरह वाकिफ थी और वह कहीं भी बेधड़क आ-जा सकती थी। वह किसी से भी बेधड़क बातचीत कर सकती थी। इसका कारण था कि वह हाई स्कूल तक पढ़ी थी और उसी शहर की लड़की थी। इसके अलावा उसकी माँ ने उसको बहुत तेज़ बनाया था। वह किसी से भी दबकर नहीं रहती थी, अपने सुख-सुविधा का ध्यान रखती थी और डटकर मेहनत करती थी। जब से उसने दीप्ति की बात सुनी थी, उसके कलेजे में आग लगी हुई थी और तभी से वह अपने अधिकारों को प्राप्त करने के लिए व्याकुल थी।

जब वह संगीत विद्यालय पहुँची तो रात उतर चुकी थी। फाटक के बाहर दो रिक्शेवाले पास ही पास खड़े थे। वह चारों ओर सतर्कता से देखती हुई आगे बढ़ी। उसने चादर को आगे नाक तक खींच लिया था, ताकि उसके चेहरे पर सहसा किसी की नजर न पड़े। जब उसने विद्यालय के बरामदे में पैर रखा तो उसने एक व्यक्ति को, जो पैंट-कोट पहने था, अपनी ओर आते देखा। उसका कलेजा धड़कने लगा। कहीं वह मनफूल ही न हो। लेकिन वह कोई दूसरा ही व्यक्ति था, जो हवा में हाथ से तबला बजाते हुए सिर नीचे झुकाए कुछ गुनगुना रहा था।

''बाबूजी क्लास कब खत्म होंगे?'' उसने ठिठककर पूछा।

वह व्यक्ति सहसा चौंका। उसने घूरकर लीला को देखा। फिर बोला, ''साढ़े सात बजे।''

''क्या बजा होगा?''

उसने अपनी घड़ी देखकर बताया, ''छः बजकर दस मिनट। आप किसको चाहती हैं?''

''मेरी बहन है...ठीक है, मैं इन्तज़ार करूँगी।''

''हाँ, थोड़ी देर बैठ जाइए...वहाँ बेंच है।''

यह कहकर व्यक्ति चलता बना। लीला ने उस ओर देखा, जिधर उसने इशारा किया था। कुछ दूरी पर एक कोने में बेंच रखी थी। उसी पर वह जाकर बैठ गई। उसने सोचा कि वह वहीं घूँघट काढ़कर बैठी रहेगी और जब छुट्टी होगी तो उनका पीछा करेगी। उसका कलेजा अब भी धक-धक कर रहा था, परन्तु उसकी आँखें जल रही थीं। ऐसा अन्याय मनफूल उसके साथ कभी भी नहीं करता था, क्योंकि वह उसको अपने नियन्त्रण में रखती थी। ऐसा करने की उसकी हिम्मत कैसे हुई? उस चुड़ैल को वह पा गई तो उसका झोंटा पकड़कर मारेगी और उसको इस अन्याय का मज़ा चखाएगी।

वह देर तक वहाँ बैठी रही। वहाँ से फाटक दिखाई दे रहा था। वे दोनों रिक्शेवाले अब भी खड़े थे। चारों ओर बड़ा सुनसान था। फिर भीतर से तबला बजने तथा कुछ लड़कियों के सामूहिक गान की ध्वनि सुनाई पड़ने लगी। ये ध्वनियाँ किसी न किसी

रूप में आती रहीं। बैठे-बैठे उसकी कमर दर्द करने लगी थी। कभी-कभी उधर से कोई आदमी आता या कोई औरत गुजरती तो वह माथे पर का पल्ला आगे खींच लेती, लेकिन जब वे आगे बढ़ जाते तो वह घूँघट हटाकर तीखी दृष्टि से उनको देखती।

अन्त में सबकी छुट्टी हो गई। लोग भराभराकर निकल गए। बातचीत हँसी-कहकहे और जूतों की चरमराहट तथा खट-खट मिलकर एक विचित्र मिश्रित ध्वनि उत्पन्न करने लगी। लीला ने अपना घूँघट और खींच लिया था, पर इस तरह कि वह पास से गुजरनेवाले को देख सके। वह हर व्यक्ति को मनफूल और हर स्त्री को दीप्ति समझ रही थी। दीप्ति को वह पहचानती थी, क्योंकि एक बार जा चुकी थी उसके घर पर एक समारोह में।

कुछ देर बाद ही उसने दीप्ति को उधर से जाते हुए देखा। वह अकेली ही थी। वे कहाँ हैं? क्या वे चले गए? क्या उसकी शंकाएँ निर्मूल हैं? भगवान करे, ऐसा ही हो। इस कल्पना से उसको खुशी हुई। यदि ऐसा हुआ तो वह मनफूल के पैरों पर पड़कर क्षमा माँग लेगी।

पर उसकी दृष्टि दीप्ति का पीछा कर रही थी। उसने देखा कि दीप्ति फाटक पर जाकर खड़ी हो गई और इधर-उधर बेचैनी से देखने लगी है। लीला उसकी मुद्राओं को देखकर फौरन ताड़ गई कि वह किसी की प्रतीक्षा कर रही है। दीप्ति को देखकर लीला का मन प्रतिहिंसा से जलने लगा था। इच्छा हुई कि अभी चलकर उसका झोंटा पकड़कर घसीटे। कितने नखरे से चारों ओर देख रही है। हरामजादी में शान, घमंड और फैशन बहुत है, लेकिन इसी उम्र में वह ऐसी क्यों निकल गई? क्या इसके माँ-बाप इस पर कोई कन्ट्रोल नहीं रखते? पता नहीं किस खानदान की है।

दीप्ति की बेचैनी बढ़ रही थी, क्योंकि सभी लोग लगभग फाटक से निकल गए थे और वह वहाँ अकेली खड़ी थी। वह बार-बार विद्यालय की इमारत की ओर देख रही थी। अब इसमें कोई सन्देह नहीं कि वह किसकी तलाश कर रही है। लीला की आँखें जैसे आग उगल रही थीं।

जब सब सूना पड़ गया तो मनफूल भी निकला। वह उसी बरामदे से गुजरा जहाँ लीला खड़ी थी, लेकिन वह इतनी तेजी में था कि उसकी नजर लीला की ओर गई ही नहीं, यद्यपि लीला ने और अधिक घूँघट काढ़ लिया था। उसके बरामदे की सीढ़ियाँ नीचे उतरते ही उसने घूँघट हटा दिया। क्रोध और नफरत से उसका चेहरा एकदम पागल की तरह दिखाई दे रहा था।

मनफूल के पहुँचते ही दीप्ति मुस्कराने लगी। उन्होंने एक क्षण कोई बातचीत की, फिर वे तेजी से फाटक से बाहर निकल गए। लीला क्रोध से थर-थर काँप रही थी। वह भी तेजी से नीचे उतरी। एक क्षण के लिए उसको लगा कि उसका जीवन व्यर्थ है। मनफूल के लिए ही उसने अपनी सोने की काया को बर्बाद किया था। वह

सवेरे से लेकर शाम तक खटती रही थी। चौका-बर्तन वह करे, खाना वह बनाए, घर की सफाई वह करे, बाजार-हाट वह करे। वह एक गुलाम की तरह उसकी सेवा करती और वह उसी का नतीजा उसको दे रहा है। अब उसकी जिन्दगी में क्या है? उसकी आँखों के सामने अँधेरा छाने लगा, यहाँ तक कि वह अपने बच्चों को भी बेगाना समझने लगी और उसने निश्चय कर लिया कि वह अपने बच्चों को मनफूल के सिपुर्द करके सदा के लिए उससे सम्बन्ध-विच्छेद कर लेगी। अब वह किसी धोखे में नहीं रह सकती, क्योंकि वह अभी तक धोखा खाती रही है। अब यह उसके सामने दिन की तरह स्पष्ट हो गया था कि मनफूल जो उससे चिकनी-चुपड़ी बातें करता रहा था और जो उससे वायदे करता रहा था, वे एकदम झूठ थे। वास्तविकता यह थी कि उसने उसको कभी भी प्यार नहीं किया, बल्कि अपनी गन्दगी को छिपाने के लिए हमेशा मीठी-मीठी बातें करता रहा। वकालत वाली उसकी बात भी झूठी थी—एक धोखे की टट्टी।

बाहर निकलकर उसने देखा कि वे बाईं पटरी से तेजी से जा रहे हैं। समझने की बात तो यह थी कि फाटक पर अब भी दो-तीन रिक्शे खड़े थे, लेकिन उनको छोड़कर वे पैदल ही आगे बढ़ रहे थे। क्या वे कहीं दूसरी जगह जाएँगे? असम्भव क्या है? चारों ओर अँधेरा है और वे कहीं भी जा सकते हैं। पास में पार्क है, शायद वे उधर ही जा रहे हों। वे कोई बात नहीं कर रहे थे।

लीला अपने पैरों को दबाकर चल रही थी। सहसा उसकी आँखें फटी-फटी ही रह गईं। मनफूल ने शायद दीप्ति का हाथ अपने हाथ में ले लिया था। उसने लपककर चिल्लाना चाहा, लेकिन उत्तेजना के मारे गले में उसकी आवाज़ फँस गई। उसने चारों ओर देखा, पर कहीं कोई दिखाई नहीं दिया। अभी सड़क से एक ताँगा गुजरा था, उसी के घोड़े के टाप दूर होते सुनाई दे रहे थे। यह अब तक मनफूल पर शासन करती रही थी, लेकिन अब वह अपने को सर्वथा असहाय समझने लगी। मनफूल उसको प्यार नहीं करता, यह सोचकर ही उसके दिल से आत्म-विश्वास की भावना समाप्त हो गई थी। दुख, निराशा, ईर्ष्या एवं क्रोध से उसके पैर सर्वथा अशक्त हो गए थे और उसको लगा कि वह वहीं भहराकर गिर पड़ेगी।

वह उसके हाथ को सहलाए जा रहा था। दीप्ति उससे सटी जा रही थी। आगे चलकर एक रास्ता बाईं ओर घूमकर पार्क में प्रवेश कर जाता था। उसी रास्ते पर वे तेज़ी से मुड़े। हे भगवान! यह कैसा अन्याय है? वह कैसे अब तक बर्दाश्त कर रही है? क्या वह उनको गुलछर्रे उड़ाने के लिए छोड़ देगी? इस प्रकार निष्क्रिय तो वह कभी भी नहीं थी। एक अनजान स्त्री उसके धन को लूट रही है और वह चुपचाप देख रही है, जब कि आज तक उसकी एक पाई भी कोई खा नहीं पाया था। उसने अपनी जो भी वर्तमान सुख-सुविधा थी, उसको अपने परिश्रम एवं सतर्कता से प्राप्त की थी। उसमें आचरण की जो दृढ़ता थी, उसी से मनफूल झुकता था, अन्यथा वह

ऐसे स्वभाव का है कि उसने कभी ही उसको गन्दी हँड़िया की तरह फेंक दिया होता। यदि आज भी वह अपने अधिकार को छोड़ दे तो इससे मनफूल को बहुत ही खुशी होगी—फिर यह अधिकार उसका सदा-सदा के लिए छिन जाएगा। वे उसकी अकर्मण्यता एवं कायरता के कारण मज़े उड़ाएँगे। पर वह ऐसा कभी नहीं होने देगी। उसके माँ-बाप ने ऐसा सिखाया ही नहीं। वह आगे बढ़कर अपनी शक्ति के द्वारा उनकी रंगीन योजनाओं को तहस-नहस कर देगी और अपने अधिकार को पुनः हस्तगत कर लेगी।

वे एक वृक्ष-समूह के अँधेरे में घुसते हुए नज़र आए। लीला ने अपनी चाल तेज़ कर दी। जब वह भी अँधेरे में घुसी तो वे आलिंगनबद्ध थे। पैरों की आहट सुनकर वे फौरन छटक कर अलग हो गए।

''कौन?'' मनफूल की भय-जनित आवाज़ थी। लीला के मुँह से सहसा आवाज़ नहीं निकली। क्रोध के मारे उसके दाँत किटकिटा रहे थे। उसका सारा शरीर काँप रहा था। वह आगे बढ़ती रही। उसके पैरों के नीचे सूखे पत्ते चरमरा रहे थे।

''कौन? बोलते क्यों नहीं?'' मनफूल फिर बोला। लीला कुछ नहीं बोली। उसने अपने पैरों में से अपनी सैंडिल निकाल ली, फिर तेजी से बढ़कर इस सैंडिल से दीप्ति को तड़ातड़ मारने लगी। साथ ही वह गन्दी-गन्दी गालियाँ मुँह से निकालती हुई चीख पड़ी, ''कमीनी, कुतिया कहीं की। तू मेरे धन पर डाका डालने आई है? बड़ी जवानी सता रही है तुझे? मैं अभी तेरी सारी गर्मी झाड़कर रख दूँगी। माँ-बाप तो यह समझ रहे हैं कि बेटी पढ़ने जा रही है और वह यहाँ दूसरे के मर्द के साथ गुलछर्रे उड़ा रही है।''

सैंडिल की मार दीप्ति पर बुरी तरह पड़ रही थी। दीप्ति तो इस तरह भय से सुन्न हो गई थी कि उसने अपने को बचाने की कोशिश भी नहीं की। वह कुछ समझ भी नहीं पाई कि वहाँ कौन आया है। ऐसा लगा उसे कि कोई चुड़ैल वहाँ आ गई हो। उसके शरीर का खून जम गया था और डर के मारे उस पर बेहोशी छाने लगी थी।

इसके बाद लीला ने सैंडिल पहन ली और लपककर दीप्ति का झोंटा पकड़ लिया। दीप्ति को यह पूरा विश्वास हो गया कि यह जरूर चुड़ैल ही है। भय के मारे सारा शरीर उसका सूना पड़ गया था और वह बेहोश होकर वहीं गिर पड़ी।

लीला ने घृणा से उसके शरीर पर दो-चार लात जमाते हुए कहा, ''हरामजादी, अब और दूसरे मर्द के साथ गुलछर्रे उड़ाएगी? मैं तेरी छाती फाड़कर खून पी जाऊँगी। मुझे तू जानती नहीं। मुझको कोई धोखा नहीं दे सकता और मैं किसी से डरती नहीं।''

उसकी आवाज़ उस पार्क में वृक्षों से टकराकर गूँज रही थी। वह हाँफ रही थी क्रोध के मारे। मनफूल एक ओर ठिठका था। डर के मारे उसके शरीर में जान नहीं थी। वह खूब अच्छी तरह समझ गया कि यह उसकी पत्नी ही है। वह यहाँ कैसे पहुँच

गई? इसी को कहते हैं किस्मत। उसकी किस्मत बहुत ही फटीचर है। कितना अच्छा मौका था। आज दीप्ति में उन्मुक्तता थी—उस दिन की हिचकिचाहट और भय ज़रा भी नहीं रह गया था। उसने रिक्शे पर ही उसके संकोच को दूर कर दिया था और बार-बार उसकी ओर देखकर मुस्करा रही थी। वह समझ गया कि सफलता एक पके आम की तरह उसके सामने है, बस, उसका यही काम है कि आगे बढ़कर उसको तोड़ ले। वह स्वयं उसकी आँखों में देखकर प्यार से मुस्कराता रहा। जब कभी रिक्शा किसी एकान्त कोने से गुजरता तो वह उसके हाथ को पकड़ लेता।

छुट्टी होने पर मनफूल ने जान-बूझकर देर कर दी थी। वह चाहता था कि सभी विद्यार्थी वहाँ से निकल जाएँ तो वह दीप्ति के पास पहुँचे। पर उसने सपने में भी उम्मीद नहीं की थी कि उसकी पत्नी उसका पीछा करते हुए यहाँ तक पहुँच जाएगी। कितनी कमीनी है। ऐसी ही औरतों को मर्दमार कहा जाता है। ये मर्द को एक क्षण के लिए भी चैन से नहीं बैठने दे सकतीं। इनको सुविधाओं से मतलब रहता है, भले ही उसका मर्द चूल्हे-भाड़ में चला जाए। कैसा बेवकूफ बनाया था लीला ने उसको? कैसा चकमा दिया था उसने? वह अपनी बुद्धिमानी से बड़ा खुश था। उसको विश्वास था कि इस बार लीला उसका कुछ नहीं बिगाड़ पाएगी, क्योंकि उसको कुछ पता लगेगा ही नहीं। लेकिन दफ्तर से आने पर वह अपने स्वभाव के विपरीत जो मिठास प्रकट कर रही थी, वह इस कारण कि उसको सब कुछ मालूम हो चुका था और वह उसका पीछा करने का निश्चय कर चुकी थी। हरामजादी कुतिया कहीं की। इच्छा तो हुई कि वह इसका यहीं गला घोंट दे। यह मौका भी बहुत अच्छा है। यहाँ कोई जान नहीं पाएगा। इससे उसको लीला से सदा मुक्ति मिल जाएगी और वह दीप्ति के साथ सुखपूर्वक जीवन व्यतीत करेगा।

लेकिन यह सब इतने आकस्मिक तरीके से हुआ था कि मनफूल कुछ भी नहीं कर सका, बल्कि उसको एक ऐसी कायरता और भय ने धर लिया, जिसका वह अभ्यस्त था। वस्तुतः दीप्ति को वह प्यार नहीं करता था। उसका मन इतना संकीर्ण एवं सड़ा हुआ था कि वह किसी औरत को प्यार कर ही नहीं सकता था। बस, वह उसके शरीर को चाहता था। सुन्दर औरतों के लिए वह लालायित अवश्य रहता था, मन ही मन वह बहुत-सी कल्पनाओं में अवश्य उड़ा करता था, लेकिन लीला उसके जीवन पर इस तरह हावी हो गई थी कि स्त्रियों के सम्बन्ध में किसी विशेष साहस या ईमानदारी से वह काम ले ही नहीं सकता था। वह सिक्कड़ से बँधे एक कुत्ते की तरह था, जो भोजन के लिए अपने स्वामी पर निर्भर रहता है और उसके बदले अपने स्वामी के संकेत पर नाचता है। दीप्ति की निकटता पाकर वह सोचता था कि लीला को वह धोखा दे सकता है। इस विचार से उसमें अत्यधिक साहस भर गया था, लेकिन लीला जब उसके सामने आकर खड़ी हो गई थी तो वह किसी बालू के घरौंदे की तरह धराशायी हो गया था और उसको विश्वास हो गया कि उसकी नियति पूरी

तरह लीला से बँधी हुई है और वह लीला को धोखा दे ही नहीं सकता। इस बार कायरता उसके रग-रग में प्रवेश कर गई। यह कायरता उसकी सदा रक्षा करती थी और इस बार भी रक्षा करेगी, यही उसका विश्वास था।

"लीला...लीला...।" आगे बढ़कर उसने धीमे से गिड़गिड़ाए स्वर में कहा। भय से उसकी आवाज काँप रही थी।

"चलो यहाँ से चुपचाप। धोखेबाज़। सौत को लेकर गुलछर्रे उड़ाने आए थे? तुमको यह पता नहीं कि मैं किस माँ-बाप की लड़की हूँ! मैं तो उड़ती चिड़िया को हल्दी लगाती हूँ। मैं सभी औरतों से कहती थी कि मेरे पति बहुत सीधे हैं...देवता के समान हैं, लेकिन आज मैंने सभी कुछ अपनी आँखों से देख लिया। हर जगह धोखेबाजी! औरत के साथ धोखेबाजी, अपने मित्र के साथ धोखेबाजी और इस लड़की के साथ धोखेबाजी। वकालत चलनेवाली है! तबला सीखेंगे! मैं क्या जानती थी कि यह तबला इस छोकरी के लिए सीखा जा रहा है और झाँसा-पट्टी पढ़ाने के लिए वकालत की बात की जा रही है। हाय-हाय, इस पापी ने मुझे बर्बाद कर दिया... इसने मुझे कहीं का न रखा...।"

लीला छाती पीटकर वहीं रोने लगी। मनफूल के तो होश ही फाख्ता हो गए। कहीं इस आवाज़ को सुनकर रास्ते से गुजरनेवाला कोई भी, जो जानी-पहचानी भी हो सकता है, या सुनसान स्थान में गश्त करनेवाला कोई सिपाही न आ टपके। भगवान ही उससे नाराज है, नहीं तो ऐसी हालत उसकी न होती। यह औरत पागल हो गई है और आज यह उसकी भयंकर बेइज़्ज़ती कराकर रहेगी। हो सकता है, यह दो-चार जूते जमा न दे उसको भी। क्या ठिकाना इसका? दीप्ति का इसने क्या किया? क्या उसको मार डाला? वह ज़मीन पर निश्चल पड़ी हुई है और कुछ बोल नहीं रही है। हे प्रभु, मेरी रक्षा करो...ग्राह के चंगुल से तुम्हीं गज को बचाने आए थे...।

वह आगे बढ़कर गिड़गिड़ाते स्वर में बोला, "लीला, पहले तुम मेरी बात सुन लो...फिर जो चाहे दंड दो मुझे। मुझे यह सहर्ष स्वीकार होगा। मैं एकदम निर्दोष हूँ...।"

"नहीं...मैं नहीं सुन सकती। मैं आज चिल्ला-चिल्ला कर सारी दुनिया से कहूँगी कि यह आदमी एकदम धोखेबाज है, इससे सभी अपनी बहन-बेटी को छिपाकर रखें। मैं तुम्हारे मुँह में कालिख पुतवाऊँगी। तुमने मुझे समझ क्या रखा है? मैं रंडी-छिनाल नहीं हूँ, तुम मुझे सात फेरे करा के ले आए हो, मैं तो तुम्हारी छाती पर मूँग दलूँगी...।" वह हाँफ रही थी।

"मैं तुम्हारे पैरों पड़ता हूँ...चिल्लाकर न बोलो। मैं सारी बात खोलकर बता दूँगा और तुम सन्तुष्ट हो जाओगी। पहले सुनो तो। मेरी गलती जरा भी नहीं मिलेगी...।"

"अच्छा सुनूँगी...चलो घर पहले। मैं वहीं सुनूँगी तुम्हारी राम-कहानी...।"

"पर इसका क्या होगा? इसको यहाँ इस तरह छोड़ना ठीक नहीं है। जरूर ही

पुलिसवाले इसको खोजते हुए आएँगे और अगर यह जिन्दा होगी तो इससे सब कुछ मालूम कर लेंगे। फिर हम लोगों की कैसी बदनामी होगी?"

"ऐ है! रंडी धर्म-कर्म की बात करे। छिनाल गंगा नहाए! जब इज़्ज़त-बेइज़्ज़ती का इतना ध्यान था तो अपना मुँह काला कराने क्यों आए थे? बस साफ-साफ तुमसे कहे देती हूँ, यहाँ से चुपचाप चले चलो...अगर इस हरामज़ादी का नाम लिया या कोई खयाल किया तो तुम्हारी ऐसी दुर्गति बनाऊँगी कि देवता याद आ जाएँगे। तुम मुझे जानते नहीं। माँ-बाप ने डरपोक मुझे कभी नहीं बनाया। मुझे पढ़ाया-लिखाया, हर प्रकार से मुझे गुणी बनाया...बस, गलती यह कि मुझे तुम्हारे जैसे धोखेबाज़ और अयोग्य के माथे पटक दिया। इसके लिए मैं अपने माँ-बाप को कभी क्षमा नहीं करूँगी। इस हरामज़ादी को मैं जानती हूँ...यह कला कछाए हुए है। यह मरेगी क्या? इसको तो मैंने अभी मारा नहीं। लेकिन यह अगर ऐसी ही हरकत करती रही तो मैं इसकी बोटी-बोटी काटकर रख दूँगी। बस, चलो यहाँ से...।"

"अच्छा चलता हूँ। बात तो सुनो। तुमको विश्वास नहीं होगा, पर इस लड़की ने मुझे जानबूझकर धोखा दिया।"

"इसने धोखा दिया?"

"हाँ-हाँ, तुम्हारी कसम खाकर कहता हूँ।"

"मेरी कसम न खाओ...मैं तुम्हारी कोई नहीं, मैं तुम्हारी दुश्मन हूँ।"

"ऐसी बात न कहो, लीला। मैं तुम्हें प्यार करता हूँ और तुम्हारे बिना जीवित रह भी नहीं सकता। चाहो तो तुम विश्वास न भी करो। पर यह सत्य है, उसी तरह जैसे सूरज चमकता है। यह लड़की तो तुम्हारे सामने धूल के समान है...।"

"झूठ न बोलो। दाई से पेट छिपाने से कोई लाभ नहीं। मैं तुम्हारी एक-एक नस पहचानती हूँ...।" लीला फिर जोर से चीखी।

"मैं तुम्हारे पैरों पड़ता हूँ, जोर से चिल्लाओ नहीं।" यह कहकर मनफूल ने आगे बढ़कर उसका पैर भी स्पर्श कर लिया, "मैं तुमसे एकदम सच कह रहा हूँ। तुम तो जानती ही हो कि यह मेरे दोस्त शंकर की बहन है। मैं शंकर के यहाँ जाता हूँ। यह बहुत दिनों से मेरे पीछे पड़ी हुई है। तुम तो जानती ही हो कि मैं अपने काम से मतलब रखता हूँ और ऐसी लड़कियों से दूर ही रहता हूँ। मैंने इसको अपने पुट्ठे पर हाथ रखने नहीं दिया। लेकिन यह मानी नहीं, बल्कि जब मैंने तबला-शिक्षा के लिए नाम लिखा लिया तो इसने भी नाम लिखा लिया। अब वहाँ आने पर उससे मुलाकात होती ही है। यह छुट्टी होने पर मेरे पीछे पड़ जाती। फाटक पर मेरी प्रतीक्षा करती और आने पर मुझसे कहती, "पहुँचा दीजिए घर मुझको।" मैं शिष्टाचार के नाते पहुँचा देता। क्या कहता? शंकर भी तो नाराज़ होता। आज इसने कहा 'घुमा दीजिए।' मैंने बहुत मना किया इसको, लेकिन यह मानी नहीं। मेरे पीछे पड़ ही गई, बल्कि हारकर इसके साथ मुझे आना पड़ा और यहाँ आकर उसने जो कुछ किया,

यह तुमने देखा ही। इस बगीचे में आकर मुझसे यह लिपट गई। यह अच्छा ही हुआ कि तुम आ गईं और इससे मुक्ति दिलाई...।"

वह फुसफुसाए स्वर में बोल रहा था, जिससे उसकी आवाज़ वहीं रह जाती थी। लीला कुछ समय तक चुप रह गई थी। वह उसकी बातों को तो अवश्य सुन रही थी, पर उसका ध्यान उन बातों की ओर नहीं था। वह जानती थी कि अब भी वह सरासर झूठ बोल रहा है। इसमें कोई शक नहीं कि उसका पति कायर है, इसीलिए वह किसी सच्चाई को स्वीकार नहीं कर पाता और हर मौके पर झूठ बोलने की कोशिश करता है।

"अच्छा तो चलो तुम...।" वह बोली।

"इसको यहीं पर...।"

"तुम इसकी चिन्ता न करो। तुम इसको अपने अपराध की सजा भुगतने दो।"

"जब यह नहीं पहुँचेगी तो इसके घर में हल्ला मचेगा और वे लोग दौड़े हुए मेरे ही घर आएँगे।"

"तो आने दो, मैं परवाह नहीं करती। अब तुम्हारा उस घर में जाना बन्द। तुम मुझे धोखा देने की कोशिश न करना। मैं जानती हूँ कि मेरे सामने चिकनी-चुपड़ी बातें करके और मेरा मन जीतकर तुम इससे मिलोगे और इससे मिलकर कहोगे 'मैं तुमसे प्यार करता हूँ।' इसीलिए तुमको पहले से ही चेतावनी दे रही हूँ...।"

"नहीं! पहले तो मैं उससे मिलूँगा ही नहीं और न मैं उसको प्यार ही करता हूँ।"

"प्यार नहीं करते?"

"नहीं करता।"

"अपने बच्चों की कसम खाकर कहो।"

"बच्चों की कसम खाकर कहता हूँ।"

"उससे अब नहीं मिलोगे न?"

"नहीं।"

"उसके घर अब नहीं जाओगे न?"

"नहीं।"

"बच्चों की कसम खाकर कहो।"

"बच्चों की कसम खाकर कहता हूँ।'

"अच्छा तो अब चलो घर।"

"इसको ले चलें? मुझे डर है कि...।"

"इसके बारे में तुम बात न करो। इसकी चिन्ता न करो। मैं बार बार कह रही हूँ कि इसका नाम लिया तो मुझसे बुरा कोई न होगा। समझे न?"

"अच्छा नहीं बोल रहा हूँ। मैं तो यही कह रहा था कि बेकार में बवाल मचेगा। पुलिस-वुलिस आएगी और चारों ओर चर्चा होने लगेगी।"

"होने दो। तुम्हारी यही सजा है। यही नहीं, सारी दुनिया को मैं खुद यह बात बताऊँगी। मैं पुलिस में रिपोर्ट करूँगी कि तुमसे मुझे खतरा है। अदालत में दर्खास्त दूँगी कि तुम मुझे छोड़ना चाहते हो। जाकर इस छोकरी के माँ-बाप से कहूँगी कि वे उसको तुमसे बचाएँ। अपने माँ-बाप के पास चिट्ठी लिखूँगी कि एक लम्पट और धोखेबाज के साथ मेरी शादी करके उन्होंने मेरी जिन्दगी बर्बाद कर दी। मैं तुम्हारे दोस्तों से भी यह सब कहूँगी। बच्चे तुम्हारी हरकत जान जाएँगे और तुमसे नफरत करने लगेंगे। तुम्हारी आदत इसी तरह छूट सकती है...और कोई उपाय नहीं है।"

"लीला, मुझे माफ करो, मैं तुम्हारे पैरों पड़ता हूँ।" मनफूल बेहद डर गया था।

"मुझसे माफी मत माँगो। माफी पर मैं विश्वास नहीं करती। उसका मेरे लिए कोई महत्त्व नहीं है।"

"सच्चे दिल से यह माफी। ऐसा कभी नहीं होगा।"

"बस-बस, मैं कुछ भी नहीं सुनना चाहती। चुपचाप घर चलिए...मेरा मन बच्चों में लगा है। अब ये बच्चे ही मेरे सब कुछ हैं। और कोई नहीं...मैंने सब कुछ देख लिया... ।"

वह अन्त में अपने दुख और निराशा को सँभाल नहीं सकी और अपने आँचल में मुँह छिपाकर बुरी तरह सिसकने लगी।

दीप्ति की बेहोशी फौरन दूर हो गई थी। पहले तो उसकी समझ में नहीं आया कि क्या हो गया है। उसने उठने की कोशिश की, लेकिन इसी समय उसके कानों में एक औरत की आवाज़ सुनाई पड़ी, जो जोर-जोर से चिल्ला रही थी। दीप्ति चुपचाप उसकी बातें सुनने लगी। अब उसको याद आया कि उसको एक औरत ने आकर गालियाँ देना और मारना शुरू किया था और वह उसको चुड़ैल समझकर डर गई थी। फिर उसकी आँखों के सामने अँधेरा छा गया था।

इसके बाद उसको एक फुसफुसाई आवाज़ सुनाई देने लगी। वह उन आवाज़ों की दिशा की ओर अँधेरे में आँखें फाड़-फाड़कर देखने लगी तो उसको दो धुँधली आकृतियाँ दिखाई पड़ीं। वह आवाज़ मनफूल की थी, यह समझने में उसको खास देर नहीं लगी। वह उस औरत से गिड़गिड़ा रहा था। उसकी उत्सुकता बढ़ी। कुछ देर बाद ही उसकी समझ में आ गया कि मनफूल अपनी पत्नी से अपनी हरकत की माफी माँग रहा है।

जब मनफूल ने लीला का पैर स्पर्श करके तथा कसम खाकर यह बताया कि वह दीप्ति को प्यार नहीं करता और दीप्ति ही उसको धोखा देकर वहाँ से ले आई थी तो वह जैसे आकाश से गिरी। अब वह सब कुछ समझ गई। इसका अर्थ था कि लीला उसका पीछा करते हुए यहाँ आ गई थी और मनफूल ने एक ओर अपनी पत्नी को तथा दूसरी ओर स्वयं उसको धोखा देने की कोशिश की थी।

दीप्ति की हालत चोट खाई हुई चिड़िया की तरह हो गई। यह कैसी परिस्थिति थी? उसको एक ऐसी शर्म एवं अपमान ने जकड़ लिया कि उस अँधेरे में भी उसकी इच्छा करने लगी कि वह गला घोंटकर अपने जीवन का अन्त कर ले। वह सब कैसे हो गया था? उसने अपनी प्रतिष्ठा एवं पवित्रता को कैसे इतनी आसानी से नष्ट करने की कोशिश की थी? क्या वह मनफूल को प्यार करती थी? उसने अपने दिल को टटोला, परन्तु उस समय उसके दिल में मनफूल के लिए घृणा ही घृणा थी। वह व्यक्ति जान-बूझकर उसके जीवन को बर्बाद करने पर तुला हुआ था। यदि लीला इस समय वहाँ न पहुँच गई होती तो निश्चित था कि वह पतन के गर्त में चली गई होती। फिर उसका जीवन सदा-सदा के लिए नष्ट हो गया होता।

वह उसी तरह चुपचाप पड़ी उनकी बातें सुनती रही। दुख और शर्म के मारे उसकी आँखों से आँसू गिरते जा रहे थे। यह व्यक्ति कितना डरपोक और तुच्छ है? आज वह किस तरह उसको प्यार से देख रही थी? उसका विश्वास था कि यह व्यक्ति बहुत दुखी और अन्याय का शिकार है और वह अपने प्यार से उसके दुख को दूर कर देगी। आज वह उससे गहरी आत्मीयता का अनुभव कर रही थी, उसके निकट जाने के लिए तैयार हो गई थी और उसके जीवन के उत्थान के लिए अपने आपको उसके चरणों पर समर्पित करने जा रही थी। लेकिन उसने उसको धोखा देकर उसका घोर अपमान किया था। वह कैसे अपना चेहरा शीशे में देखेगी या दूसरों को दिखाएगी? इस जीवन से अच्छा है मरना। अब यह निश्चित है कि लीला उसको बदनाम करेगी। सभी लोग उसको घृणा से देखेंगे और उस पर थूकेंगे। घर और बाहर उसका जीवन सर्वथा असम्भव हो जाएगा।

परन्तु इसमें दोष किसका है? यह सोचते ही उसके दिल में एक ऐसी पीड़ा उठी, जिसकी उसने कल्पना नहीं की थी। वह अपने इस प्रश्न का उत्तर चाहती थी, पर लाख सोचने पर भी वह यह निश्चय नहीं कर पाई कि मनफूल पर ही उसको इस स्थिति में ले आने का दायित्व है। कौन है जिम्मेदार? आखिर कौन है? वह पड़े-पड़े घोर दुख एवं निराशा से अपने बाल नोचने लगी।

जब कुछ देर बाद मनफूल और लीला वहाँ से चले गए तो वह उठी। उसकी हालत पागलों की तरह थी। कैसी आसानी से मनफूल उसको वहाँ बेसहारा छोड़ गया था? परन्तु मनफूल को अब वह अच्छी तरह समझ गई थी कि इसके अलावा वह कुछ कर भी नहीं सकता था। इससे प्रकट था कि आगे चलकर वह इससे भी भयंकर धोखा उसको दे सकता था। वह उसको बर्बाद करके रख देता और उसको कहीं का न छोड़ता।

वह वहाँ से आगे बढ़ी। उसके सारे शरीर में धूल लगी थी और उसके बाल अस्त-व्यस्त हो रहे थे। उसके पैर लड़खड़ा रहे थे। उसकी आँखों से लगातार आँसू गिर रहे थे। उसको अब जीने की ज़रा भी इच्छा नहीं थी। क्या उसके जीवन में उस

समय कोई ऐसी दुर्घटना नहीं हो सकती, जिससे उसका जीवन ही समाप्त हो जाता। काश, कोई भूत या चुड़ैल इस समय आकर उसका गला दबा देते।

वह जब पेड़ों की झुरमुट से बाहर निकली तो उसको जूतों की आवाज़ें सुनाई पड़ीं। वे आवाज़ें इधर ही आ रही थीं। वे लोग कौन हैं? क्या मनफूल ही तो नहीं आ रहा है? अगर वह आया तो उसको वह फटकार बताएगी कि उसको जन्म भर याद रहेगा। या वे उसके घरवाले हैं जो उसको खोजते हुए आ रहे हैं? उसने छिपने की कोशिश की, लेकिन इसके पहले ही उन व्यक्तियों की दृष्टि उस पर पड़ गई।

"कौन है?" एक मर्दाना आवाज़ पार्क में गूँज उठी।

वह रुक गई। वे रात में गश्त करनेवाले पुलिस के दो सिपाही थे। उनके हाथ में लाठियाँ थीं। वे पास आ गए और उनमें से एक ने उस पर टार्च की रोशनी फेंकी।

"कौन हो तुम?"

दीप्ति के मुँह से कोई आवाज़ नहीं निकली, बल्कि वह अपने दोनों हाथों में मुँह छिपाकर फूट-फूटकर रोने लगी।

"अरे क्या बात है? रोती क्या है इस तरह? हम इस नखरे में फँसनेवाले नहीं हैं। यह तिरिया-चरित्तर अपने आशिक को दिखाना। न मालूम कहाँ की रंडियाँ इस शहर में भर गई हैं। अभी उसी दिन एक औरत एक पार्क में एक मर्द के साथ लिपटी मिली। कौन थी जानते हो? यहाँ के एक अफसर की बीवी। और उसके साथ में था उसका ड्राइवर। सालों ने उधर अँधेरे में कार खड़ी कर दी थी और उसी में मज़े उड़ा रहे थे। बताओ, कितना बुरा जमाना आ गया है। मैंने ड्राइवर साले की वह कुटाई की कि उसकी नानी याद आ गई। साला बाप-बाप चिल्लाने लगा। और अफसर की बीवी को ऐसी भद्दी-भद्दी गालियाँ सुनाईं कि वह पैरों पर गिर पड़ी। कहने लगी 'किसी से न कहना...जितना पैसा कहोगे दूँगी।' मैंने कहा कि "मेम साहब, मुझे ऐसा-वैसा न समझना। अगर मैं नमकहराम सिपाही होता तो तुमसे पैसा तो लेता ही, साथ कुछ और भी माँगता और तुम इनकार नहीं कर सकती थीं। मैं ऐसा-वैसा नहीं हूँ। चलो घर, मैं तुमको दिखाऊँ, मेरी बीवी ऐसी खूबसूरत है कि तुम उसके सामने पानी भरो। मैं न तुम्हारा पैसा चाहता हूँ और न हुस्न। मैं तो तुमको तुम्हारे पति के हवाले करना चाहता हूँ। और मैंने यही किया। उसके शौहर ने उसको रस्सी में बाँधकर ऐसा मारा कि पूछो नहीं। उसने मेरे काम से खुश होकर सौ-ड़ेढ़ सौ टिकाया भी। तो मैं ऐसा हरामजादा हूँ। समझ गई न रे छोकरी? चुपचाप बता दे, नहीं तो चल मेरे साथ थाना।"

निश्चय ही सिपाही ने ऐसी अप्रत्याशित परिस्थिति से उत्साहित होकर ही ऐसा लम्बा भाषण दिया था। दीप्ति रोती-गिड़गिड़ाती बोली, "भाई साहब, मैं बहुत दुखिया हूँ। अब मेरी और बेइज़्ज़ती न कीजिए। मेरी पहले ही बेइज़्ज़ती हो चुकी है। मुझे घर पहुँचा दीजिए...।" इसके बाद उसने रो-रोकर सारा किस्सा कह सुनाया।

पुलिसवाले चुपचाप सुनते रहे और जब वह खत्म कर चुकी तो वे ज़ोर से हँस पड़े। फिर उनमें से एक बोला, "खैर, तुमको हम छोड़ देते हैं। देखा इश्क का मज़ा? अरे बिटिया, ऐसे हरामजादे आशिकों से होशियार रहा करो...ये साले हराम की कमाई खाते हैं। ये न मेहनत करते हैं, न कोई काम करते हैं, बस सिनेमा देखकर अपने को बहुत खूबसूरत समझते हैं, ये भोली-भाली लड़कियों को अपने जाल में फँसा लेते हैं और अपना काम निकालकर उनको चूसे हुए गन्ने की तरह फेंक देते हैं। मुझे तो जब ऐसे लोग मिलते हैं तो उनके चूतड़ पर खूब लात जमाता हूँ। खैर, उस हरामी का नाम बता दो, मैं साले की खूब ठुकाई करूँगा। चलो सड़क पर...मैं तुम्हें रिक्शा पर बिठा दूँगा। लेकिन फिर आइन्दे तुमको देखा तो मुझसे बुरा कोई न होगा।... राम-राम, कितना अँधेर है इस दुनिया में। इज़्ज़त-आबरू का ध्यान लोगों ने एकदम छोड़ दिया है...।"

वे सिपाही बकते-झकते आगे बढ़े और दीप्ति उनके पीछे-पीछे चली। उन्होंने सड़क पर पहुँचकर एक रिक्शेवाले को रोका।

"कहो, मैं चलूँ तुम्हारे साथ?" एक ने दीप्ति से पूछा।

"नहीं भाई साहब, मैं चली जाऊँगी। मैं आप लोगों का यह उपकार कभी नहीं भूलूँगी। समझिए, आप लोगों ने अपनी एक बहन की रक्षा की है।" वह अब भी सिसक रही थी।

"तुम रोओ मत जी...हम लोग आखिर किस दिन के लिए हैं? तुम पर कोई बात पड़े तो सीधे कोतवाली पहुँच जाना। मैं आजकल वहीं रहता हूँ। कहना 'विक्रमा को बुला दो।' फिर तो मैं सब देख लूँगा। मेरे नाम से साले बड़े-बड़े शहर छोड़कर भाग जाते हैं। अच्छा तो जाओ।...अबे रिक्शेवाले, अपना नम्बर तो बता। हाँ, देखना हरामी, साले, इस लड़की को ठीक से इसके घर पहुँचा देना। अगर कोई गड़बड़ी हुई तो मारते-मारते हलुवा बाहर कर दूँगा। साले उल्टा टाँगकर चूतड़ पर मिर्चा का धुआँ दूँगा।"

रिक्शावाला हँसता हुआ चल पड़ा। कुछ दूर जाने पर बोला, "बहन जी, आपकी किस्मत अच्छी है, नहीं तो ये पुलिसवाले बड़े कमीने होते हैं, अपनी माँ-बहन को भी नहीं छोड़ते। रिक्शेवालों पर तो साले बहुत जुल्म करते हैं...।"

दीप्ति ने घर पर किसी को कुछ नहीं बताया। एक तो वह देर से आई थी, दूसरे उसके शरीर और बाल में धूल लगी थी। चेहरे पर खून के निशान थे, जो लीला के नोचने-बकोटने और जमीन पर गिरने से निकल आए थे। उसको देखकर घर के सभी लोगों का माथा ठनका था। शंकर तो पहले ही संगीत विद्यालय जाने की तैयारी कर रहा था।

"अरे क्या हुआ है तुझको?" बासन्ती ने उसको देखते ही चिन्ता से पूछा।

दीप्ति सिसकने लगी, बोली कुछ नहीं।

बासन्ती ने उसके पास पहुँचकर उसके कपड़े तथा चेहरे को घूर-घूर कर देखा। वह भय के मारे रुआँसी हो रही थी। वह चिल्लायी, "अरे सुनिए भाई, देखिए दीप्ति को क्या हो गया है? शंकर, तुम कहाँ हो? खूब तुम लोग बाप-भाई हो। वहाँ लड़की को अकेली भेजकर यहाँ कुर्सी-चारपाई तोड़ते रहते हो। बार-बार कहा कि बिटिया को इस तरह न भेजो। मैं तो इस पढ़ाई के ही खिलाफ थी...पर इस घर के मर्द जैसे लापरवाह दुनिया में खोजे नहीं मिलेंगे। पता नहीं मेरी बिटिया को क्या हो गया। शंकर, जाकर अपने उस दोस्त को बुलाओ...वही तो ले गया था। फिर पहुँचाने क्यों नहीं आया? मैं उसका नतीजा बिगाड़कर रख दूँगी...।"

बासन्ती भय एवं चिन्ता के मारे स्वयं भी रोने लगी थी। मुंशी मुन्नीलाल जी आँगन में कुल्ला कर रहे थे, वह भी दौड़े हुए आए। शंकर भी आ पहुँचा था वहाँ। सबने दीप्ति से पूछा, पर वह देर तक सिसकती रही। कुछ बोली नहीं। जब उसकी रुलाई थमी तो उसने बताया कि उसका रिक्शा एक रिक्शे से लड़ गया था और इसी वजह से वह गिर कर घायल हो गई थी।

"अरे मनफूल कहाँ गया?" शंकर ने क्रोध से पूछा।

"पता नहीं। मुलाकात नहीं हुई मुझसे।"

"रहो...मैं कल उसकी खबर लेता हूँ न। मैं तो इसको पहुँचाता ही था, उसी कम्बख्त ने कहा था कि मैं पहुँचा दूँगा। अजीब गैर जिम्मेदार लोग हैं। अच्छा जाने दो...हाथ-मुँह धोओ...जहाँ चोट लगी हो वहाँ दवा लगा दो। घर में दवा है। अब तुमको किसी के साथ आने-जाने की जरूरत नहीं। मैं तुमको पहुँचा दिया करूँगा और वहाँ से ले आऊँगा। तुमने भी तो यही कहा था कि मैं अकेले जाऊँगी?" शंकर गुस्से में था।

"अब उसको क्या कहते हो?" मुंशी मुन्नीलाल ने कहा, "वह इस समय परेशान है, और तुम उसको नसीहत देने की कोशिश कर रहे हो? चलो बेटी, हाथ-मुँह धोओ... और खाना खाओ। मैं कल से तुम्हारा इन्तज़ाम पक्का कर दूँगा। मैं यहीं पर तुम्हारे लिए टीचर लगा दूँगा, तुमको कहीं भी जाने की ज़रूरत नहीं है। मुझसे ही गलती हो गई, मैंने घर पर ही कोई टीचर लगा दिया होता तो यह परेशानी न होती। तुम्हारी माँ तो बार-बार कह रही थी, पर मेरा ध्यान उधर गया ही नहीं?"

"पता नहीं कैसी चोट लगी है", बासन्ती ने रोते हुए कहा, "चलो बेटी, हाथ-मुँह धोओ। भगवान की बड़ी कृपा है कि तू बच गई। मैं तो बार-बार कहती थी कि लड़की को रात-बिरात अकेले न जाने दो, लेकिन मेरी कोई सुने तब न? मेरा तो हाल इस घर में कुतिया की तरह है। सभी अपने मन की करते हैं। अगर मेरी बेटी को कुछ हो गया होता तो मैं बताती...।"

वह बड़बड़ाती रोती लड़की को घर के अन्दर ले गई। उसने अपने हाथ से उसकी

देह तथा बाल झाड़े। उसका मुँह धोया। उसके हाथ धुलाए। फिर उसको नए कपड़े दिए पहनने को। साड़ी पहनकर दीप्ति माँ की गोद में सिर रखकर रो पड़ी।

बासन्ती का माथा ठनका। आखिर क्या बात है कि लड़की बार-बार रो रही है। इसके मन को जरूर किसी-न-किसी प्रकार की चोट पहुँची होगी, वर्ना रिक्शे से घायल होने पर कोई इतनी देर तक रो सकता है? शारीरिक चोट से रुलाई नहीं आती, बल्कि कराहें निकलती हैं...मन की चोट ही ऐसी है जो अनायास आँसू निरन्तर बाहर निकालती जाती है। बासन्ती का कलेजा जैसा कोई चीरने लगा हो। उसके मन में आज पहली बार दीप्ति के लिए इतना प्यार उमड़ रहा था, नहीं तो वह हमेशा उसको कोसा ही करती थी। दीप्ति हमेशा घमंड में रहती थी और अपने बाप की शह पाती थी, इसलिए बासन्ती उससे चिढ़ती थी, लेकिन आज जब उसने लड़की को निस्सहायावस्था में किसी दुख से आकुल-व्याकुल देखा तो उसके हृदय में छिपा मातृत्व-भाव जमीन को फोड़कर उगनेवाले पौधे की तरह प्रकट हो गया।

''क्या बात है बेटी? कोई खास बात है? अगर कोई बात हो तो बताओ। माँ-बाप से थोड़े छिपाते हैं कुछ।''

''कुछ नहीं अम्माँ। रिक्शे से लड़ गई थी तभी से रुलाई आ रही है।''

''रो मत तू। आज काली माई ने तेरी रक्षा की है। तू डर गई है...तेरे शरीर में चोट भी लगी है। चल, खा-पीकर आराम कर, मैं तेरे शरीर में तेल लगा देती हूँ।''

बासन्ती उसको देर तक पुचकारती रही। फिर उठकर वह उसके लिए खाना ले आई। साथ में गर्म दूध भी था। दीप्ति ने थोड़ा-सा खाना खाया, शेष छोड़ दिया। बासन्ती वाकई में बहुत डर गई। आखिर इसको क्या हो गया है? ऐसी तो वह कभी नहीं थी। खूराक भी इसकी कभी कम नहीं रही। ज़रूर इसको गम्भीर चोट लगी है।

''तू खाती क्यों नहीं, बिटिया?'' बासन्ती ने प्यार से उसके बालों में हाथ फेरकर कहा।

''तबीयत नहीं है।''

''खा ले, मेरी रानी। जो हो गया, सो हो गया। खाएगी-पीएगी तो शरीर में ताकत आएगी। कहीं चोट तो नहीं लगी है? डॉक्टर को बुलवाऊँ? कभी-कभी भीतर घाव भी हो जाता है। ऊपर से तो नहीं मालूम होता, लेकिन शरीर के अन्दर होती है वह चोट। साफ-साफ बता दे बेटी, जैसी बात होगी, वैसा उपाय किया जाएगा। ले-देकर एक ही लड़की है तू घर की...हम जब तक जिन्दा हैं तू किस बात की चिन्ता करती है?''

''मुझे भूख नहीं है माँ, मैं अब सोऊँगी।''

''हाँ-हाँ, सो रह। चल, मैं तेरे शरीर में तेल लगा दूँ।''

''नहीं, तेल-वेल नहीं लगवाऊँगी...बस सोना चाहती हूँ।''

''ठीक है, मेरा बिस्तर लगा है। सो रह। पर तू मुझसे कोई बात छिपाइयो नहीं।

कोई और खास बात तो नहीं?"

"नहीं अम्माँ।"

"शरीर में कोई तकलीफ तो नहीं?"

"नहीं।"

"अच्छा तो चल, सो रह।"

बासन्ती ने उसको चारपाई पर ले जाकर सुला दिया। ऊपर से रज़ाई ओढ़ा दी। फिर दीप्ति के बार-बार मना करने पर भी उसके सिर में तेल लगाया। इस बीच मुन्नीलाल कई बार आए थे और पूछा था, 'सो रही है न बिटिया?' इसके उत्तर में बासन्ती उनको बोलने से मना कर देती। वह चुपके से पैर दबाकर वहाँ से खिसक जाते।

तेल लगाकर बासन्ती ने रजाई दीप्ति के चारों ओर दबा दी। फिर यह जानकर कि लड़की मजे से सो रही है, वह चुपके से वहाँ से पैर दबाकर निकल गई।

दीप्ति को नींद नहीं आई थी। जब उसकी माँ बत्ती बुझाकर चली गई तो उसने आँखें खोल दीं। कमरे में अँधेरा था और वह अँधेरे में ही देखने लगी। रोते-रोते उसकी आँखों में दर्द हो रहा था, फिर भी उसकी आँखों से पुनः आँसू निकलने लगे। आखिर कौन दोषी है इस सारी स्थिति के लिए?

यह प्रश्न पार्क से ही उसका पीछा कर रहा था। बार-बार वह बवंडर की तरह उसके मन में उठता और उसके भीतर प्रश्न-चिह्न की तरह चक्कर काटता रहता। आखिर मनफूल के चक्कर में वह कैसे पड़ी? और मनफूल के पहले अशोक के प्रति उसकी आत्मीयता बनी रहती तो क्या होता? मनफूल और अशोक में क्या फर्क था? क्या वह अशोक को प्यार करती थी? यह कैसे हो गया कि एक बार वह बहुत आसानी से अशोक से प्रभावित हो गई और वहाँ से निराश होकर मनफूल से प्रभावित हो गई? क्या प्यार ऐसा ही होता है, जिसको रोज़ कपड़ों की तरह बदला जाए? यदि वह अशोक को प्यार करती होती तो क्या उसको इतनी आसानी से छोड़ देती? या यदि वह मनफूल को प्यार करती होती तो क्या उसकी निर्दयता के कारण उसकी स्मृति को इस तरह निर्दयतापूर्वक भुला देती और उसको इस तरह घृणा करने लगती?

पार्क से रिक्शे से आते समय उसने ये बातें सोची थीं, परन्तु उनका उसको कोई भी उत्तर नहीं मिला था। इसी वजह से वह और व्याकुल एवं निराश थी। लेकिन इस अँधेरे में उसको जैसे अपने सभी प्रश्नों का उत्तर मिलता जान पड़ा। दोषी न अशोक था और न मनफूल ही। सच बात यह थी कि वह न अशोक को प्यार करती थी और न मनफूल को ही। वह केवल अपने को ही प्यार करती थी। वह इतनी स्वार्थी और अहंकारी थी कि उसको अपने सिवाय और किसी का खयाल रहता ही न था।

इसलिए जब अशोक ने उसके अहंकार की तुष्टि की तो वह अशोक के पीछे भागती रही। और जब अशोक ने उसको धोखा दिया तो वह उसको उसी आसानी से घृणा करने लगी। इसी तरह मनफूल से उसकी घनिष्ठा हुई थी। मनफूल ने उसकी खूब तारीफ की थी और वह उसको यश एवं प्रसिद्धि के शिखर पर पहुँचा देनेवाला था। इसीलिए वह उससे प्रसन्न थी। इसीलिए वह उसकी तरफ झुकी। उसमें घमंड और अहंकार के अलावा क्या है? यदि वह तुच्छ न होती तो क्या उसकी हालत ऐसी होती? मनफूल और अशोक किसी में भी उसके निकट फटकने की हिम्मत न होती। लेकिन वह स्वयं ऐसी थी कि उन दोनों ने उसको ऐसी-वैसी लड़की समझ लिया और उसकी ओर इस तरह खिंच आए, जैसे चींटा गुड़ की ओर खिंच आता है।

उसमें कौन-सा गुण था, सिवाय इसके कि वह खूबसूरत थी? वह अपने अहंकार एवं खूबसूरती को गुण समझती रही। वह फैशन एवं प्रदर्शन को सब कुछ समझती रही। अपने इसी अहंकार में एक नायिका बनने को तैयार थी। वह किसी ऐसे नौजवान को प्यार करने को तैयार थी, जो उसके लिए जान देने को तैयार हो, जो उसको दुनिया में सबसे ऊँचा समझता हो। ऐसे ही प्यार की वह भूखी थी। इसी अहंकार की वजह से वह अपनी माँ को दुश्मन समझती रही। उसमें एक-दो कमी थोड़े थीं? उसमें दोष ही दोष थे। वास्तविकता यह थी कि परिश्रम के नाम पर उसकी नानी मरती थी। न उसको खाना बनाना आता था, न उसको सिलाई-बुनाई आती थी। उसको आखिर आता ही क्या था? उससे लाख दर्जे अच्छी कुन्ती है, जो सबसे मीठा बोलती है। वह गुण-शऊर काफी जानती है। घर में अब भी वह खाना बनाती है और बच्चों को भी सँभालती है। प्यार के मामले में भी वह स्पष्ट और साहसी है। इस मामले में भी उसका दिल साफ था। वह अशोक को प्यार करती थी, इसलिए अशोक भी उस पर अब जान देता है और अब जोरों की चर्चा भी है कि उनकी शादी तै होनेवाली है। वह खूबसूरती में कुन्ती से लाख दर्जे अच्छी है, पर उसका हृदय सच्चाइयों से शून्य है, इसलिए अशोक उससे विलग हो गया। एक अहंकारी लड़की में अहंकार छोड़कर और रह भी क्या सकता है? घमंड, आलस्य और लाड़-प्यार उसको खा गया। हे भगवान, उसके जीवन का क्या मतलब है?

यह सब सोचकर उसको अपने से घृणा हो आई। दरअसल वह इस योग्य नहीं कि कोई भी उसको प्यार कर सके। उसकी इज़्ज़त कर सके। झूठे, आलसी और अहंकारी को सच्चा प्यार मिल ही नहीं सकता। उसके पास झूठे आदमी इकट्ठे होंगे, क्योंकि वह स्वयं झूठी है। शायद अशोक और मनफूल भी अच्छी तरह जानते थे कि वह तुच्छ एवं अयोग्य है। मनफूल ने उसके साथ कैसा व्यवहार किया था? जब तक उसकी पत्नी नहीं थी, वह किस तरह प्यार से आश्वासन देता रहा, लेकिन जब उसकी पत्नी आई तो किस तरह उसकी निन्दा करने लगा? बल्कि अपना सारा प्यार एवं दायित्व भूलकर वह उसको अकेले पार्क में छोड़ आया और एक बार भी शायद यह

न सोचा कि कम-से-कम इंसानियत के कारण ही चलकर देख ले कि वह मरी है या जीवित? कितनी भयंकर निर्दयता है यह? कितनी बड़ी कायरता और तुच्छता है? इस घृणित स्तर पर शायद कोई नहीं उतर सकता। लेकिन वह इसके लिए मनफूल को दोष नहीं दे सकती। दोषी है वह और सिर्फ वह।

काश, वह अपने जीवन का अन्त कर सकती! ऐसी ज़िन्दगी लेकर वह क्या करेगी? वह आगे क्या कर सकती है? वह अपनी ही नजरों में इतनी तुच्छ और घृणित हो उठी कि उसको अपने जीवन के प्रति समस्त आस्था समाप्त हो गई। दरअसल वह किसी को प्यार कर ही नहीं सकती। वह अपने जीवन में कोई अच्छा काम कर ही नहीं सकती। न वह अब आगे बढ़ सकती है और न अपनी खोई प्रतिष्ठा पुनः प्राप्त कर सकती है। उसकी जैसी गिरी हुई लड़की कोई मिलेगी नहीं।

दीप्ति यह सब सोचकर घोर निराशा और दुख की अतल गहराइयों में डूबती गई, जिसमें से निकलने की किंचित् आशा भी उसमें शेष नहीं रह गई थी।

शंकर को मनफूल पर बहुत क्रोध आ रहा था। आखिर उसकी यह हिम्मत कैसे हुई कि आश्वासन देकर उसने उसकी बहन की कोई खोज-खबर नहीं ली और उसको वहाँ अकेले छोड़ दिया। यदि किसी कारण से वह सम्पर्क स्थापित नहीं कर सका तो बाद में घर पर आकर तो उसको खोज-खबर लेनी चाहिए थी? उसको बड़ा अफसोस होने लगा कि उसने गैर जिम्मेदार व्यक्ति के सहारे अपनी बहन को छोड़ दिया था।

दूसरे दिन वह सवेरे मनफूल के घर जा पहुँचा। लीला चौके में नाश्ता बना रही थी। शंकर को देखकर उसका मुँह गुस्से से फूल आया।

''भाभी जी, नमस्कार। मनफूल नहीं है क्या?''

''वह तो बाजार गए हैं,'' लीला ने कड़वे स्वर में कहा, ''पर लालाजी, आपसे मुझे एक बात पूछनी थी, आप अच्छे आ गए। मैं यह पूछती हूँ कि क्या आपके खानदान में लड़कियाँ छुट्टा छोड़ दी जाती हैं?''

''क्या मतलब आपका?'' शंकर आसमान से गिरा।

''आपको अपनी लाड़ली बहन के बारे में कुछ भी पता नहीं है?'' लीला का मुँह विकृत हो गया था।

''नहीं।''

''घर पहुँची कि नहीं वह?''

''घर? घर क्यों नहीं पहुँचेगी? पर रास्ते में रिक्शे से लड़ गई थी। मैं यही मनफूल से पूछने आया था कि वह उसको साथ ले गया था, फिर पहुँचा क्यों नहीं गया घर पर?''

''रिक्शा से लड़ी थी? किसने कहा?'' लीला ने आश्चर्य से पूछा।

''वह खुद कहती है। उसको बहुत चोट भी आई है।''

“झूठ! एकदम झूठ।” लीला लगभग चीख पड़ी, “इसीलिए मैं कहती हूँ कि आप लोग अपने घर की लड़कियों को खुला छोड़ देते हैं ताकि वे दूसरों का घर बर्बाद करें। उस कमीनी लड़की ने मेरे घर पर डाका डालने की कोशिश की है। लेकिन मैंने भी उसको वह नसीहत दी है कि वह जिन्दगी भर याद करेगी।”

“क्या मतलब?” शंकर का चेहरा क्रोध से तमतमाने लगा।

“मतलब क्या है? मैंने कल पार्क में आपकी लाड़ली बहन की सैंडिल से पिटाई की थी। वह पार्क में मेरे मर्द से लिपटी थी।”

“खबरदार! ज़बान सँभालकर बोलिए। मैंने आपकी हमेशा इज़्ज़त की है, आप भी मेरे प्रति सम्मान का व्यवहार कीजिए।” शंकर का चेहरा विकृत हो गया था।

“सम्मान के लायक आप लोग हों तब तो बोलूँ सम्मान से? मैं भी कल तक आपकी इज़्ज़त करती थी, लेकिन कल से मेरा हृदय आप लोगों से फट गया है। आप सभी लोगों ने मिलकर मेरे साथ धोखा किया है। आपने खुद जान-बूझकर अपनी बहन को मेरे आदमी के पीछे लगा दिया है। मैं खूब अच्छी तरह से समझ गई हूँ कि आप लोगों की इज़्ज़त कुछ पैसों से खरीदी जा सकती है। आपके घर में दो-दो मर्द हैं, फिर क्या कारण है कि आपकी बहन को दूसरा मर्द पहुँचाने जाए? क्या आप लोगों की यही सभ्यता है? क्या इसी बूते पर आप अपने को ऊँचा समझते हैं? मैं आपके संगीत वगैरह का मतलब अब समझ गई हूँ। आप अपने ड्रामा और संगीत के ज़रिए अपने घर पर अपनी बहन के लिए नौजवानों को इकट्ठा करते हैं...।”

लीला पागलों की तरह बोल रही थी और उसकी बातों को सुनकर शंकर क्रोध से थर-थर काँपने लगा।

शंकर चीख पड़ा, “देखिए...आप अपने घर पर मुझसे इस तरह बात न कीजिए। आप मेरे दोस्त की पत्नी हैं, नहीं तो मैं जबान खींच लेता।”

“ज़बान खींच लेता?” लीला मुँह चिढ़ाते हुए बोली, “खींचो जबान आकर तो बताती हूँ। कलेजा चीरकर खून पी जाऊँगी। मुझे अपनी ड्रामा कम्पनी की औरत न समझ लेना। निकल जाओ यहाँ से। इस घर में कभी कदम न रखना, नहीं तो मैं ऐसे लोगों की जूतों से पिटाई करती हूँ। मुझे तुम जानते नहीं हो...मैं तुम्हारे जैसे बदमाशों को एक मिनट में दुरुस्त कर सकती हूँ। साफ-साफ बता देती हूँ कि आइन्दे तुमने या तुम्हारी बहन ने हमारे घर में कदम रखा या इनसे बात करने की चेष्टा की तो मैं तुम दोनों के सिर उतार लूँगी।” लीला की आँखें आग उगल रही थीं।

“अच्छी बात है...मैं देख लूँगा...।”

“जाओ-जाओ...तुम्हारे जैसे देखनेवाले बहुत आए। तुम्हारी बहन की हालत तो मैं छुतही हँड़िया की तरह कर दूँगी। तुम किस फेर में हो? सारे शहर में मैं ढिंढोरा पीट दूँगी कि इस खानदान के लोग दूसरे खानदानों को बर्बाद करते हैं। इस खानदान की लड़की दूसरे मर्दों के लिए तरसती रहती हैं। उनको कुछ रुपयों पर खरीदा जा

सकता है। तुम यह न समझना कि इन बातों को तुम झूठ सिद्ध कर सकोगे। मैंने अपनी आँखों से यह सब देखा है। तुम लोगों ने मुझे बर्बाद करने की कोशिश की, लेकिन मैं हमेशा चौकन्नी रहती हूँ। मुझे कोई धोखा नहीं दे सकता और न मुझे कोई बेवकूफ बना सकता है। मैंने स्वयं अपने पति और तुम्हारी बहन का पीछा किया और उनको पार्क के अँधेरे में पकड़ा। तुम समझते हो कि मैं इसको बर्दाश्त कर सकती थी? अपने को तुम दोस्त कहते हो? यही तुम्हारी दोस्ती है। ऐसे दोस्त को तो गोली से उड़ा देना चाहिए। चले जाओ यहाँ से। अपना काला मुँह मुझे कभी भी न दिखाना।''

शंकर वहाँ से धीरे-धीरे चलता हुआ निकल गया। पीछे से लीला ने थूः करके थूका और जोर से दरवाज़ा बन्द कर लिया। शंकर अपने होश में नहीं था। उसका हृदय दुख और अपमान की अबूझ गहराइयों में डूबा था। उसके सामने अँधेरा था और उसके पैर लड़खड़ा रहे थे। लीला को वह अच्छी तरह जानता था और वह उसकी सूझबूझ, परिश्रम तथा स्पष्टवादिता से प्रभावित भी था। वह कहा भी करता था कि जिस ढंग से लीला अपनी गृहस्थी सँभालती है, जितनी मेहनत वह करती है, जितनी होशियार वह है, वैसी बहुत कम स्त्रियाँ होंगी। बल्कि उसने कई बार सोचा भी था कि ऐसी ही कोई तेज स्त्री उसको मिल जाए तो उसकी जिन्दगी मज़े में कट जाए। पर यह रूप उसने उसका कभी भी नहीं देखा था। वह उसके स्वभाव को जानता था, इसलिए उसकी बातों में सच्चाई नहीं है, ऐसा वह नहीं कह सकता था। लीला झूठ बोल ही नहीं सकती थी, यद्यपि उसकी खरी बातें कभी-कभी बहुत बुरी लगती हैं। उसकी बातें सच हैं, इसलिए दीप्ति कुछ न बताकर सदा रोती है और मनफूल उसकी खोज-खबर लेने नहीं आया। यह सब कैसे हो गया? वह कितना मूर्ख है कि वह वास्तविकता से मुँह मोड़े रहा और अपनी बहन की बेइज़्ज़ती में सहायक रहा। मनफूल पर उसको कितना विश्वास था और उसने कितना बड़ा धोखा दिया था।

वह देर तक शहर की सड़कों पर घूमता रहा। लीला के शब्द अब भी अंगारे की तरह उसके हृदय को दाग रहे थे। यह सब उसकी गलती से हुआ है। अब क्या होना चाहिए। कहीं दीप्ति अपने जीवन को चौपट न कर ले। किस तरह रो रही थी वह। कितना बड़ा धोखा दिया है मनफूल ने उसको, और कैसा दुर्व्यवहार किया है उसकी पत्नी ने उसके साथ। उनमें ज़रा भी इंसानियत नहीं और वे उसको उसी पार्क में छोड़कर चले आए। कैसे आई वह? अगर वह बदमाशों के चक्कर में फँस गई होती तो क्या होता? तब तो हो सकता है कि अभी तक उसका पता भी न लगा होता।

जब वह बेहद थक गया तो उसके पाँव अपने घर की ओर सरकने लगे। अपने दरवाज़े पर पहुँचकर वह ठिठक गया। वह घर पर ये बातें नहीं बताना चाहता था, पर इस सम्बन्ध में किसी से राय लेना चाहता था। क्या मोहन से कहे? मोहन उसका

पड़ोसी और उसके बचपन का साथी था। वह अपने काम से मतलब रखता। डींग और झूठ से वह कोसों दूर रहता था। वह बिना किसी प्रदर्शन के दूसरों की मदद कर देता। शंकर के साथ तो उसने बहुत उपकार किया है। जब वे साथ-साथ पढ़ते थे तो यहाँ मोहन उसके साथ घंटों माथापच्ची करता था। शंकर का मन पढ़ने में न लगता, पर वह उसको हर विषय समझाता और उसी की वजह से वह हर वर्ष पास होता गया। फिर और भी बहुत-सी बातें। उसके खानदान में कोई बीमार पड़ता, कोई अन्य संकट आ पड़ता या रुपए-पैसे की जरूरत आ पड़ती तो वह एक पैर पर खड़ा रहता। आखिर वह मोहन पर कैसे विश्वास नहीं करे? ऐसे अवसर पर वह मोहन की मदद न ले तो किससे ले?

वह मोहन के घर में चला गया। मोहन ने हँसकर स्वागत किया, "कहो भाई, क्या हाल-चाल है? कोई संगीत गोष्ठी है या कोई ड्रामा करना है? या कहीं पिकनिक वगैरह जाना है?"

शंकर सहसा कुछ बोल न सका और चुपचाप उसकी ओर देखता रहा।

"क्या बात है?" मोहन चौंका।

"तुमसे एक सलाह लेने आया हूँ।" शंकर दृष्टि नीचे किए हुए बोला।

"एक बात है।"

"तो कहो न।"

"यहाँ नहीं, मेरे साथ बाहर निकलो।"

"यहाँ कौन है? खैर, दीवार के कान होते हैं। अगर उससे डरते हो तो मैं जरूर बाहर चलता हूँ।"

इतना कहकर उसने जल्दी-जल्दी कपड़े पहने। फिर वे दोनों बाहर निकल पड़े। मोहन अब कुछ चिन्तित नज़र आ रहा था, यद्यपि उसको छिपाने के लिए बीच-बीच में मज़ाक भी करता जा रहा था। वे पास ही के एक पार्क में चले गए और धूप में बैठ गए। फिर शंकर उसको पूरा किस्सा सुनाने लगा।

शंकर की बातें सुनकर मोहन को बहुत दुख हुआ। एक तो वह शंकर का बहुत पुराना दोस्त था। वे दोनों हमेशा एक-दूसरे के सुख-दुख में काम आते थे और अगर एक को कष्ट होता तो दूसरा बहुत अधिक चिन्तित हो जाता था। दीप्ति को भी वह छोटेपन से ही देखता आया है। वह उस समय कितनी चंचल थी। जब वह छोटी थी तो वह शंकर के साथ कई बार मेला घुमा लाया था। उसके लिए उसने कितनी बार मिठाइयाँ खरीदीं, कितनी बार खिलौने खरीदे। और जब वह बड़ी हुई तो उसको देखकर वह सहसा आश्चर्यचकित हो गया। इतनी सुन्दर भी वह हो सकती है, इसकी उसने कल्पना नहीं की थी। वह कुछ हद तक उसकी ओर आकर्षित भी हुआ था, लेकिन इस भावना को उसने निर्दयतापूर्वक दबा दिया था। उसने ऐसा इसलिए किया

था कि वह अपने को दीप्ति के योग्य नहीं समझता था। उसके जैसे साधारण व्यक्ति के साथ दीप्ति के भाग्य को बाँधना यह दीप्ति के साथ कितना भारी अन्याय होता। इसके अलावा वह नैतिक रूप से यह गलत समझता था कि मोहन की दोस्ती का वह किसी प्रकार गलत फायदा उठाए। वह भरसक दीप्ति से दूर रहने की चेष्टा करता और जब बात करने का अवसर आता तो वह उसको चिढ़ाता था। चिढ़ाने से वह मुँह लटका लेती थी। गुस्सा हो जाती थी। घर आने पर उसको अफसोस होता था। वह क्यों नहीं उससे ठीक से बोलता? उसके दिल को वह क्यों दुखाता है?

पर आज उसको ऐसा लग रहा था, गोया दीप्ति से दूर-दूर रहने से और उसको नाराज करने से बहुत भारी नुकसान हुआ है। वह दीप्ति, जिसके बारे में वह कोई भी बुरी बात मन में नहीं ला पाता है उसी की उदासीनता से जैसे बुरे लोगों के चंगुल में फँस गई थी। क्या उसका फर्ज़ नहीं था कि वह दीप्ति की खोज-खबर रखता? मनफूल को तो वह जानता है। उसके बारे में उसकी राय कभी भी अच्छी नहीं थी, यद्यपि वह इस प्रकार का धोखा कर सकता है, ऐसा वह नहीं समझता था। उसने दीप्ति को मनफूल के साथ कई बार आते-जाते देखा। उसको यह अच्छा नहीं लगा था, लेकिन वह दूसरों के मामले में किसी प्रकार का हस्तक्षेप करने का विरोधी था। वह जानता था कि दीप्ति उसको पसन्द नहीं करती और उसको लेकर वह किसी प्रकार की गलतफहमी नहीं पालना चाहता था।

कैसा विचित्र व्यक्ति था वह। उसके मामा के कोई लड़का नहीं था, केवल दो लड़कियाँ थीं, इसलिए उनके स्नेहपूर्ण आग्रह पर वहीं रहकर पढ़ता था। छोटपन से ही वह यहीं रहकर पढ़ा-लिखा था। मामा-मामी का उसको यथेष्ट प्यार मिला था और उसको किसी बात की तकलीफ भी नहीं थी, लेकिन उसने अपने जीवन के कुछ निश्चित सिद्धान्त बना लिए थे। वह हँसमुख और मिलनसार था। वह अकसर पैदल चलता, सभी काम अपने हाथ से करता और खाने-पीने में अत्यधिक संयम रखता। गोश्त, शराब, सिगरेट, पान आदि से वह दूर ही रहता था। वह अत्यधिक स्पष्टवादी भी था। उसकी दीप्ति के पिताजी से बहुत पटती थी और वह उनके सामने ही उनके विश्वासों की धज्जियाँ उड़ाते हुए कहता था कि भूत-प्रेत, ज्योतिष, भाग्यवाद आदि पर विश्वास करना एक ढकोसला है। उसका यह भी कहना था कि देश के हर नवयुवक एवं नवयुवती को संयम तथा नैतिकता का जीवन व्यतीत करना चाहिए। शायद इस वजह से भी वह दीप्ति की सदा आलोचना किया करता था।

"कहो दीप्ति, आज तुमने कितनी चाट खाई है?" वह शंकर के घर के अन्दर पहुँचते ही कहता था।

"मैं आपकी तरह चटोर नहीं हूँ।"

"अच्छा, तुम यह बताओ कि तुम्हारी कौन-कौन-सी सहेलियाँ फिल्म कम्पनी में तुम्हारे साथ काम करने बम्बई जा रही थीं?"

"आपसे मतलब?" दीप्ति बेहद चिढ़ जाती थी।

दीप्ति उसको देखकर मुँह गम्भीर कर लेती। वह सबसे कहती फिरती थी, 'भैया के मित्रों में मोहन भाई साहब बहुत गँवार और असभ्य हैं।' जब मोहन आता तो वहाँ से टलने की कोशिश करती। उसकी समझ में न आता कि मोहन उसके पीछे क्यों पड़ा रहता है। उसमें क्या खराबी है? परन्तु उसको यह विश्वास हो ही नहीं सकता था कि उसमें कोई खराबी भी है। बल्कि उल्टे वह विश्वास करती थी कि खराबी मोहन ही में है। मोहन तुच्छ है और वह किसी का आराम-सुख नहीं देख सकता। वह दरअसल स्त्रियों का शत्रु है, पता नहीं शादी होने पर वह अपनी स्त्री को किस तरह रखेगा।

कभी वह अपनी सहेलियों से हँसकर कहती, "अगर मोहन भाई साहब की शादी हो तो उनकी पत्नी दो महीने के भीतर ही उनको छोड़ दे।"

"क्यों?" कोई पूछती थी, "क्या खराबी है उनमें?"

"अरे बड़े घमंडी हैं। सभ्यता उनसे छू तक नहीं गई। अपनी बीवी को कोसते-कोसते वह मार डालेंगे।"

"तुझसे अगर शादी हो जाए तो?" कोई मज़ाक करती थी।

"धत्! मैं तो एक दिन भी न रहूँ।"

सभी खिलखिलाकर हँसने लगती थीं।

पर आज मोहन के दिल पर बड़ा आघात पहुँचा था। वह अपने को बुरी तरह धिक्कार रहा था। कितना बड़ा अन्याय हुआ था दीप्ति के साथ, और उसके प्रतिकार के लिए वह कुछ नहीं कर सकता। काश, वह उसके दुख को दूर करने के लिए कुछ कर सकता।

उसने जल्दी-जल्दी कपड़े बदले और फौरन ही शंकर के साथ चल पड़ा। पर दीप्ति चारपाई पर पड़ी कराह रही थी। सवेरे से ही उसको ज्वर चढ़ आया था और उसके सिर तथा शेष शरीर पर जोरों की पीड़ा हो रही थी।

बासन्ती और मुन्नीलाल जी दीप्ति के पास बैठे थे। वे मोहन को देखकर खुश हो गए। दीप्ति का चेहरा बुखार से तमतमाया हुआ था। उसकी आँखें जल रही थीं और वह ऊपर देख रही थी।

"आओ बेटा।" मुंशीजी ने कहा, "देखो न, दीप्ति चारपाई पर पड़ी है।"

"क्या हुआ इसको?" मोहन दीप्ति को गौर से देख रहा था।

"बुखार है।"

"कहो दीप्ति, क्या हाल है?" मोहन ने उससे पूछा।

दीप्ति ने उसकी ओर एक बार देखा। फिर उसने अपनी आँखें फेर लीं। उसकी आँखों से झर-झर आँसू गिरने लगे।

मोहन का दिल दुख से भर आया। कितना भोला-भोला चेहरा था उसका। उसके

माथे पर कैसा गर्व का भाव वह देखता रहा है। उसके इसी गर्व-भाव को वह अत्यधिक पसन्द करता था। इस गर्व की वजह से ही इंसान अपनी प्रतिष्ठा कायम रखता है। गर्व के बिना इंसान के जीवन का मूल्य क्या है? उसके इसी गर्व पर किसी ने प्रहार किया था, जिससे वह दुखी है।

"दीप्ति, क्या बात है?" मोहन उसके पास चारपाई पर बैठ गया, "इतना परेशान होने की क्या जरूरत है? तुम बहुत जल्दी अच्छी हो जाओगी। इस संसार में जो पैदा हुआ है उस पर दुख भी पड़ता है और सुख भी। इसलिए जब दुख पड़ता है तो उसको हिम्मत से बर्दाश्त करना चाहिए। तुम्हें कोई खास तकलीफ है?"

"सिर में बहुत दर्द है।"

"कुछ खाया-पिया?"

"कहाँ खाया, बेटा?" बासन्ती ने कहा, "न दूध पी रही है और न फल का रस ले रही है।"

"अरे, अभी लेगी वह। यह बुखार और दर्द तो मिनटों में जाएगा। थोड़ा-सा दूध पियो दीप्ति।"

"तबीयत नहीं, भाई साहब।"

"वाह, कैसी तबीयत है जी तुम्हारी? मैं तो बुखार में खूब खाता हूँ। मुझे बचपन में दूध पीने का बहुत शौक था। अपने दूसरे भाइयों का भी मैं चुराकर पी जाता था। एक बार मैं तुम्हारी तरह ही बीमार पड़ा। माँ ने कुछ पकवान बनाए थे, लेकिन उसको वह मेरी नज़र से दूर रखती थी। जब रात को सब सो गए तो मैंने उठकर सारे पकवान खा डाले। सवेरे उठने पर बड़ा तहलका मचा। पकवान क्या हो गए? सबसे पूछा गया, पर किसी को मालूम हो तब तो। खास तरह लड़कों से पूछा गया। मेरा एक भाई हँसने पर मार भी खा गया। मैं बड़ा गम्भीर था, पर मुझ पर शक ही कौन करता? आखिर मैंने बताया कि रात में एक काली बिल्ली घूम रही थी। सभी को अचम्भा हो रहा था कि अलमारी खोलकर बिल्ली कैसे खा जाएगी? लेकिन मेरी चाची ने कहा कि आजकल का कलियुगी जमाना है। आजकल की बिल्लियाँ भी बहुत होशियार हो गई हैं। वे अलमारी क्या, बड़े-बड़े सन्दूक भी खोल लेती हैं। इस बात से सबको बड़ा सन्तोष हुआ। उनको विश्वास हो गया कि पकवान अवश्य ही बिल्ली ने खाए होंगे... ।"

मोहन की इस बात पर सभी हँस पड़े। दीप्ति के मुँह पर भी एक मुस्कराहट खेल गई। बेटी के मुख पर मुस्कराहट देखकर बासन्ती खुशी से रोने लगी और मुंशीजी की भी आँखें भर आईं, जिसको छिपाने के लिए उन्होंने अपना मुँह दूसरी ओर फेर लिया।

"अच्छा मामीजी, ज़रा-सा दूध लाइए, मैं दीप्ति को पिलाता हूँ। ठीक है न दीप्ति?"

"थोड़ा-सा।" दीप्ति बोली।

मोहन मुन्नीलाल जी को 'मामाजी' और बासन्ती को 'मामीजी' कहता था। बासन्ती फुर्ती से उठकर कमरे के बाहर चली गई। मुंशीजी मुस्कराने लगे।

"दीप्ति को आप लोगों ने बेकार में गम्भीर बनाया है। इसको कुछ नहीं हुआ है। यह बेकार में मन को दुखी किए हुए है। इसको तो अभी जीवन में बहुत कुछ करना है, बहुत कुछ देखना-सुनना है। क्यों दीप्ति?" मोहन उसकी ओर देखकर मुस्कराया।

पर दीप्ति कुछ नहीं बोली। इस बीच बासन्ती एक गिलास में दूध ले आई। मोहन ने उसको हाथ में ले लिया। उसने दीप्ति को उठाने का उपक्रम करना चाहा, पर इसके पहले ही वह उठकर बैठ गई।

"लाइए, मैं पी जाऊँगी। पर यह है बहुत अधिक।"

"जितनी तबियत है, उतना ही पियो। जबर्दस्ती की बात नहीं है। हाँ, कुछ लेना ज़रूर चाहिए।"

यह कहकर उसने दूध का गिलास दीप्ति की ओर बढ़ा दिया। दीप्ति आँखें मूँदकर पूरा दूध पी गई। जब वह गिलास ज़मीन पर रखने के लिए झुकी तो मोहन ने उसके हाथ से गिलास ले लिया।

"अब लेट जाओ।" मोहन ने कहा।

"नहीं, थोड़ा बैठूँगी।"

"ठीक है, बैठो।" फिर उसने मुन्नीलाल जी से कहा, "मामाजी, आप आराम कीजिए। मामीजी, आप भी जाकर काम-धाम कीजिए। दीप्ति के लिए चिन्ता करने की कोई बात नहीं। शंकर, तुम भी चाहो तो कोई अपना काम कर आओ। मैं तब तक यहाँ बैठता हूँ।"

मोहन के आग्रह पर वे तीनों चले गए। मोहन दीप्ति की चारपाई से उठकर कुर्सी पर बैठ गया। दीप्ति जल्दी ही थक गई और धीरे-से लेट गई। मोहन दरवाजे के बाहर आँगन में देख रहा था। उसकी दीप्ति की ओर देखने की हिम्मत नहीं हो रही थी। उसका चेहरा कितना बदल गया है, जैसे वह बहुत दिनों की मरीज़ हो।

कुछ देर बाद उसने नज़र घुमाकर उसकी ओर देखा। दीप्ति छत की ओर देख रही थी और उसकी आँखों से फिर आँसू बह रहे थे।

"दीप्ति, क्या बात है? अपने मन को इतना दुखी न करो।" मोहन ने कहा।

दीप्ति ने करवट बदलकर दूसरी ओर मुँह कर लिया। मोहन काफी डर गया। इसको क्या हो गया है? फिर उसने अपने मन को दृढ़ किया। अब संकोच करने से काम नहीं चलेगा। साहस से काम लेने की ज़रूरत है।

वह धीमे किन्तु स्पष्ट स्वर में बोला, "दीप्ति, मैं सब कुछ जानता हूँ। मनफूल के व्यवहार से मुझको काफी दुख है। पर किया क्या जाए? इस दुनिया में हर प्रकार

के लोग हैं। पर इसमें तुम्हारा दोष कतई नहीं—सारा दोष उसी का है...।''

दीप्ति सहसा मुँह घुमाकर उसकी ओर देखने लगी थी। उसके चेहरे पर जैसे रक्त न हो।

''दीप्ति, तुम मुझसे साफ-साफ कहो। मुझे तुम अपना मित्र समझो।'' मोहन ने दुख से गाढ़े स्वर में कहा।

''भाई साहब, मैं जीना नहीं चाहती...।''

''क्यों?''

''मुझको अपने से घृणा हो गई है।''

''किसलिए?''

''आखिर क्यों नहीं? मुझमें क्या है? जो कुछ भी था, वह नष्ट हो गया है। उसके लिए मेरे मन में कोई भावना नहीं। मुझे यही अफसोस है कि मैंने क्यों ऐसी मूर्खता की। यह जब मैं सोचती हूँ तो मुझे लगता है कि मुझमें कुछ भी नहीं, मैं स्वयं उसी की तरह नीच हूँ।''

वह अब फूट-फूटकर रो रही थी। मोहन के चेहरे पर एक गहरी वेदना दृष्टिगोचर हुई। वह करुण स्वर में बोला, ''तुम गलत सोचती हो दीप्ति। पवित्रता क्या चीज़ होती है? सबसे बड़ा है मन। जब वह साफ नहीं होता तो गंगा नहाने या त्रिपुण्ड लगाने से पवित्रता हासिल नहीं होती। यह मन बड़ा चंचल है। हर इंसान गलतियाँ करता है, पर सुखी वही है, पवित्र वही है, जो अपनी गलतियों से सीखता है और उन गलतियों को दूर करने की चेष्टा करता है। एक तो तुम्हारी गलती कोई गलती नहीं। फिर अगर गलती भी हो तो तुम उसके लिए पश्चात्ताप कर रही हो। तुम अपनी कमियों के प्रति सचेत हो गई हो। इसका मतलब है कि तुम जिस अँधेरे में रही हो, उससे निकलकर प्रकाश में आने को तैयार हो। अपने से घृणा करना तो बहुत बड़ा अपराध है। अपने दोषों से घृणा की जा सकती है, लेकिन उसका मतलब यह है कि धैर्यपूर्वक अपने जीवन को उठाया जाए, उसको परिश्रम और सच्चाई के आधार पर खड़ा किया जाए, सदा प्रफुल्ल रहा जाए, दूसरों को स्नेह किया जाए, दूसरों की मदद और भलाई की जाए। तुम्हारे सामने यह रास्ता खुला है—फिर तुमको किस बात की चिन्ता?''

''भाई साहब, मेरी समझ में कुछ भी नहीं आता।''

''नहीं दीप्ति, तुमको इतनी जल्दी अपना जी छोटा नहीं करना चाहिए। प्यार करना बुरी चीज़ नहीं। आखिर इंसान का दिल है, उसकी पसन्दगी और नापसन्दगी होती है, उसके सम्बन्ध में कोई जबर्दस्ती नहीं की जा सकती। यदि कोई फूल अच्छा लगता है तो उसके लिए क्यों किसी को दोष दिया जाए? दुख की बात तो यह है कि उस व्यक्ति ने तुम्हारी जैसी गर्वीली स्त्री के साथ ऐसा व्यवहार किया। यदि वह मिले तो मैं मार बैठूँ। ऐसे कमीने लोगों को मैं बर्दाश्त नहीं कर सकता। इन लोगों

को दंड मिलना ही चाहिए। और माना कि तुमने गलत कदम ही उठाया तो इसमें बहुत चिन्ता करने की बात नहीं। नारी या किसी के भी शरीर की पवित्रता की बात एक आडम्बर है, क्योंकि दोष सबमें होते हैं, गलतियाँ सबसे होती हैं, चाहे वह कितना ही बड़ा क्यों न हो। स्त्री को दबाकर रखने के लिए ऐसे नैतिक मूल्य प्रस्तुत किए जाते हैं। बड़े-से-बड़े त्यागी तपस्वियों का जप-तप रखा रह जाता है। अपने मन को ऊँचे कार्यों में लगाने की अवश्य चेष्टा करनी चाहिए, और जो व्यक्ति ऐसा करता है और असफल भी हो जाता है, तो ऐसे व्यक्ति को मैं उन लोगों से श्रेष्ठ समझता हूँ जो जिन्दगी भर अपनी पवित्रता की बात करते हैं और इस जीवन को सुधारने के लिए कोई प्रयास नहीं करते। इसलिए तुम इन निराशाजनक विचारों को अपने दिमाग से निकाल दो और नए ढंग से जीवन को व्यतीत करने के लिए तैयार हो जाओ। मैं तो यह चाहता हूँ कि तुम साहस के साथ आगे बढ़ो और सच्चाई के रास्ते को अख्तियार करो। हमारे जीवन में रात की तरह अन्धकार आता है, पर तुम जानती हो कि रात हमेशा नहीं रहती। रात खत्म भी होती है और निश्चय ही खत्म होती है। फिर सुहावनी सुबह आती है...।''

मोहन को सहसा लगा कि वह आवश्यकता से अधिक बोल रहा है, इसलिए उसने सहसा रुककर दीप्ति की ओर गौर से देखा। दीप्ति उसे ही अपनी बड़ी-बड़ी चमकती आँखों से देख रही थी।

''भाई साहब, आप जाइए, आराम कीजिए...।'' सहसा दीप्ति ने कहा।

''ठीक है, कुछ देर तक और बैठकर चला जाऊँगा।'' मोहन ने कहा।

इसके बाद दीप्ति ने करवट बदलकर अपना मुँह दूसरी ओर फेर लिया। मोहन को ऐसा लगा कि दीप्ति उसकी बातों से नाराज़ हो गई है। क्या उसने कोई अनुचित बात कह दी है? उसको अपनी बातों की याद करके शर्म आने लगी। कैसी निरर्थक बातें थीं? वह उसको किसी मूर्ख कथावाचक की तरह उपदेश देता रहा था। ऐसा उपदेश देने का उसको क्या अधिकार है? वह तो कभी किसी को उपदेश नहीं देता, बल्कि हर बात को मज़ाक की दिशा में मोड़ने की कोशिश करता है। वह दीप्ति का भी हमेशा मज़ाक उड़ाता रहा था और दीप्ति भी उसकी बातों को पसन्द नहीं करती थी—फिर उसको आज क्या हो गया कि वह उससे ऐसी गम्भीर बातें करने लगा?

''दीप्ति, मेरी कोई बात अनुचित तो नहीं लगी?'' उसने पूछा।

पर दीप्ति की ओर से कोई उत्तर नहीं मिला। दीप्ति नींद की गोद में लुढ़क गई थी।

कई महीने बीत गए। मई की एक शाम। हवा में अब भी कुछ गर्मी थी। मोहन बाहर से घूमकर लौटा था और बड़े आँगन की दीवार से लगी चौकी पर बैठ गया, जो अब भी तप रही थी। मोहन गर्मी में अपने माँ-बाप के पास जानेवाला था, लेकिन इसी

बीच उसके मामा की बड़ी लड़की सुधा की शादी तै हो गई थी, इसलिए उसके मामा ने कहा था कि कुछ दिनों में सभी आएँगे, इसलिए यहीं रहकर उसको शादी के इन्तज़ाम में हाथ बँटाना होगा।

कुछ ही देर में उसके मामा की छोटी लड़की मीना घर के किसी कोने से निकल आई और मोहन की बगल में चौकी पर बैठ गई। उसके चेहरे से स्पष्ट था कि वह सोकर आ रही है। वह लाल चौड़े किनारे की सफेद साड़ी पहने हुए थी और उसकी लटें उड़ रही थीं। वह ठिगनी, गोरी, चंचल और करीब चौदह साल की थी।

"सुधा कहाँ है रे?" मोहन ने पूछा।

"घर में बैठी सिलाई कर रही है।" मीना ने उदासीन स्वर में कहा।

"मामी?"

"चाय बना रही हैं।"

"और तू सोकर आ रही है?"

"हाँ, आप भी तो घूमकर आ रहे हैं?" मीना ने उसकी ओर बिना देखे जवाब दिया।

"वाह रे, दँतखोड़ी। तुझे तो मालूम है कि मैं दर्जी के यहाँ गया था?"

मीना को चिढ़ाने में उसको सफलता मिली। कुछ महीने पहले उसके दाँतों में जोर से दर्द हुआ था, तब से वह कभी-कभी उसको इसी नाम से पुकारता था।

"देख री अम्माँ, भैया को।" वह बनावटी रुँआसी आवाज़ में चीख पड़ी।

उसकी मामी चाय लेकर लबर-लबर आ रही थी। वह नाटे कद की थी। शरीर चकइठ, रंग गोरा, आँखें छोटी और चेहरा बड़ा। वह चलती तो उसकी गर्दन बाईं तरफ झुक जाती और पैर जल्दी-जल्दी पड़ने लगते। वह हँसमुख तथा मज़ाकिया किस्म की औरत थीं।

"क्या ए बाबू, किसके लड़के हो? तुम्हारे बाप तो बड़े सीधे-साधे हैं, तुम्हारी अम्माँ कहीं अगल-बगल तो नहीं झाँकती थीं?" चाय का प्याला और नमकीन की प्लेट चौकी पर रखकर अपने हाथ को मोहन के मुँह के सामने करछुल की तरह घुमाती हुई बोलीं।

ननद और ननदोई के न रहने पर भी उनसे मज़ाक़ करने की इच्छा को वह मोहन के माध्यम से पूरा करती थीं। ननद का लड़का होने के कारण जैसे मोहन से भी मज़ाक करने का अधिकार हो। मोहन अपनी मामी की अपनी माँ से कम इज़्ज़त नहीं करता था, लेकिन उनके इस प्रकार के व्यवहार ने उसको भी कुछ हद तक मुँहफट बना दिया था।

"उस दिन की बात भूल गईं क्या?" मोहन ने गम्भीर स्वर में पूछा।

"किस दिन की बाबा?" अनजान-सी, बनकर उसकी मामी ने पूछा।

"याद करो।"

"कोई बात भी हो।"

"मिठाई खाने का नतीजा भूल गईं? याद है, किस तरह चिल्ला रही थीं?"

"चलो, तुम तो लाज घोलकर पी गए हो। तुम्हारे मुँह कौन लगे?"

यह कहकर उसकी मामी हँसकर जाने लगीं। उसके मामा पुराने खयालों के एक व्यापारी थे, पर रसिकता के मामले में उनकी स्थिति सराहनीय थी। शाम को दुकान से लौटते समय वह बाज़ार से मिठाई वग़ैरह भी खरीदते आते थे। आश्चर्य है कि जब पिछली गर्मियों में उसकी मामी को बहुत-सी फोड़ा-फुंसियाँ निकल आईं तो उन्होंने मोहन को सारा रहस्य बताने को मजबूर होकर उसी से डॉक्टर के यहाँ से दवा मँगाई थी।

"अच्छा मामी, एक बात सुनो।" मोहन ने गम्भीर होकर कहा।

"क्या बाबू? मुझे बहुत काम है।" मामी लौटकर बोलीं।

"यह सुधा हमेशा चुप्पी बनी रहती है—इसको कुछ सिखातीं नहीं? ऐसी गूँगी लड़की तो मैंने देखी नहीं। इसकी जबान में जैसे ताला लगा रहता है। ससुराल में यह कैसे खपेगी?"

"क्या बताऊँ बेटा, समझाते-समझाते तो थक गई कि इतनी गूँगी बनना ठीक नहीं। अब ससुराल जाएगी, मर्द-पुरुष की जाति, कौन-सी बात बुरी लगे और कौन-सी अच्छी लगे, इसका क्या ठिकाना? पर सुनती ही नहीं। बस चुप। ज़िद्दिन तो शुरू की है हरामज़ादी। तुम्हीं समझाओ न बेटा, ले-देकर एक ही भाई हो। न मालूम मेरी गौरा कैसे घर में जाएगी?" अन्त में मामी आँचल से आँखें पोंछने लगीं।

"अच्छा रहो, मैं उससे पूछता हूँ।"

इतना कहकर मोहन कमरे में गया और सुधा को हाथ पकड़कर आँगन में खींच लाया। फिर उसको चौकी पर बिठा दिया। वह सिर झुकाए हुए थी। उसका मुँह अत्यधिक गम्भीर था। उसके मामा की उस बड़ी लड़की की उम्र 18 साल की थी। गोरा, सुन्दर मुँह, स्वस्थ, गठीला कामधामी शरीर, आँखें बड़ी-बड़ी तथा आकर्षक। वह बेहद सीधी और चुप्पी थी। वह किसी के घर बहुत कम आती-जाती थी और दूसरों से बोलने में भी अत्यधिक कंजूसी से काम लेती थी। सभी इसी चिन्ता में रहते कि जो लड़की अपने लिए खाना नहीं माँग सकती और सख़्त-से-सख़्त बीमारी में 'उफ़' भी नहीं करती, वह दूसरे के घर में जाकर कैसे रहेगी?

"तू अपनी आँखें क्यों फोड़ती रहती है सुधा? अगर तू इसी तरह बनी रहेगी तो तेरा दूल्हा कैसे पूछेगा?" मोहन ने चौकी पर बैठते हुए पूछा।

सुधा कुछ न बोली, बल्कि उत्तर में उसने अपना सिर और नीचे गाड़ लिया।

"देख सुधा!" मोहन ने कहा, "तेरी यह आदत ठीक नहीं है। मैं जानता हूँ कि तू महात्मा गांधी का अवतार है, लेकिन मैं जो कहता हूँ उसको तू गाँठ बाँधकर रख ले। सीधा होना तो ठीक है, लेकिन इतनी सिधाई भी ठीक नहीं कि दीन-दुनिया से

कोई मतलब नहीं और दूसरे उससे नाजायज़ फ़ायदा उठाने लगें। ससुराल में इतनी शर्म करोगी तो भुगतना पड़ेगा। दूसरों की सेवा करना ज़रूरी है, पर साथ ही समय पर भोजन करना, समय पर नाश्ता करना और समय पर आराम करना भी ज़रूरी है। शरीर ठीक रहने पर तू काम-धाम और सेवा-टहल कर सकेगी। जब तू अपने शरीर की परवाह नहीं करेगी तो कोई भी नहीं करेगा।''

मोहन ने सोचा था कि वह उसको मज़ाक के लहजे में समझाएगा, परन्तु शीघ्र ही उसका स्वर किसी बुज़ुर्ग की तरह उपदेशात्मक हो गया था, जिसकी उसने कल्पना भी नहीं की थी। लेकिन उसकी बातें सुधा के हृदय को कहीं स्पर्श कर गईं और वह मुँह को आँचल में ढककर फफक-फफककर रोने लगी। उसका शरीर बुरी तरह काँप रहा था, हवा के झोंके में दोलायमान सूखे पत्ते की तरह। उसको रोते देखकर उसकी मामी भी वहीं बैठकर आँचल में मुँह ढककर 'ऊँ-ऊँ' करके रोने लगी।

मोहन क्षण भर के लिए हक्का-बक्का रह गया। वह नहीं जानता था कि सुधा इस तरह रो भी सकती है। दरअसल जब से वह मामा के यहाँ रहने लगा था, उसने सुधा को एक या दो बार रोते हुए देखा था। यह विचित्र दृश्य था, जिस पर सहसा विश्वास नहीं होता था। उसकी रुलाई ने उसके हृदय को स्पर्श कर लिया। उसकी आँखें भर आईं और अपने आँसुओं को छिपाने के लिए वह अपनी मामी को फटकारने लगा।

''तुम बुलका क्यों चुआने लगीं? तुम कहाँ समझाओगी कि खुद ही अपना रोना लेकर बैठ गईं।''

अब सुधा को जैसे और बर्दाश्त नहीं हुआ और वह ज़ोरों से हिचकते हुए वहाँ से उठकर कमरे के अन्दर भाग गई। उसकी मामी भी हिचकने लगीं। मोहन जानता था कि जब लड़की ससुराल जानेवाली होती है तो कितनी भरी-भरी रहती है। अपने माँ-बाप और कुटुम्ब की छोटी-छोटी बातों की याद उसके हृदय में अजीब गहरी पीड़ामयी अनुभूति जगा देती है। परन्तु सुधा से उसको ऐसी उम्मीद नहीं थी। उसने सोचा था कि इस अवसर पर भी वह अपने सारे दुख को पी जाएगी।

कुछ देर तक उसकी मामी चुपचाप रोती रहीं। मोहन भी चुपचाप बैठा रहा। मीना भी सिर झुकाए हुए थी, फिर धीरे-धीरे उसकी मामी के आँसू थमे। वह उठी और उन्होंने आँचल से अपना मुँह पोंछा और फिर नल पर जाकर मुँह धोने लगीं। और जब वह मुँह को फिर पोंछकर रसोईघर की ओर से जाने लगीं कि ठीक इसी समय अनिरुद्ध ने आँगन में प्रवेश किया।

अनिरुद्ध उम्र में पच्चीस वर्ष से अधिक नहीं था, लेकिन वह मोहन के मामा का किसी मामूली रिश्ते की वजह से भाई लगता था और उसके गाँव का ही रहनेवाला था। वह पिछले तीन साल से बी.ए. में फेल हो रहा था। इतना ही महत्त्वपूर्ण समय उसने इंटरमीडिएट से निकलने में ले लिया। जहाज़ की तरह मोटा, लम्बा और साँवला

शरीर, गोली नाक और जनानी आवाज़। वह रहता तो किसी दूसरे मुहल्ले में था, परन्तु खाना यहीं खाता था।

"अरे मोहन, मीना क्यों उदास बैठी है?" आँगन में घुसते ही अनिरुद्ध ने कहा, "अच्छा, समझ में आया। बेचारी को दुख है कि दीदी की शादी हो रही है और उसकी नहीं। घबरा न बेटी, एक गिलास पानी तो पिला दे, मैं तेरी वह शादी कराऊँगा कि तू खुश हो जाएगी।"

"ए चाचा, यह सब मुझे अच्छा नहीं लगता।" मीना झनककर बोली और पानी लाने नल की ओर चली गई।

पानी पीकर अनिरुद्ध ने डकार ली। फिर खाँसने लगा। उसकी आवाज़ सुनकर मोहन की मामी लौट आई थीं।

"सलाम भौजी।"

"खुश रहो बाबू," मोहन की मामी ने कहा, "दो दिन तक खाने क्यों नहीं आए? कहाँ रह गए थे? मैं चौके में बैठकर इन्तज़ार करती रही। कहीं अपनी बहन के पास तो नहीं चले गए थे?"

अनिरुद्ध की भी तबीयत हँसी-मज़ाक़ में ही रहती थी। उसमें और उसकी भौजाई में अद्भुत मज़ाक़ होते रहते थे। मज़ाक़ का अचूक अर्थ समझने में अनिरुद्ध से ज़रा भी भूल नहीं हुई।

वह बोला, "अरे, तुमको छोड़कर कहीं जा सकता हूँ?"

"अरे क्या ए बाबू, मुझ बुढ़िया को कौन पूछेगा? हाँ, आपकी बहन खूब जोरदार हैं, अपने भाइयों का खूब खयाल रखती हैं।"

"अपनी क़ीमत उनसे पूछो, जो तुम्हारी क़द्र करते हैं। मेरी नज़र में तो तुम सोलह साल की ही लगती हो।"

इसके पश्चात् दोनों महारथियों में सारी शिष्टता का त्याग करके कुछ ऐसे गम्भीर मज़ाक़ होने लगे, जिसको सुन्दर मोहन को शर्म आने लगी। परन्तु उस युद्ध का परिणाम फ़ौरन नज़र आने लगा। यह निश्चित था कि अनिरुद्ध खेत रहेगा और सम्भवतः इसी हारी-बाज़ी को एक साधारण-सी जीत में परिवर्तित करने के खयाल से काफ़ी गम्भीर हो गया और बोला, "शादी का अब इन्तज़ाम ठीक तो हो गया?"

"हाँ बाबू, सब ठीक है।" मोहन की मामी अब गम्भीर हो गईं, "अब आप लोगों का ही सहारा है। सब कुछ अच्छी तरह हो जाए तो धन्य भाग्य हमारे।"

इसके बाद उसने विस्तारपूर्वक बताया कि कितने बोरे चावल, कितने बोरे गेहूँ, कितने बोरे चना, कितने कनस्तर घी और तेल खरीदे गए हैं। अंग्रेज़ी बाजा, कुल्हड़-पुरवा तथा हलवाई की व्यवस्था के सम्बन्ध में भी वह बताना न भूलीं। इससे अनिरुद्ध काफ़ी प्रभावित हुआ। उसने आश्वासन दिया कि सभी कुछ ठीक हो जाएगा और ज़ोर दिया कि दही का मुकम्मिल इन्तज़ाम हो जाना चाहिए, क्योंकि दूल्हा तो

दुलहिन लेकर चलता बनता है, परन्तु गुण गाते हैं बारात के साथ आनेवाले ऐरे-ग़ैरे लोग ही। देखा यह जाता है कि पूड़ी, तरकारी, रायता, मिठाई वग़ैरह परोस दी जाती है, परन्तु दही-चीनी परोसने का खयाल नहीं किया जाता। दही-चीनी के बिना खाने का सारा मज़ा जाता रहता है, रस-भंग हो जाता है। हम लोग इसको साधारण बात समझते हैं, जबकि यह साधारण बात क़तई नहीं।''

अनिरुद्ध ऐसे विस्तार और दिलचस्पी से इस समस्या पर प्रकाश डालने लगा कि मोहन को जमुहाई आने लगी। अनिरुद्ध सिर हिला-हिलाकर किसी गपोड़ स्त्री की तरह बोलता जाता, साथ ही स्वादिष्ट खाद्यान्नों के उल्लेख मात्र से मुँह में आए थूक को निहायत शराफ़त और सफाई के साथ घोंटता जाता। मीना आँखें फाड़कर बड़ी तन्मयता से उसकी बातें सुन रही थी, जैसे किसी परी लोक में पहुँच गई हो।

जब सब कुछ बर्दाश्त के बाहर हो गया तो मोहन ने एक अत्यधिक बचकाना हरकत की। उसने पहले ऊँट की तरह मुँह को उठाया, जैसे आकाश को निहार रहा हो, फिर उसको ज़ोर से झुकाते हुए बोला, ''आ ऽऽ छीं। उफ, बड़े जोर का जुकाम हो गया है, मालूम होता है लौकी खाने से ऐसा हो गया है।''

पहले सभी चौंक पड़े। फिर सभी समझ भी गए। मीना ने दाँत खोल दिया और उसकी माँ भी मुँह पर आँचल देकर धीरे-धीरे हँसने लगी। अनिरुद्ध झेंप गया। वह यह कहते हुए मोहन की ओर लपका, ''रहो, मैं तुम्हारा जुकाम ठीक करता हूँ।''

मोहन भागकर बाहर खड़ा रहा और चुपचाप हँसता रहा। आँगन से अनिरुद्ध का मिमियाता स्वर सुनाई पड़ा, ''पूरा आवारा निकल गया है। भैया और भौजी ने इसको बिगाड़ दिया है। मैं तो यही कहूँगा। पढ़ने में तो इसकी तबीयत लगती ही नहीं। मैं तो साफ-साफ कह देता हूँ कि अगर भैया-भौजी ने इसको अधिक सिर पर चढ़ाया तो उनको रोना पड़ेगा...।''

मोहन अब भी हँसे जा रहा था। वह जानता था कि अनिरुद्ध के भाषण को बन्द करना और किसी उपाय से सम्भव नहीं था। पहले वह उसका बड़ा लिहाज करता था, पर वही इधर मोहन के साथ मित्र की तरह व्यवहार करने लगा था। कभी-कभी वह उत्साह में आता तो मोहन के कन्धे पर हाथ रखकर दुनिया भर की बातें करने लगता। वह गन्दे मज़ाक़ की बातें भी करते नहीं हिचकता। धीरे-धीरे मोहन का संकोच दूर हो गया था और वह उनके मुँह लग गया था।

कुछ दिनों से अनिरुद्ध ने 'लौकी' नाम से चिढ़ना शुरू कर दिया था। कहा जाता था कि किसी दावत में लौकी की तरकारी खूब परोसी गई थी, परन्तु उसको उसने स्पर्श तक नहीं किया। और जब किसी सीधे-सादे परोसनेवाले ने उससे खाने का आग्रह किया तो वह उस पर बुरी तरह बिगड़ गया। तब से अक्सर जलसे वग़ैरह में उसको लोग 'लौकी बाबू' कहकर पुकारते और उसके सामने बेमतलब लौकी का नाम ले लेते और उसके प्रचंड क्रोध को भड़काकर उसकी बक-झक का आनन्द

उठाते। कुछ लोगों का यह भी कहना था कि अपने लगातार फेल होने के अप्रिय तथा कटु प्रसंग से लोगों का ध्यान हटाने या उसका औचित्य सिद्ध करने के लिए ही वह ऐसा रुख अख्तियार करता था।

जब अनिरुद्ध की आवाज़ बाहर आना बन्द हो गई तो वह अपने घर के सामने की सहन में टहलने लगा। सूरज डूब गया था। आस-पास के वृक्षों पर दूर-दूर दिशाओं से पक्षीगण आकर बैठ गए थे और चह-चह कर रहे थे। अचानक उसकी दृष्टि बगलवाले मकान के बरामदे में पड़ी। भीतर से आकर दीप्ति खम्भे के सहारे खड़ी हो गई थी। उसने एक क्षण मोहन की ओर अनजान कूतूहल से ताका, फिर इधर-उधर इस तरह देखने लगी, जैसे किसी की तलाश में आई हो। अन्त में वह गौरैया की तरह फुर्र से भाग गई। मोहन खोया-खोया उधर देखता रह गया।

उस दिन दीप्ति के यहाँ से उठकर जब मोहन अपने घर आया तो उसको बड़ा अफ़सोस होने लगा। उसका निश्चित मत था कि दीप्ति को उसकी बातें बुरी लगी हैं। जब तक दीप्ति अच्छी न हो गई, वह रोज़ ही उसके यहाँ जाता रहा। उसको देखकर दीप्ति उसको नमस्कार करती। इसके बाद वह मौन होकर दूसरी ओर देखने लगती।

स्वयं मोहन ने अपने अन्दर एक अजीब परिवर्तन देखा था। वह दीप्ति के सामने जाते ही गम्भीर हो जाता और कुछ बोल न पाता। उसको अपनी उस दिन की बातें याद आ जातीं और उसको एक प्रकार की लज्जा जकड़ लेती। वह सोचता कि दीप्ति शायद उससे इसलिए नाराज़ है कि वह उसके दोष को जानता है। शायद दीप्ति यह सोचती है कि उसको नीचा दिखाने के लिए उसने उसको उपदेश दिया था। वह भी कितना छिछला आदमी है? क्या वह गम्भीरता से काम नहीं ले सकता था?

जब दीप्ति अच्छी हो गई तो वह मोहन से बचने लगी और इस एहसास से स्वयं मोहन उससे बचने की कोशिश करता। मोहन में पहले ऐसी बात नहीं थी। वह किसी की नाराज़ी की परवाह नहीं करता था और समान रूप से सबसे हँसता-मज़ाक़ करता था, उस पर व्यंग्य-बाण छोड़ता था। पर यहाँ वह एक लाचारी का अनुभव कर रहा था। धीरे-धीरे ऐसा होने लगा कि वह शंकर के घर के अन्दर आते ही यदि दीप्ति को बैठा देखता तो कोई-न-कोई बहाना करके निकल जाता।

दीप्ति में उसने और कई परिवर्तन देखे, जिनकी वजह से वह आश्चर्य से स्तम्भित हो गया। उसने देखा कि दीप्ति ने उस तड़क-भड़क से रहना छोड़ दिया है। सिनेमा और सैर-सपाटा भी उसने छोड़ दिया था। वह घर के काम-धाम में मन लगाने लगी थी। उसने दूसरों से झनककर बोलने की आदत छोड़ दी थी। जब शंकर के दोस्त आते तो वह वहाँ से चुपके से उठ जाती। और अगर बैठना लाचारी होती तो

वह एक ऐसा मौन और गम्भीरता बनाए रहती, जिस पर सभी अचम्भा करते। इसके पहले वह किसी भी बातचीत में कूद पड़ती थी और अपने विचारों को प्रस्तुत करके अपने महत्त्व को प्रमाणित करने की कोशिश करती थी।

मोहन उसको अक्सर पढ़ते हुए देखा करता। वह क्या पढ़ती है, यह मोहन की जानने की इच्छा करती, लेकिन उसकी दीप्ति के पास जाने की हिम्मत नहीं करती। आखिर यह सब कैसे हो गया? क्या मनफूल वाली घटना से दीप्ति को इतनी चोट पहुँची है? क्या मनुष्य में ऐसा परिवर्तन हो सकता है? पर मोहन का पहले ही मत था कि आदमी अपने जीवन को उठा सकता है, उसको सही मार्ग पर लगा सकता है, और उसको इसके लिए निरन्तर प्रयास करना चाहिए।

दीप्ति में हुए इस परिवर्तन से उसके घरवाले कम खुश नहीं थे। बासन्ती की खुशी का ठिकाना नहीं था।

"मेरी बेटी लाखों में एक है, मेरा बहुत खयाल करती है।" बासन्ती अपने पति से कहती थी।

मुंशीजी मूँछों पर ताव देकर कहते थे, "तुम्हीं तो उसको कोसती रहती थीं।"

"अरे, उस समय मेरा भी दिमाग़ कुछ खराब रहता था। आपका व्यवहार भी तो कुछ ऐसा ही था।"

"लो, तुम मेरे व्यवहार की बात ले बैठीं।"

"क्यों नहीं, हर चीज़ को देखा जाता है। आपने उस पर ध्यान दिया होता तो मेरी बेटी शुरू से ही बहुत अच्छी और तेज़ होती।"

माँ और बेटी के बिगड़े सम्बन्धों के सुधार को भी मोहन ने परिलक्षित किया था। पहले दीप्ति इसका खयाल न करके कि कौन बैठा है और कौन नहीं, अपनी माँ को दो-चार बातें सुना दिया करती थी। पर अब वह भूलकर भी बासन्ती की बातों में टाँग न अड़ाती। मोहन ने कई बार यह भी देखा कि बासन्ती खाने बैठी तो दीप्ति उसके लिए पानी लाकर रख देती। रात में वह सबका बिस्तर लगा देती। आखिर एक माँ-बाप को अपनी सन्तान से क्या चाहिए।

मोहन निश्चित ही इन परिवर्तनों को देखकर बहुत प्रसन्न होता था। उसके मन में कभी दीप्ति का एक चित्र बना था, पर उस पर धुँध की पर्तें जमती गई थीं। ये पर्तें धीरे-धीरे साफ़ होने लगीं। अब उस प्रतिमा को देख सकता था। वह ओस और खुशबू से नहाए हुए फूल की तरह की प्रतिमा थी।

वह कभी-कभी सोचता कि दीप्ति से कुछ बोले, पर उसकी हिम्मत नहीं होती थी। उसके सामने पहुँचते ही उसका मुँह दूसरी ओर घूम जाता। अपनी इस भावना को वह नहीं समझ पाता था। कभी-कभी उसको बड़ी खीझ होती थी। आखिर उसको किस बात का डर है? दीप्ति से उसका क्या सम्बन्ध है? पर साथ ही साथ वह जानता था कि दीप्ति के इस विकास एवं परिवर्तन में वह किसी प्रकार का हस्तक्षेप नहीं

करना चाहता था। उसको भय था कि कहीं उसके हस्तक्षेप से दीप्ति का यह रूप बिगड़ न जाए। निश्चित ही उसका व्यवहार लोगों के प्रति अच्छा नहीं होता। यह अपनी बातों को सबसे अच्छा समझता है। वह अपने को सबसे ऊँचा समझता है, इसी से तो वह दूसरों को चिढ़ाता है, दूसरों पर व्यंग्य-बाण छोड़ता है। इसी से वह दूसरों के विचारों को नगण्य समझता है और सबके प्रति एक विद्रूपात्मक भाव रखता है।

दीप्ति उससे दिन पर दिन दूर हटती गई। वह उससे छिपने की कोशिश करती। वह उसकी ओर ठीक से देखती भी नहीं। मोहन को बड़ा दुख होता। शायद वह उसके पुराने व्यवहार का बदला ले रही है या उसके माँ-बाप ने तो उसको मना नहीं कर दिया कि शंकर के किसी दोस्त के सामने वह न जाया करे। आखिर उन लोगों को दीप्ति की शादी करनी ही थी, उनको अपनी लड़की को बदनामी से बचाना ही था हर हालत में। फिर किसी का क्या विश्वास? जब मनफूल जैसे घनिष्ठ मित्र ने उनको ऐसा धोखा दिया था, तो किसी के बारे में क्या कहा जा सकता है।

इस सब बातों को सोचकर ऐसा लगता कि दीप्ति तथा उसके परिवारवाले उसको तुच्छ समझते हैं। उसको विश्वास के क़ाबिल नहीं समझते हैं। इस खयाल से वह स्वयं अपने को हीन समझने लगता।

धीरे-धीरे उसने दीप्ति के घर जाना कम कर दिया। उसने अपने स्वाभिमान तथा दीप्ति एवं उसके परिवारवालों की खुशी के लिए यह आवश्यक समझा। कभी-कभी शंकर पूछता कि 'क्या बात है, आना-जाना क्यों कम कर दिया है?' तो वह जवाब देता कि 'इस समय मैं रिसर्च के काम में लगा हुआ हूँ। उसे जल्दी-से-जल्दी समाप्त करना चाहता हूँ।' इसके उत्तर में शंकर क्या कहता?

पर मोहन को इससे बड़ा दुख होता। उसने दीप्ति को तो कभी भी हीन दृष्टि से नहीं देखा। चाहे कारण जो हों, वह उसकी ओर सदा आकर्षित होता रहा। इधर तो दीप्ति के प्रति उसकी भावनाएँ अत्यधिक कोमल हो उठी थीं। दीप्ति के स्मरण मात्र से ही उसको सवेरे की पवित्रता की याद आती। उसका खयाल सदा उसके मन में बना रहता। वह इस भावना को अपने मन से उखाड़ फेंकना चाहता था। कभी-कभी वह बहुत खीझ उठता था। वह घर से निकलकर घूमने-टहलने के लिए चल पड़ता। वह पता नहीं कहाँ-कहाँ घूमता रहता। लेकिन जब वह वापस लौटता तो दीप्ति अब भी उसके अन्दर विराजमान रहती, उसका चित्र और उज्ज्वल हो गया होता, उसके मन की कोमलता और बढ़ गई होती। वह काँप उठता। आखिर वह क्या चाहता है? पर वह निश्चित रूप से कुछ नहीं कह सकता था। वह मन की गहराइयों में और नीचे उतरने से डरता था। कभी-कभी वह सोचता कि ये क्षणिक आवेग हैं और जल्दी ही वह इनसे छुटकारा पा लेगा और पहले की तरह निर्द्वन्द्व एवं उन्मुक्त ज़िन्दगी व्यतीत करने लगेगा।

रात में खाने के बाद लगभग सारे खानदान की बैठक हुई। बीच आँगन में मोहन के मामा गोपाल बाबू आरामकुर्सी पर बैठे थे। उन्हीं के पास नीचे ज़मीन पर एक पीढ़े पर उनकी पत्नी मालती बैठी थी। अनिरुद्ध, मीना तथा मोहन चौकी पर बैठे थे। सुधा किसी कमरे में छिपी हुई थी।

गोपाल बाबू जाति के क्षत्रिय होते हुए भी शहर में जनरल मर्केंडाइज़ की दुकानदारी करते थे। दुकान बड़ी नहीं थी, पर उससे खर्चा-वर्चा आसानी से चल जाता। वह पिछले खयालों के एक व्यक्ति थे। उनमें और भी चाहे जो कमज़ोरियाँ हों, पर वे बहुत स्नेही व्यक्ति थे। वह कभी भी किसी का बुरा न चेतते थे। मझोले, दोहरे शरीर, गोरे रंग, चौड़े माथे, बड़ी-बड़ी आँखों तथा नुकीली बड़ी मूँछों से उनके सम्बन्ध में जो भ्रम पैदा होता, उसके विपरीत वह बहुत ही बेफ़िक्र, मस्त और लापरवाह थे। पैसा खर्च करने का उनको बहुत शौक था। और दोनों लड़कियों के लिए कीमती साड़ियों, नई डिज़ाइन के कर्णफूल, हार इत्यादि समान अक्सर खरीदते रहते। घर पर भी कभी-कभी उनके मित्र लोगों की बैठक जमती, गप्पें लड़ा करतीं और पूड़ी-मिठाई-नमकीन आदि की दावतें उड़ा करतीं।

"अनिरुद्ध बाबू," गोपाल बाबू उत्साहपूर्वक बोले, "हर चीज़ का पहले से ही मुकम्मल इन्तज़ाम होना चाहिए। किसी को भी कुछ शिकायत करने का मौक़ा न मिले। जहाँ, बारात गाड़ी से उतरे कि उनको झटपट जनवासे में पहुँचाइए। दो जीप और कुछ रिक्शे पहले से ही तै हों। जनवासे में पहले से ही नाश्ता-पानी लगा हो। बाराती उधर कुछ देर तक सुस्ताने के बाद हाथ-मुँह धोते रहें और इधर सब कुछ फिट।"

"ठीक तो है," उनकी पत्नी ने सिर के आँचल को कुछ और नीचे खींचते हुए कहा, "ऐसी बात हो जाए तो किसी बात का झगड़ा ही न रहे। अब इन्हीं दोनों बाबुओं पर है।"

निश्चित ही गोपाल का संकेत अनिरुद्ध तथा मोहन की ओर ही था। अनिरुद्ध अपने महत्त्व से बहुत जल्दी प्रभावित हो जाता था। वह अब काफ़ी गम्भीर हो गया था। उसकी दृष्टि तो नत थी, परन्तु उसकी नाक फूल-सी रही थी। उसके होठों पर अब एक ऐसी आत्मविश्वासपूर्ण मुस्कराहट थिरकने लगी थी, जैसे उसका अब दृढ़-विश्वास हो कि बरातियों को खिलाने-पिलाने की व्यवस्था करने में उससे अधिक होशियार कोई भी न हो।

"कहिए अनिरुद्ध बाबू, ठीक है न?" मोहन के मामा ने पूछा।

"हाँ भैया, वह तो ठीक है ही। मैंने तो भौजी से कुछ देर पहले यही बात कही थी।"

इसके बाद मोहन के आश्चर्य का कोई ठिकाना नहीं रहा, जब अनिरुद्ध ने मालती तथा मोहन की ओर कनखी से देखने के बाद उनको दहीवाली महत्त्वपूर्ण

योजना समझानी शुरू कर दी। उसने वही बातें कहीं, जो उसने मालती से कही थीं, जैसे कोई रटा हुआ पाठ सुना रहा हो। खाद्य पदार्थों के उल्लेख से वह उसी तरह अपना थूक घोटता रहा। पहले तो मोहन को बड़ा गुस्सा आया, फिर उसको ज़ोर से हँसी भी आने लगी। उसकी हालत शीघ्र ही ऐसी हो गई कि अगर गोपाल बाबू वहाँ न होते तो अनिरुद्ध को चिढ़ाकर भाग गया होता। इस समय कहना अशिष्टता होती। परन्तु जब हँसी पर क़ाबू करना असम्भव हो गया तो उसको रोकने के लिए ज़ोरों से खाँसते हुए वह नल की ओर भागा।

"क्या है भाई," गोपाल ने भयजन्य क्रोध से पूछा।

"गले में मच्छर...।" मोहन आगे न बोल सका और 'ओ-ओ' करते हुए खाँसने लगा।

"पानी का ग़रारा करो।" अनिरुद्ध ने फ़ौरन सुझाव दिया।

मोहन कुल्ला करते हुए खूब हँसा। हँसी कम्बख़्त रुकती ही न थी और जब वह किसी तरह रुकी तो मोहन असाधारण रूप से गम्भीर होकर वापस आया और चौकी पर सिर झुकाकर बेचारे की तरह बैठ गया।

"मच्छर निकल गया?" गोपाल बाबू ने पूछा।

"हाँ।" मोहन ने अत्यधिक करुण आवाज़ में उत्तर दिया।

"अनिरुद्ध बाबू," गोपाल बाबू बोले, "इन मच्छरों का भी कुछ इन्तज़ाम कीजिए। जाड़े में तो कुछ कम हो गए थे, लेकिन इधर बहुत बढ़े हैं। यहाँ की नगरपालिका भी तो कुम्भकर्ण की नींद सोती है, चाहे शहर चूल्हे भाड़ में चला जाए। नालियों की सफ़ाई हुए न मालूम कितने दिन हो गए। अंग्रेज़ जब थे तो हर बात का ध्यान रखते थे, जब से हिन्दुस्तानी भाई आए हैं, उन्होंने हालत ही खराब कर दी है। लेकिन इस समय कुछ-न-कुछ ज़रूर करना चाहिए। बाराती देखेंगे तो क्या कहेंगे कि लोग कितनी गन्दगी में रहते हैं? देर से काम नहीं चलेगा। अब कितने दिन रह ही गए हैं!"

मोहन समझ गया कि अब खैर नहीं, क्योंकि दुर्भाग्यवश यह अनिरुद्ध का बहुत प्रिय विषय था। जब पुराने ज़माने की प्रशंसा करने की बात आती तो उसके उत्साह का अन्त न रहता। अंग्रेज़ों का वह परम भक्त था। यह भक्ति वर्तमान शासन-व्यवस्था की निन्दा करने में सबसे शक्तिशाली तर्क का काम करती। उसको सम्भवतः विश्वास था कि वर्तमान सामाजिक व्यवस्था में ही कुछ ऐसे दोष हैं कि उसके जैसा योग्य व्यक्ति बी.ए. नहीं पास कर रहा है। अब यह निश्चित था कि बातचीत का प्रवाह शादी-ब्याह को छोड़कर किन्हीं दूसरे क्षेत्रों में भटकने लगेगा, क्योंकि अनिरुद्ध को भी पुराने ज़माने की अच्छाइयों के सम्बन्ध में अनगिनत घटनाएँ और क़िस्से याद थे।

"हो जाएगी सफ़ाई," अनिरुद्ध ने आश्वासन दिया, "अपने कराने से ही अब

कुछ होगा, नगरपालिका वालों पर निर्भर रहने से कुछ नहीं हो सकता। लोगों को खाने से फ़ुरसत है? जिसको देखिए, वही अपना घर भरे जा रहा है। इससे तो लाख दर्जे अच्छे अंग्रेज़ थे। उनके ज़माने में शान्ति-अमन रहता था, लोग सुख से खाते-पीते थे।

''मेरा खयाल है कि तीन सौ आदमियों के खाने और नाश्ते का इन्तज़ाम कर लेना चाहिए।'' मोहन ने जान-बूझकर बीच में टोककर बातचीत के प्रवाह को मोड़ने की कोशिश की। इसका वांछित प्रभाव पड़ा। अनिरुद्ध के मुँह पर झेंप का खोंचा लग गया और शेष लोग चौंककर मोहन की ओर देखने लगे।

मोहन ने अपनी बात का सिलसिला जारी रखा, ''बारात में सौ से कम लोग थोड़े आएँगे? अधिक भी हो सकते हैं। फिर अपनी ओर से भी तो काफ़ी लोग इकट्ठे होंगे। सारे रिश्तेदार और गाँव के आदमी जन।''

''एकदम।'' गोपाल बाबू उत्साह से उत्तेजित हो गए, ''बेटा, तुम पूरी लिस्ट बनाकर देखो तो कितना खर्च होगा और किन-किन चीज़ों का इन्तज़ाम करना पड़ेगा? मैं तो कहता हूँ कि तीन सौ नहीं, साढ़े तीन सौ लोगों के खाने का इन्तज़ाम कर लो। सामान कुछ भले ही बर्बाद हो जाए, लेकिन किसी चीज़ की कमी न होने पाए। कुछ सामान तो आ ही गया है, जो बाक़ी है, उसको मँगा लो। यह सब इन्तज़ाम करना तुम दोनों का काम है और रुपए-पैसे देना मेरा काम।''

''तीन सौ आदमी नहीं होंगे--मुश्किल से ढाई सौ आदमियों का इन्तज़ाम करना पड़ेगा'', अनिरुद्ध ने मोहन की बात काटने और अपनी मौलिकता प्रदर्शित करने के उद्‌देश्य से कहा। वह नीचे देख रहा था और उसकी मुद्रा खिसयानी हो गई थी।

''अरे भाई, जितने आदमियों के लिए समझो, इन्तज़ाम कर डालो।'' गोपाल बाबू ने कहा।

''और भी एक समस्या है। इतने छोटे से घर में लोग रहेंगे कैसे? जगह के नाम पर सिर्फ़ दो आँगन हैं। कमरे भी बस तीन ही हैं।'' मोहन ने अनिरुद्ध को चिढ़ाने के लिए ही यह मौलिक समस्या प्रस्तुत कर दी थी।

''जिसका घर छोटा है, उसके यहाँ शादी नहीं होती?'' अनिरुद्ध बिगड़ गया।

''क्यों न शंकर के यहाँ कहा जाए कि इस दीवार को फोड़ने दें और अपने आँगन और घर का इस्तेमाल करने दें। इससे काम आसान हो जाएगा। वे अधिक लोग भी नहीं हैं। जब तक हम उनके घर का इस्तेमाल करेंगे, वे हमारे यहाँ ही भोजन कर सकते हैं।''

अनिरुद्ध ने काफ़ी क्रोध से मोहन की ओर देखा। फिर घृणा से मुँह बिचकाकर कहा, ''एकदम वाहियात बात है। कोई अपने घर को फोड़ने कैसे देगा? फिर वे हमारे घर खाएँगे भी कैसे?''

''वे बहुत ही सुलझे विचारों के व्यक्ति हैं।''

अनिरुद्ध कुछ और भी कहने जा रहा था कि मालती ने मोहन के प्रस्ताव का

समर्थन किया। इस पर अल्पमत में होते हुए भी उसने घोषणा की कि अगर मुन्नीलाल जी ने अपने घर का इस्तेमाल करने की इजाज़त दे दी तो वह, जो दंड दिया जाएगा, उसको सहर्ष भुगत लेगा।

"अच्छा तो अनिरुद्ध और मोहन जानें, मैं बीच में नहीं पड़ता।" गोपाल बाबू ने तटस्थता का रुख धारण कर लिया।

"मोहन बाबू सब तै कर लेंगे।" मालती ने कहा।

"ठीक है।" मोहन ने मुस्कराकर अनिरुद्ध की ओर देखा।

दूसरे दिन सवेरे मोहन मुन्नीलाल जी के यहाँ गया। दरवाज़ा भीतर से बन्द था। उसने खटखटाया। कुछ देर बाद दरवाज़ा खुला तो देखा, सामने दीप्ति थी। उसने शायद अभी स्नान किया था, क्योंकि उसके खुले और भीगे बाल उसकी पीठ पर फैले थे और वह अभी तक पूरी तरह कपड़े भी नहीं पहन पाई थी–बस जल्दी में साड़ी का पल्ला लपेटे दरवाज़ा खोलने चली आई थी। मोहन को देखते ही उसके मुँह पर अनजान भय की रेखाएँ सिमट आईं और वह समुद्र की लौटी हुई लहर की तरह उल्टे पाँव अन्दर भागी।

"मामाजी हैं? जरा भेज देना। मैं यहीं बैठा हूँ।" मोहन ने कहा।

दीप्ति जल्दी ही लौटी। इस बार उसके माथे पर साड़ी का आँचल इस ढंग से पड़ा हुआ था कि उसके बाल छिप गए थे। उसने मोहन की ओर बिना देखे हुए धीमे स्वर में कहा, "बाबू जी नहा रहे हैं, बैठ जाइए।"

इसके बाद वह घूमकर धीरे-धीरे क़दम रखती हुई भीतर चली गई।

मोहन का दिल जोरों से धड़क रहा था और इस पर उसको अचम्भा हुआ। दीप्ति के आने और जाने की उस आकस्मिक मनोहरता ने उसके दिल को बुरी तरह आन्दोलित कर दिया था। उसने अपनी इस भावना को दबाने की चेष्टा की, जिसमें असफल होने पर वह अपने आप पर बुरी तरह खीझ उठा।

कुछ ही देर बाद मुन्नीलाल जी आए। "सुनाओ भाई, क्या हाल है?"

"मामाजी, मैं एक काम से आया था।"

"हाँ-हाँ, कहो निःसंकोच।"

"आपको तो मालूम ही है कि सुधा की शादी तै हो गई है। हमारा मकान बड़ा छोटा...।" आगे मोहन किसी संकोच के कारण अपनी बात पूरी न कर सका।

"हाँ-हाँ, मकान छोटा है तो कोई हर्ज नहीं। अगर कोई ज़रूरत हो तो कहो, हम लोग किस दिन के लिए हैं? सुधा तो मेरी भी बेटी है।" मुन्नीलाल जी ने आँखें मलकाते हुए कहा।

"मामीजी कह रही थीं कि बीच की दीवार को फोड़कर दोनों आँगनों को मिला दिया जाए तो बड़ी सहूलियत हो जाएगी। एकाध कमरा इधर मिलने से...।"

"ठीक है, ठीक है...हाँ-हाँ, बीच की दीवार फोड़ी जा सकती है। ठीक है, हम लोग एक कमरे में काम चला लेंगे, बाक़ी कमरे शादी के लिए...कोई हर्ज की बात नहीं। यह घर तो तुम्हारा ही है, इसमें संकोच करने की क्या बात? और कोई बात?"

"नहीं, बस इतना ही।"

इसी समय दीप्ति चाय और नाश्ते का सामान ले आई। इस बीच उसने साड़ी बदल ली थी और चोटी गूँथ ली थी। निर्दोष लज्जा, शिष्टता तथा एक विचित्र क़िस्म के आत्मविश्वास के भाव ने उसके मुख को बहुत ही कोमल और सुन्दर बना दिया था। उसकी काली चोटी उसके कमर के नीचे तक चली गई थी, जो उसके शरीर की हल्की हरकत से भी हिल-डुल जाती थी। उसके कानों की बालियाँ बार-बार मोहन के दिल में बिजली की तरह कौंधने लगीं।

मोहन चुपचाप सिर झुकाकर चाय पीने लगा। वह जल्दी ही वहाँ से उठकर चला जाना चाहता था। वह अपने मन में होनेवाले परिवर्तनों से बहुत चिन्तित था। उसने कभी कल्पना भी नहीं की थी कि दीप्ति को देखकर उसके दिल में ऐसा तूफ़ान उठ सकता है।

दीप्ति भीतर चली गई थी। उसने भी जल्दी-जल्दी चाय पी और उठकर बोला, "अच्छा, मैं चलता हूँ, मामाजी।"

"और भी कोई काम हो तो बताना, बेटा। हमारा पूरा परिवार काम करेगा इस शादी में। मैं आज आऊँगा तुम्हारे यहाँ।" मुन्नीलाल जी ने सोत्साह कहा।

"जी।" मोहन नमस्कार करके जल्दी-जल्दी बाहर निकल गया।

मोहन ने घर में आकर गोपाल बाबू को बातचीत की पूरी रिपोर्ट दी। फिर वह पिछवाड़े के आँगन में चला गया। इस आँगन में जाने के लिए रसोईघर के बगल से एक गलियारा जाता था। लम्बाई और चौड़ाई में वह बड़े आँगन का आधा ही था। फ़र्श कच्ची थी। एक ओर उसमें कुआँ था, जिसका इस्तेमाल न होता था। दूसरी ओर नीम का एक छोटा पेड़ था, जो जवान होते बछड़े की तरह कोमल और पुष्ट था। उस पेड़ की छाया में सदा सुतली से बुनी एक चारपाई पड़ी रहती थी। मोहन चुपचाप उस चारपाई पर लेट गया।

धूप तेज हो गई थी, पर हवा में अभी ठंडक थी। उसने अपनी आँखें अपनी बाँह से ढक लीं और चुपचाप सोचने लगा। अपने बारे में सोचने और अपने मन की दशा महसूस करने के लिए ही वह यहाँ आया था। वह मुन्नीलाल जी के यहाँ क्यों एक पीड़ा से भर उठा था? यही प्रश्न बार-बार उसको परेशान करने लगा।

परन्तु आज सब कुछ उसके सामने स्पष्ट हो गया। उसको लगा कि शुरू से ही वह दीप्ति को गहराई से प्यार करता रहा है। इसी कारण उसके दिल में एक तूफ़ान पैदा हो गया था। यह सोचकर उसका हृदय अकथ्य कोमलता से भर उठा। वह खुशी, उत्साह और पीड़ा से बेचैन होने लगा। दीप्ति उसके लिए पवित्र है। वह उसके लिए

बहुत ऊँची है। वह बहुत ही कोमल है।

यह सब सोचकर वह न मालूम कैसी स्फूर्ति से भर उठा। वह उछलकर खड़ा हो गया। उसकी समझ में नहीं आ रहा था, वह क्या करे। वह धीरे-धीरे कुएँ के पास चला गया और आँगन की कच्ची फ़र्श पर पड़े दो ढेलों को उठाकर कुएँ के भीतर डाल कुछ देर तक झाँकता रहा। डब-डब की ध्वनि हुई। इससे भी जैसे तबीयत न भरी तो एक ओर से कूदकर कुएँ की दूसरी ओर पहुँच गया। यही क्रिया एक बार और की। अन्त में मुस्कराते हुए वह आँगन के बाहर निकल गया।

जिस रोज़ दोनों आँगनों को मिलाया गया, उस दिन दोनों घर में विशेष उत्साह छाया रहा। अपने मामाजी के आज्ञानुसार मोहन सवेरे-सवेरे ही जाकर मिस्त्री को अपने साथ ले आया था। मिस्त्री ने दीवार के बीच से पहले दो-चार ईंटें निकालीं, जिसके बाद उसका काम आसान हो गया। कुछ ही देर में दीवार में एक दरवाज़ानुमा रास्ता खुल गया, जिसमें से एक आदमी आसानी से आ-जा सकता था।

उधर के दो कमरों तथा आँगन का इस्तेमाल करने की छूट मिल गई थी। दोनों कमरे खासे बड़े थे। मुन्नीलाल जी ने गोपाल बाबू से आग्रह किया था कि महाराजिन रख दी गई है, इसलिए वे सभी उनके यहाँ ही भोजन करें, जिसके उत्तर में मुन्नीलाल जी ने कहा, 'इस समय तो ठीक है, जब असुविधा होगी तो देखा जाएगा।' इसके बाद गोपाल बाबू ने घोषणा की कि उनका सौभाग्य है कि मुन्नीलाल जी जैसा पड़ोसी उनको मिला।

मोहन के हाथ में घर की लगभग सारी व्यवस्था थी। पर वह घोर निराशा की स्थिति से गुजर रहा था। उसने अपने हृदय में दीप्ति के प्यार को नकारने की यथाशक्ति कोशिश की थी, पर अब वह स्पष्ट रूप से अनुभव करने लगा था कि वह दीप्ति को प्यार करता है। जितना ही वह इस प्यार को दबाने की कोशिश करता, उतना ही वह प्यार उसके हृदय में गहरी जड़ें जमाता गया। वह सोचता कि दीप्ति उसके कोमल सपने के समान है। पर उसमें कौन-सा गुण है कि वह आकर्षित होगी? शायद वह उसके बारे में कभी सोचती भी न होगी। इसकी क्या सम्भावना थी कि वह उसको प्यार करेगी? उसकी जाति दूसरी थी, फिर वह उसे सदा से असभ्य और गँवार समझती रही है, फिर कोई कारण नहीं कि वह उसकी ओर आकर्षित होगी।

उसको सब कुछ एकदम असम्भव लगता। वह कभी बहुत ही निर्दयतापूर्वक निश्चय करता कि दीप्ति का खयाल मन से निकाल दे। इससे मुन्नीलाल जी और शंकर को भी बड़ा धक्का लगेगा और दोनों खानदानों में एक तहलका मच जाएगा, लेकिन इसके बाद भी दीप्ति का प्यार उसके मन में कचोटता रहता। वह तर्कों के बाँध से उस प्यार को नियन्त्रित करने की चेष्टा करता, पर वह पता नहीं कब उस बाँध को तोड़कर असीम हो जाता। दीप्ति को देखते ही वह ऐसी कोमलता महसूस

करने लगता कि उसको आभास होता कि उसके शरीर में जान ही नहीं है, यद्यपि उसके निकट आने पर वह उसको ठीक से देख भी नहीं पाता। काश, वह उसके मन की हालत जान सकती।

मोहन ने मुन्नीलाल जी के दोनों कमरों की सफाई कराई और धीरे-धीरे उनमें सामान रखवाने शुरू कर दिए। उसने देखा कि इस नई व्यवस्था से मीना बहुत उत्साहित है। वह कई बार मुन्नीलाल जी के घर गई थी और दीप्ति को अपने साथ खींच ले आई थी। इधर दीप्ति की आँखों में एक ऐसी खुशी की चमक दिखाई दे रही थी, जो बहुत दिनों से मोहन ने नहीं देखी थी। उसके पाँव कितनी फुर्ती से पड़ रहे थे। उसके दिल में सहसा कैसा उत्साह मचलने लगा था?

एक दिन दोपहर के भोजन के बाद मोहन मिठाईवाले कमरे में बैठकर एक कॉपी पर नया हिसाब-किताब लिखने ही लगा था कि मीना कमरे में आई। उसके पीछे दीप्ति भी थी। मोहन ने चौंककर देखा। दीप्ति ठिठकी हुई थी। उसके मुख पर एक विचित्र संकोच और शर्म की मुस्कराहट थिरक रही थी। उसके चेहरे पर एक हल्की लाली दौड़ गई थी।

''आओ-आओ,'' मीना भीतर घुसकर दीप्ति का हाथ पकड़कर खींचती हुई बोली, ''भैया, हम लोगों को भी कुछ काम बताइए।''

सहसा मोहन का हृदय इतनी तेजी से धड़कने लगा, जैसे उसका दम ही निकल जाएगा। उसने कल्पना नहीं की थी कि दीप्ति भी उसके पास आएगी। उसने किसी तरह अपने को संयत किया। एक दरी खींचकर उसने मीना के आगे फेंक दी और जब दरी खींचकर दोनों बैठ गईं तो उसने पूछा, ''कैसा काम चाहिए? जिस काम में रुचि हो, वही दिया जाए।''

''चाहे जो काम दीजिए। हम लोग एकदम बेकार हैं। दीप्ति दीदी आकर बोलीं कि हम लोगों को भी कुछ करना चाहिए, लेकिन मेरी समझ में न आया कि कौन-सा काम किया जाए। जो काम दिया जाएगा, वह हम करेंगी। कहिए दीप्ति दीदी?''

दीप्ति ने सिर झुका लिया। मीना का वक्तव्य समाप्त होते-होते उसका चेहरा लाल हो गया। वह जवाब में बचकाने ढंग से धीमे से बोली, ''हाँ।''

''सहायता की जरूरत तो मुझे भी है,'' मोहन गम्भीर परन्तु मृदु स्वर में बोला, ''इन भंडारघरों में मदद की जरूरत पड़ेगी। एक तो हिसाब-किताब को लिखना है। फिर जरूरत पड़ने पर यहाँ से सामान देना है। मुझे सब कुछ देखना पड़ रहा है। बाहर के काम भी कम नहीं हैं। अगर तुम लोग यह काम सँभाल लो तो सचमुच बहुत सहूलियत होगी। और ठीक भी है। आखिर तुम लोग नहीं सँभालोगी तो कौन सँभालेगा? मामी तो दूसरे कामों में फँसी रहती हैं और दूसरा कोई है भी नहीं। बाहर से आए लोगों को यह काम दिया भी नहीं जा सकता। अभी तो भीड़ कम है, लेकिन जब भीड़ बढ़ेगी तो सबको सवेरे-शाम नाश्ता कराना पड़ेगा। खाने-पीने का भी प्रबन्ध

करना पड़ेगा।''

''हिसाब-किताब में मैं बहुत कमजोर हूँ। यह काम दीप्ति दीदी करेंगी।'' मीना हँस पड़ी।

''यहाँ कोई इम्तहान थोड़े देना है।'' मोहन बोला।

इस पर दीप्ति और मीना दोनों हँस पड़ीं। मोहन ने लक्ष्य किया कि इस परिहास से दीप्ति का संकोच भी कुछ कम हो गया। उसने हँसी के दौरान मोहन की ओर एक बार देखा भी। वह भी उसकी ओर देखकर जोर से हँस पड़ा, पर उसने महसूस किया कि उसकी हँसी में कृत्रिमता है। उस हँसी के नीचे उसके हृदय में अजीब ही उथल-पुथल मची हुई थी और उसके शरीर का समस्त रक्त हृदय पर जोर मार रहा था। फिर वह फ़ौरन गम्भीर हो गया और इस गम्भीरता से वह पता नहीं कैसी असहायता का अनुभव करने लगा। पता नहीं कैसी पीड़ा उसके शरीर और मन को ऐंठने लगी। उसने अजीब दृष्टि से दीप्ति को देखा और उसकी दृष्टि की कल्पना पर दीप्ति ने भी उसकी ओर दुबारा देखा। उसने जैसे मोहन के मन के भावों को समझने की चेष्टा की और फिर जल्दी से दृष्टि झुका ली।

''तुम हिसाब-किताब अपने हाथ में ले सकती हो?'' उसने दीप्ति से पूछा।

''हाँ, ले लूँगी।'' दीप्ति ने पहले चौंककर मोहन की ओर देखा, फिर सिर झुकाकर बोली।

''ठीक है,'' मोहन ने खुश होकर कहा, ''इस काम में कुछ तकलीफ़ तो जरूर है। जो कुछ भंडारघर से जाए और जो कुछ इसमें आए—सबका हिसाब लिखना पड़ेगा। लेकिन घबराने की जरूरत नहीं है। सहायक के रूप में मैं तथा मीना तो हैं ही। एक और बात का ध्यान देना पड़ेगा। नाश्ता सबको समय पर मिल जाए। यह बहुत जरूरी है, नहीं तो लोग नाक-भौं सिकोड़ते हैं। हम यही कोशिश करेंगे कि यह काम ठीक से निबट जाए। ठीक है न?'' मोहन रुका और ऊपर दीवार पर इस तरह देखने लगा, जैसे कुछ सोच रहा हो।

दीप्ति और मीना, दोनों उसकी बात ध्यान से सुन रही थीं। दीप्ति क्या कुछ सोच रही थी? क्या वह कभी उसके बारे में सोचेगी? न मालूम कैसी आशा उसके दिल में भरती गई। उसने सोचा कि दीप्ति के योग्य वह बनेगा और उसको तब ऐसा महसूस हुआ कि उसका भाग्य दीप्ति के भाग्य से जुड़ा हुआ है। इन दोनों आँगनों के मिलने का कोई उद्देश्य है जरूर।

ज्यों-ज्यों दिन बीतते गए, घर में मेहमानों की भीड़ बढ़ती गई। मोहन की माँ तथा छोटा भाई चन्दर भी आ गए थे। उसके पिताजी बाद में आनेवाले थे। सारे घर में निरन्तर एक विचित्र हंगामा मचा रहता। सबके उत्साह का अन्त न था।

मोहन के काम बहुत बढ़ गए थे। वह सवेरे उठता तो बारह बजे रात तक फ़ुरसत

पाता। गोपाल बाबू ने अपने हाथ-पैर ढीले कर दिए थे और वह सदा बैठकर किसी से गप्पें लड़ाया करते थे। अनिरुद्ध की अजीब हालत थी। वह यदा-कदा टपक पड़ता और अत्यधिक व्यस्तता प्रकट करते हुए किसी कमी की ओर इशारा करता। वह अक्सर किसी महत्त्वपूर्ण कार्य करते हुए कार्यकर्ता को कोई अत्यधिक महत्त्वहीन काम बता देता। कोई ऊल-जलूल सुझाव दे देता। किसी नौकर-चाकर को अकारण डाँट देता। और अन्त में मोहन के पास आकर उच्चता के भाव से कहता, "मोहन, क्या बात है, बहुत धीरे-धीरे काम हो रहा है? इस ढंग से तो महीनों में कुछ नहीं होगा।"

मोहन जल-भुनकर कोयला हो जाता और 'हूँ' कहकर दूसरी ओर मुँह कर लेता। जिस ढंग से वह काम कर रहा था, उसको देखकर सारा घर उसकी प्रशंसा कर रहा था, पर इन हज़रत को रोब गाँठने से ही फ़ुरसत नहीं। काम-धाम कुछ करेंगे नहीं और रोब गाँठकर ग़ायब होंगे तो घंटों पता नहीं लगेगा। उसकी तबीयत होती कि अनिरुद्ध को झड़प दे, पर वह जान-बूझकर ऐसा नहीं करना चाहता। इस समय उस पर दूसरा नशा सवार था और वह किसी का दिल दुखाना नहीं चाहता था। वह अपने को दीप्ति के योग्य बनाना चाहता था, इसलिए वह नहीं चाहता था कि किसी पर व्यंग्य-बाण छोड़े।

सचमुच दीप्ति की निकटता ने मोहन के जीवन को ही बदल दिया था। वह जिस तरह मेहनत कर रही थो, इसकी उसको कभी भी आशा नहीं थी। किस तरह बदल गई थी वह! वह एक ऐसी प्रकाश-किरण थी, जो अब तक अँधेरे में भटकती रही थी, परन्तु अब उससे निकलकर स्वयं आलोकित होकर उसके मन को आलोकित कर रही थी। मोहन ने उसको दोनों भंडारघरों की चाभियाँ देनी चाही थीं, परन्तु उसने लेने से इनकार करते हुए कहा था कि, 'चाभियाँ आप ही अपने पास रखें।' वह उसकी भावना समझ गया था। परन्तु इसमें कठिनाई थी। वह हमेशा घर में रहता नहीं था और दीप्ति हमेशा थोड़े भंडारघर में रहती? उसने उन तालों की दो-दो चाभियाँ बनवा लीं और उनको दीप्ति के हवाले कर दिया।

"क्या ए बाबू," एक दिन उसकी मामी ने उसको अलग बुलाकर कहा, "उस छोकरी को चाभियाँ क्यों दे दीं? इतना माल उसमें भरा है।"

मामी का मतलब समझकर मोहन को बड़ा क्रोध आया। उसने गम्भीर स्वर में कहा, "मामी, अगर चाहती हो कि मैं इस शादी में भाग लूँ तो आइन्दा ऐसी बात न कहना। यह सुनकर मुझे बहुत दुख हुआ है। जिन लोगों ने अपना घर देकर इतना त्याग किया है, उनके बारे में इस तरह सोचना शोभा नहीं देता। आदमी देखकर बात की जाती है। वह बेचारी तो जी तोड़कर मेहनत करती है और तुम हो कि उसकी नीयत पर ही शक कर रही हो। कोई है हमारे घर में, जो इस क़ायदे से काम कर सके? हर बात का खयाल इस भीड़-भड़ाके में कौन कर सकता है? मीना भी कुछ देर तक उसके साथ रहती है, फिर रफ़ूचक्कर हो जाती है। मैं अधिकतर बाहर रहता

हूँ, भंडारघरों में कोई खास आदमी नहीं रहेगा तो कैसे काम चलेगा? तुम चाहो तो डट जाओ। है फ़ुरसत?''

''नहीं बाबा, मैं वहाँ जम जाऊँ तो और काम कौन देखेगा? मैं उसकी नीयत पर शक नहीं करती। अरे, मैंने सोचा कि अपने और बेगाने में फ़र्क़ होता ही है।''

''तुम लोग अपना चित भी रखना चाहती हो और पट भी। तुम लोग यह भी चाहोगी कि बेगाना अपने की तरह काम करे और जब वह इस तरह काम करेगा तो उस पर विश्वास भी नहीं करोगी। मेरी तो समझ में नहीं आता कि वह क्या उन सामानों को उठाकर अपने घर में रखवा लेगी? मैंने यह कल्पना भी नहीं की थी कि तुम इस तरह सोचोगी। पर मैं यह कहे देता हूँ कि अगर किसी ने उसके खिलाफ़ कुछ कहा तो बस तुम मुझको न पाओगी।''

''अरे, तुम तो बात का बतंगड़ बना रहे हो। मैंने यह कहाँ कहा कि वह अपना घर भर लेगी। अरे, मैंने एक बात कही थी। अगर तुमको बुरी लगती है तो बस नहीं कहूँगी। यही न? अब खुश?''

मालती की बात के जवाब में मोहन ने अपना मुँह फेर लिया। वह अपनी मामी का मनोविज्ञान समझता था। एक तो वह दीप्ति से नाराज रहती थीं, क्योंकि उनकी लड़कियों की तुलना में वह अधिक फ़ैशन और आज़ादी से रहती थी। फिर औरतें अपने और पराए के प्रति बहुत ही सजग रहती हैं। उनकी सत्ता में कोई भी दखल देता है तो शंकालु हो जाती हैं। मामी स्वयं देख रही थीं कि पहली की दीप्ति और आज की दीप्ति में ज़मीन-आसमान का फ़र्क़ है, परन्तु उनको बर्दाश्त नहीं था कि उनकी गृहस्थी की व्यवस्था में किसी दूसरे घर और जाति की लड़की दखल दे! इसके अलावा उनमें सम्भवतः ईर्ष्या का भी भाव था और ईर्ष्या के मामले में सम्भवतः औरतें उम्र का खयाल नहीं करतीं।

दीप्ति ने सचमुच अद्भुत होशियारी और कर्मठता का परिचय दिया था। वह सवेरे ही भंडारघर में जम जाती। उन दोनों घर की वह हाथ से सफ़ाई करती। मोहन ने कई बार उससे कहा कि इतने नौकर-चाकर आए हैं बाहर से, वह उनसे काम ले लिया करे, पर वह ऐसा नहीं करती। वह सबको समय से नाश्ता करा देती। यह बहुत झंझट का काम था। कोई समय से उठता नहीं था। किसी को तड़के उठने की आदत थी और कोई धूप चढ़ने पर उठता। परन्तु सात बजे वह सबके पास नाश्ता पहुँचवा देती। शाम को भी उसने पाँच बजे का समय निश्चित कर लिया था। इसमें देर न होती थी और उसके पहले वह जान-बूझकर व्यवस्था नहीं करती थी।

इसके अलावा दिन भर आटा, मैदा, बेसन, चावल, दाल, घी-तेल वग़ैरह की ज़रूरत पड़ती। दीप्ति उनको तौलकर देती। यह बहुत ही परिश्रम और ज़िम्मेदारी का काम था। अक्सर नौकर-चाकर भी आते तो स्वयं न तौलते और टुकुर-टुकुर देखते रहते। दीप्ति स्वयं तौलने लगती। मोहन का पहले इस पर ध्यान नहीं था। परन्तु एक

रोज़ जब वह आया तो उसने देखा कि गोपाल बाबू के गाँव का नौकर रामचरना चौखट के बाहर बैठा था और दीप्ति घर में बेसन तौल रही है। बार-बार बेसन निकालने में उसके बालों और मुँह पर बेसन की पर्त छा गई थी। उसको रामचरना पर बहुत गुस्सा आया।

"क्यों रे, यहाँ तुझे भोटइनी छा गई है? तुम लोग यहाँ आकर कोई काम ही नहीं करना चाहते। खाली शक्ल दिखाने आए हो। क्या तुम तौल नहीं सकते थे? तुम्हें शर्म नहीं आती?" मोहन ने उसको फटकारा।

"बाबू जी, क्या करूँ, बिटिया देती ही नहीं। अपने लेकर बैठ गईं। हम तो काम करने आए ही हैं माई-बाप।" रामचरना गिड़गिड़ाकर बोला।

"चलो, तौलो खुद। आइन्दा तुम लोगों को ऐसी हरकत करते देखा तो समझ लेना।"

"अब तो हो ही गया है। मैं तौल देती हूँ।" दीप्ति ने मृदु स्वर में कहा।

"नहीं, तुम उठ जाओ।" दीप्ति की मीठी आवाज़ सुनकर मोहन बहुत ही कोमल बात कहना चाहता था, परन्तु उसके आश्चर्य का ठिकाना न रहा कि उसकी आवाज़ बहुत ही कर्कश और क्षोभजनक थी। जब दीप्ति वहाँ से उठकर पास ही में खड़ी होकर आँचल से अपने मुँह की गर्द और पसीना पोंछने लगी तो मोहन अपने को बुरी तरह धिक्कार रहा था। उसकी आवाज़ में दीप्ति को कितनी चोट पहुँची होगी! वह कितना गँवार और असभ्य है!

जब रामचरना चला गया तो वह वहीं एक ओर बिछी दरी पर बैठकर कापी पर चढ़ाने लगी कि कितना बेसन गया है। उसका मुँह झुका हुआ था और उसके होठों पर एक अनजान क्षीण मुस्कराहट जैसी ठिठक गई थी। मोहन भी वहीं एक बोरे पर बैठ गया। उसको अचम्भा हो रहा था कि कैसे वह इतना परिश्रम कर रही थी। वह उसका कितना कृतज्ञ था! अपने इस परिश्रम, कर्तव्यपरायणता, स्वार्थरहित सेवाभाव और लगन से वह उसके कितना निकट आ गई थी! सहसा उसको लगा कि केवल उसका खयाल करके ही वह इतना काम कर रही है। मैं उसका अत्यधिक आदर करता हूँ, मैं उसको प्यार करता हूँ, सम्भवतः यह बात वह जानती है, इसलिए कृतज्ञतावश वह ऐसा व्यवहार कर रही है।

उसका मन असीम प्यार और करुणा से भीगता गया। वह उसकी प्रशंसा में एक-दो शब्द कहना चाहता था। दरअसल उसको एक बार भी हिम्मत नहीं हुई थी कि वह उसकी प्रशंसा करे। वह कहना अवश्य चाहता था, परन्तु जब वह उसके पास आता तो वह कोई दूसरी ही बात करने लगता। वह मुस्कराना चाहता था; पर उसका मुख और स्वर बेहद गम्भीर हो जाता। उसका अपना यह व्यवहार उसकी समझ में नहीं आता। उसे बहुत ही क्षोभ होता। वह बार-बार निश्चय करके जाता कि वह उससे देर तक बातचीत करेगा और उससे कोमलता से पेश आएगा, परन्तु उसके

सामने आने पर उसका निश्चय बालू की दीवार की तरह ढह जाता।

वह बेसन का हिसाब लिख चुकी थी, परन्तु सम्भवतः मोहन की उपस्थिति के कारण वह कापी उलट-पुलट रही थी, जैसे उसको कुछ समझना बाकी हो। उसके मुख पर वैसा ही भाव उभर आया था। साथ ही उसने गौर किया कि उसका चेहरा कुछ लाल भी हो गया है। क्या वह उसके बारे में ही सोच रही है? मोहन का हृदय तेज़ी से धड़कने लगा।

"बहुत मेहनत करनी पड़ रही है न?" मोहन ने काँपते स्वर में पूछा। पता नहीं उसका कंठ कैसे इतना मृदु हो गया था। अपनी इस कोमलता से वह स्वयं शरमा गया था और उसकी ओर देखने के बजाय सामने दीवार पर देखकर मूर्ख की तरह मुस्कराने लगा।

उसने अनुभव किया कि दीप्ति ने सिर उठाकर उसकी ओर देखा था। उसकी आँखों में क्या है, यह जानने के लिए छटपटाते हुए भी मोहन की दृष्टि दीवार पर बँधी रही।

"नहीं, मुझे तो बहुत अच्छा लगता है।" मोहन ने अनुभव किया, उसका स्वर काँप उठा था। उसने चौंककर उसकी ओर देखा था। वह मोहन की ओर ही देख रही थी। उसकी आँखों में कैसी चमक थी! जैसे वह उन आँखों से कुछ कह रही हो। मोहन का हृदय जैसे उमड़ने लगा। उसको लगा जैसे उसका मन मोम की तरह पिघल रहा हो।

और पता नहीं उसे क्या हो गया कि वह अपना सारा शर्म-संकोच त्यागकर बिना कुछ समझे-बूझे ही होठों में भुनभुनाया, "मैं इसको कभी भी भूल नहीं पाऊँगा।" फिर सहसा उठकर उसकी ओर देखे बिना लड़खड़ाते कदमों से बाहर निकल गया।

बाहर निकलकर उसको अपने व्यवहार पर बड़ा आश्चर्य हुआ। वह अपनी भावनाओं से इतना अभिभूत हो गया था कि उसे ऐसा लगने लगा कि उसने दीप्ति के सामने अपने हृदय का ही प्रेम प्रकट कर दिया हो। उसको भय हुआ कि शायद वह बुरा मान गई हो। इसी वजह से दूसरे दिन वह दीप्ति से कतराने लगा। उसकी ओर वह न देखता, दीप्ति भी उससे कतरा रही थी। कभी-कभी उसको ऐसा लगता कि वह उसकी ओर देख रही है। वह उसकी आँखों में देखना चाहता है। कभी-कभी उसकी इच्छा होती कि उसके हाथ को पकड़ ले और कहे कि 'तुमसे प्रिय मेरा कोई भी नहीं है। तुम मेरी हो। पता नहीं कबसे मैं तुमको प्यार करता हूँ।' उसका हृदय उमड़ने लगता। किन्तु बाद में अपने इस विचार से उसको लज्जा होती। वह सोचता कि वह कितना बेवकूफ है कि अपनी भावनाओं के कारण सोचता है कि दीप्ति उसको प्यार करती है। यह कैसा भ्रम है उसका!

इसके बाद उसने गौर किया कि दीप्ति कुछ उदास रहने लगी है। उसकी आँखें झुकी-झुकी रहतीं और उसका मुँह असाधारण रूप से गम्भीर रहता। उसको इस रूप

में देखकर मोहन बेचैन हो उठता। आखिर उसको क्या तकलीफ़ है? क्या उसकी तबीयत ठीक नहीं है? क्या घर में किसी ने उससे कोई बात कही है? या इतनी मेहनत करने से उसके शरीर पर बुरा असर पड़ रहा है, जिसको वह लज्जा और कर्तव्यवश नहीं बता रही हो। यह सब सोचकर मोहन को बहुत पीड़ा हुई।

एक रोज़ वह दोपहर को भंडारघर में दरी पर चुपचाप लेटी थी। लू चलने लगी थी। खाने-पीने के बाद घर का शोर-गुल कमरों में बन्द हो गया था। चारों ओर सन्नाटा-सा था। मोहन जब दरवाज़े पर आकर खड़ा हआ तो दीप्ति चौंक उठी। वह हड़बड़ाकर खड़ी हो गई।

''उठने की क्या ज़रूरत है? मैं अभी चला जाता हूँ।'' यह कहकर मोहन चावल के एक बोरे पर बैठ गया।

वह बैठी नहीं बल्कि खड़ी रही। उसने न मालूम कैसे विश्वास के भाव से मोहन की ओर देखा। मोहन की छाती पर न मालूम कैसी करुणा का जल लहराने लगा।

''बैठने में कोई नुकसान है क्या?'' मोहन ने शिष्ट स्वर में कहा।

वह मुस्कराकर मोहन की ओर देखती हुई बैठ गई। फिर सिर झुका लिया।

''इतनी मेहनत ठीक नहीं दीप्ति। कुछ आराम भी करना चाहिए। ऐसी मेहनत से तबीयत खराब हो जाएगी। किसी और औरत को यहाँ कर दूँ? गाँव की एक मिसिराइन जी भी आई हैं। यह फालतू हैं, क्योंकि खाना बनाने के लिए पहले से ही यहाँ महाराजिन काम कर रही हैं। वह खुशी-खुशी यहाँ का काम सँभाल लेंगी। तुमको कोई तकलीफ हो तो आराम करो। मैं कितना बेवकूफ हूँ कि जो व्यक्ति कुछ भी नहीं बोलता, उससे सबसे अधिक काम ले रहा हूँ।'' पता नहीं मोहन कैसे इतना कह गया।

''मुझे तो कोई तकलीफ नहीं। बेकार में बैठकर क्या करूँगी?'' फिर रुककर कहा, ''आप जिसको चाहे रख दें।''

''फिर इतना उदास रहने की जरूरत क्या है। मैंने सोचा कि तुम्हारी तबीयत ठीक नहीं है।'' मोहन का मन अपनत्व से भींग गया।

''उदास कहाँ हूँ? तबीयत तो ठीक है।'' दीप्ति के स्वर में संयम था, पर उसने सिर उठाकर नहीं देखा।

मोहन पर न मालूम कैसा नशा सवार हो गया। वह बोला, ''कभी-कभी दूसरे कारणों से भी तबीयत उदास हो जाती है, परन्तु तुमको छिछले लोगों की बातों को महत्त्व नहीं देना चाहिए। यहाँ कई किस्म की औरतें हैं, कोई कुछ कह भी सकता है, लेकिन इसकी परवाह नहीं करनी चाहिए। और कोई खास बात हो तो मुझसे फौरन कहना चाहिए। इनमें से कई ऐसी हैं जो गप्प और डींग मारने तथा घमंड प्रदर्शित करने में ही अपना समय नष्ट करती हैं, परन्तु यह सच्चाई का रास्ता नहीं है। तुम जिस रास्ते पर हो, वही श्रेष्ठ मार्ग है। वह अन्धकार का नहीं बल्कि प्रकाश का मार्ग

है। तुमने मेरी आँखें खोल दी हैं...।''

मोहन सहसा चुप हो गया। उसको ऐसा महसूस हुआ कि वह व्यर्थ की बकवास कर रहा है। दीप्ति ने पहले उसको आँखें फाड़-फाड़कर देखा। फिर उसके मुख पर कुछ रेखाएँ सिमट आईं। अन्त में उसकी आँखों से टप-टप आँसू गिरने लगे। इन आँसुओं को रोकने के लिए उसने आँचल में अपना मुँह छिपा लिया, और जब इस पर भी उसकी रुलाई न रुकी तो वह उठकर कमरे से तेज़ी से निकल गई।

शादी की तिथि में दो-तीन दिन ही रह गए थे। सारा घर एक अनियमित जोश से संचालित हो रहा था। किसी के सम्बन्ध में किसी को सोचने की जरूरत नहीं थी। सभी की गति एक जैसी थी। सभी चीखते-चिल्लाते थे। सभी दूसरों को उपदेश देते थे। सभी दूसरों पर बिगड़ते थे। परन्तु कोई किसी बात का बुरा नहीं मानता था। उनकी हालत उस बरसाती नदी की तरह थी, जो तेज़ी से हरहराती, समुद्र से मिलने के लिए दौड़ पड़ती है।

मोहन पर एक भूत सवार था। उसको काम करने और सोच-समझकर व्यवस्था करने में मजा आने लगा था। उसके उत्साह और जोश का अन्त नहीं था। उसके अन्य सहयोगी भी थे। शंकर और कमल उसके साथ जुटे हुए थे। इसके अलावा अनिरुद्ध भी था, जो काम करने से अधिक उसमें अड़ंगा पैदा करने की कोशिश करता। इसके अलावा गोपाल बाबू के गाँव के चार-पाँच उत्साही नौजवान और छह-सात नौकर थे। ये सब जी-जान से मेहनत कर रहे थे। सभी शिकायतें एवं फरमाइशें मोहन के पास ही आतीं। मंडप के लिए सुतली नहीं है, रिश्तेदारों के लिए स्नान की व्यवस्था करानी है, नाई के घर पर किसी को भेजना है, ये सभी सूचनाएँ उसके पास ही आतीं। सभी औरतें 'ए मोहन बाबू', 'ए मोहन बाबू' किए रहतीं। वह कभी पागल की तरह बाहर जाता और कभी भीतर।

परन्तु इस भीड़-भक्कड़ में भी दीप्ति का प्यार सदा उसके हृदय में एक हल्की, लुभावनी और सुखमयी फुहार भरती रहती। उसको लगता कि उसका सारा उत्साह दीप्ति के कारण ही था। वह स्वयं इस तरह जी तोड़कर मेहनत कर रही थी और उससे मोहन को इतना ढाढ़स एवं सन्तोष होता कि उसने अपने आराम का खयाल एकदम छोड़ दिया था। कभी-कभी वह बाहर से थका-माँदा आता तो पीठ सीधी करने के लिए चारपाई पर लेट जाता। लेकिन दीप्ति की मेहनत को याद करके वह उठ खड़ा होता और इधर-उधर दौड़ने लगता।

उस दिन जब दीप्ति कमरे से रोती हुई बाहर निकल गई थी तो वह बहुत डरा था। उसने उससे जो बातें कही थीं, उसके लिए वह अपने से घृणा करने लगा। आखिर उसने क्यों उससे फिर मूर्खतापूर्ण बात कही थी? वह क्यों उसकी तारीफ करने गया? वह तो पहले बोलता ही न था और जब मौका मिला तो वह उसको उपदेश

देने लगा और उसके गुणों की तारीफ करने लगा। वह उसकी कैसी तुच्छता थी! क्या वह उसकी इस तारीफ के लिए भूखी थी? उसके इस व्यवहार से कहीं उसके दिल को चोट न पहुँची हो।

परन्तु बाद में वह कुछ दूसरा ही सोचने लगता। वह उसी तरह काम कर रही थी और उसके व्यवहार में कुछ भी परिवर्तन नहीं हुआ था। बल्कि इधर कुछ दिनों से जो उदासी उसके मुख पर दिखाई देती थी, उसका अब पता नहीं था। उसके मुख पर सदा एक स्वाभाविक सन्तुष्टि एवं प्रफुल्लता बनी रहती। परन्तु मोहन से दृष्टि मिलते ही वह झट अपनी दृष्टि घुमा लेती। उसके मन में क्या है, इसको जानने के लिए मोहन बेचैन हो उठता। लेकिन उसको पूछने का कुछ साहस नहीं होता था। वह बार-बार अपने मन को मनाता था कि दीप्ति उसको प्यार करती है, लेकिन यह मानने को उसका मन तैयार ही न होता। वह निराशा में डूबने लगता और इस निराशा में वह सोचता कि उसमें कोई गुण ही नहीं है और तब यह निश्चय करता कि वह दीप्ति के सामने कभी भी अपने दिल का भाव प्रकट नहीं करेगा। वह अपने माँ-बाप की लाड़ली लड़की है। वे लोग सभी उसका कैसा विश्वास करते हैं। अगर उनको मालूम हो गया कि मोहन दीप्ति को किस दृष्टि से देखता है तो वे क्या सोचेंगे! उनके मन को कितना बड़ा धक्का लगेगा।

इसके बाद मोहन ने दीप्ति का खयाल अपने दिल और दिमाग से निकालने की कोशिश की। परन्तु इसका परिणाम ठीक विपरीत हुआ। बल्कि उसका प्यार और बढ़ गया। उसको अब महसूस होने लगा कि दीप्ति उसके रोम-रोम में बसी हुई है। उसकी मीठी बोली, उसकी आँखें, उसके कोमल हाथ, उसकी निःशब्द चाल, उसकी मुस्कराहट, उसकी पूरी कोमल देह उसके अन्तर में जैसे डोलने लगती और वह बेहद व्याकुल हो उठता।

ऐसे ही खयालों के ज्वार-भाटा में मोहन भूलने लगा था। वह बहुत गम्भीर हो जाता। उसको कोई जरूरी सामान रखवाने या उठवाने के लिए भंडारघर में जाना होता। पर वह दीप्ति की ओर न देखता और न उससे बोलता। उसका हृदय न मालूम कैसे दुख से भरा रहता।

एक दिन वह सुबह ही भंडारघर में आया। उसके साथ रामचरना था, जो एक बड़ी दरी तथा दो लौकियाँ लिए हुए था। ये चीज़ें गोपाल बाबू के किसी मित्र ने भिजवाई थीं। रामचरना से मोहन ने सामान रखवाए, फिर वह चलने को हुआ। दीप्ति वहाँ बैठी नाश्ते की प्लेटें सजा रही थी।

"इन लौकियों की आज ही तरकारी बनेगी न?" दीप्ति ने मधुर स्वर में पूछा।

"हाँ।"

इतना कहकर मोहन रुका रहा कि दीप्ति शायद कुछ और पूछे। लेकिन इसके बाद दीप्ति की कोई आवाज सुनाई नहीं पड़ी। दीप्ति की इस संक्षिप्त बात का मोहन

पर आश्चर्यजनक असर हुआ। बात उसने कोई महत्त्वपूर्ण नहीं पूछी थी, परन्तु उसके कंठ-स्वर ने उसमें असीम आशा का भाव भर दिया था। मोहन की सभी आत्महीनता एवं निराशा देखते ही देखते समाप्त हो गई। उस कोमल कंठ से उसको ऐसा लगा कि दीप्ति केवल उसकी है। उसने जो यह निश्चय किया था कि वह दीप्ति से अलग रहेगा, वह सहसा धराशायी हो गया। उसको ऐसा लगा कि कोई भी शक्ति दीप्ति को उससे अलग नहीं कर पाएगी। उस दिन उसकी एक बात से वह रो पड़ी थी, जिससे वह डर गया था। इसी डर की वजह से उसने दीप्ति से अलग रहने की प्रतिज्ञा की थी। किन्तु दीप्ति की कोमल वाणी ने उसके अवरुद्ध मन को गति प्रदान कर दी थी। उसका प्यार दूने वेग से उसके हृदय और रक्त में तरंगित होने लगा था।

उसने सहसा घूमकर दीप्ति की ओर प्यार से देखा। यह साहस उसको कैसे हुआ, यह स्वयं ही वह नहीं जानता था। दीप्ति की दृष्टि भी उसी की ओर थी। उसने भी अप्रत्याशित साहस के साथ मोहन की ओर देखा। मोहन समझ नहीं पाया कि उसकी आँखों में क्या है। शायद कृतज्ञता थी। या शायद अपनत्व का भाव था। या शायद कुछ भी न था। दो-चार क्षण ऐसी ही हालत रही। फिर दीप्ति के मुख पर एक सूखी-सी क्षीण मुस्कराहट खिंच आई। और तब उसने सिर झुका लिया।

"क्या हाल-चाल है। अब ठीक है?" मोहन सहसा कुछ न समझते हुए सहसा दरी पर बैठ गया।

"हाँ।" दीप्ति का संक्षिप्त उत्तर था।

"मीना अब नहीं आती यहाँ?"

"आई तो थीं अभी। कुछ नाश्ते ले गई हैं।"

"तुम सजाओ प्लेटें। मैं पहुँचा देता हूँ।"

"नहीं। कोई मुश्किल काम नहीं।" दीप्ति ने उसकी ओर कुतूहल भाव से देखा, जैसे वह जानना चाहती हो कि और दिन तो वह नहीं आता था, आज ही क्या बात हो गई कि वह ऐसा प्रस्ताव कर रहा है।

"सारी तारीफ अकेले लूटने की तबीयत है?" उसने मूर्ख की तरह हँसकर दीप्ति की ओर देखा। वह भी मोहन की ओर देखकर उसी तरह हँस पड़ी। परन्तु वह कुछ बोली नहीं।

सहसा मोहन गम्भीर हो गया और उठ खड़ा हुआ, जैसे उसको इससे अधिक कुछ भी नहीं चाहिए।

"अच्छी बात है," यह कहकर वह उसी गम्भीरता से कमरे से बाहर निकल गया।

मोहन बहुत ही प्रसन्न था। उसको अब भी विश्वास नहीं था कि दीप्ति के सामने उसने साहस के साथ अपनी आँखों से अपना प्यार प्रकट किया था। यह सब कैसे हो गया? यह सब उसके अनजान में न चाहते हुए हो गया। उसे लगा जैसे उसके

जीवन के सूत्र किन्हीं अन्य शक्तियों द्वारा संचालित हो रहे हैं। उन पर उसका कोई वश नहीं। वह उसकी ओर देखकर किस तरह हँस पड़ी थी। पूर्ण विश्वास की हँसी। उसका हृदय कितना सरल है। किसी मिष्टान्न के स्वाद की तरह उसकी बातों ने उसको अपरिसीम सन्तुष्टि एवं मृदुलता से भर दिया था।

परन्तु इधर वह एक नई बात देख रहा था। अनिरुद्ध को वह अक्सर लड़कियों के बीच में पाता। पहले तो वह लगभग गायब ही रहता था, लेकिन अब तड़के ही वहाँ पहुँच जाता और दिन भर बना रहता। काम-धाम करने के प्रति उसकी वैसी ही सराहनीय गति थी। वह सबको काम तथा हिदायत देने से न चूकता, परन्तु खुद कोई सामान इधर-उधर से कर दे, यह असम्भव था। कोई काम उससे कहा जाता तो वह दूसरों को दौड़ा देता। वह चूँकि बड़ा था इसलिए कुछ न करते हुए भी वह मोहन पर रोब झाड़ने की कोशिश करता। मोहन ने कई बार उसको भंडारघर में या भंडारघर के आस-पास मँडराते हुए देखा। वह किसी से भी बातें करता होता, उसकी नज़र दीप्ति की ओर होती। मोहन उसकी दृष्टि से जल-भुनकर कोयला हो जाता। भंडारघर में पहुँचकर दीप्ति से बातें करते हुए मोहन ने उसको कई बार देखा था। वह दीप्ति को व्यवस्था-सम्बन्धी बातें समझाते हुए घूरता जाता।

सबसे आश्चर्य की बात यह थी कि अनिरुद्ध के साथ कुछ अन्य लड़कियों की भी भीड़ भंडारघर में होने लगी।

"चलो भाई, शर्बत पिएँ।" अनिरुद्ध बाहर से भीतर आते ही कहता।

"हाँ, ए चाचा।" मीना ने खुशी से कहा।

वे भंडारघर में पहुँच जाते और वहीं बर्फ़ मँगवा लेते। और सामान भी आ जाते। कुछ तो वहीं थे। फिर वे हल्ला-गुल्ला करते हुए शर्बत पीते। अनिरुद्ध इसी समय कोई मजाक की बात कह देता और सभी खिलखिलाकर हँस पड़ते। मोहन को बड़ा गुस्सा आता। इस गोल में वे दीप्ति को भी शामिल कर लेते। दीप्ति उनके बीच जाकर बहुत प्रसन्न दिखाई पड़ती। इससे मोहन को ईर्ष्या होती। अनिरुद्ध जैसे निकम्मे व्यक्ति के साथ दीप्ति खुश नज़र आए, वह उसको बहुत ही अस्वाभाविक एवं अनुचित बात लगती। पर इसका कारण शीघ्र ही ज्ञात हो गया। एक तो अनिरुद्ध देहाती बोलियों और मुहावरों को खड़ी बोली के वाक्यों में फिट करके बोलते, जिससे लड़कियाँ हँसने लगतीं। इसके अलावा वह उनको भूत के किस्से सुनाया करता। ये किस्से ही नहीं होते, बल्कि उसके अनुभव होते, जब उसने वास्तव में भूत और चुड़ैल देखी थी। भूत कैसा होता है और चुड़ैल कैसी होती है, इसका अन्तर वह विस्तारपूर्वक बताता।

पर मोहन को यह देखकर बड़ा गुस्सा आता था कि अनिरुद्ध की नज़र दीप्ति पर ही लगी रहती, जिसका अर्थ भी स्पष्ट था। दीप्ति की दृष्टि जब उसकी दृष्टि से टकराती तो वह संकुचित हो जाती। इससे मोहन को कुछ सन्तोष होता। पर फिर

उसके हृदय में एक अनजान ईर्ष्या और क्रोध सदा बना रहता। उसको दीप्ति पर भी क्रोध आता। वह क्यों इस दल में शामिल होती है?

अब मोहन का मन सदा एक कड़वाहट से भरा रहता। अनिरुद्ध से तो उसको घृणा हो गई थी। वह सदा इसी उधेड़बुन में रहता कि अनिरुद्ध को किस तरह से यहाँ से हटाया जाए।

तीसरे पहर का वक्त था। मोहन जब भंडारघर की तरफ आया तो उसने देखा कि अनिरुद्ध बोरे पर बैठा है और दीप्ति दरी पर बैठी सिर झुकाए कॉपी पर कुछ लिख रही है। मोहन की आहट सुनकर दोनों ने चौंककर देखा। दीप्ति कुछ मुस्कराई थी। मोहन के तन-बदन में आग लग गई।

मोहन को देखकर अनिरुद्ध उठ खड़ा हुआ और अधिकारपूर्वक बिगड़कर बोला, "क्यों मोहन आखिर क्या मजाक है? यह बेचारी इतना काम करती है और यहाँ पर एक सुराही पानी भी नहीं है? आखिर प्यास लगे तो दूसरे के कमरे में जाए तब न पानी पिए? तुम्हारा काम भी सब गड़बड़ होता है।"

मोहन जल-भुन गया। वह कुछ देर तक उसको घूरता रहा। फिर व्यंग्यपूर्वक बोला, "ऐसी महत्त्वपूर्ण समस्या की ओर ध्यान आकर्षित करने के लिए धन्यवाद! आपकी चिन्ता से ही तो इस घर का सारा काम होता है।"

"शर्म नहीं आती तुमको इस तरह बात करते हुए? जबान लड़ाते हो?" अनिरुद्ध का मुँह अचानक गुस्से से विकृत हो गया।

"चाहे जो समझ लीजिए।" मोहन अपने होश में नहीं था।

"अच्छा तो यह बात है? देखता हूँ भैया-भौजी ने तुमको सिर पर चढ़ा लिया है। एक तो कोई काम न करोगे और कोई कुछ कहेगा तो आँखें दिखाओगे।"

"आप जो करते हैं, आपको ही मुबारक।"

"अरे बच्चू, मैं न रहता तो पता लगता। चार बार रिक्शे पर घूम आते हो तो अपने तो तीसमार खाँ समझने लगते हो। चार दिन के छोकरे हो, पर अभी से अपने को बहुत लगाने लगे हो। मैं भी तो यहीं रहता हूँ न। न किसी बात का ढंग है, न किसी बात की समझ। सब देखता रहता हूँ। सवेरे से शाम तक काम में डटा रहता हूँ तो यह न समझना कि मेरी नज़र और बातों की ओर नहीं।"

मोहन समझ गया कि दीप्ति के सामने वह डींग मार रहा है। ईर्ष्या और गुस्से से उसका दिल जल रहा था। उसने दृढ़ स्वर में कहा, "आप क्यों नहीं काम करेंगे? मैं तो इसको खुद मानता हूँ। आप मुझे मेहनती समझें, यह शौक मुझे कभी नहीं रहा। मैं माने लेता हूँ कि आप ही की वजह से यहाँ की सारी व्यवस्था चलती है। बस! अब आगे आपको क्या कहना है?"

मोहन के तेवर बदले देखकर अनिरुद्ध एक क्षण के लिए सहमा। फिर अचानक हाथों को नचाकर गरजने लगा, "क्या मतलब तुम्हारा? तुम्हारी यह हिम्मत कि इस

तरह बोलो? तुम मेरा अपमान करना चाहते हो? तुम किस खेत की मूली हो? तुम्हारी हैसियत ही क्या है? दूसरे के आश्रय में रहते हो तो पर निकल आए हैं? मैं शुरू से देख रहा हूँ कि तुम मुझको फूटी नजर से भी देखना नहीं चाहते। अच्छी बात है। पानी में रहकर मगर से बैर करता है? देख लूँगा।''

मोहन चुपचाप उसको देख रहा था। वह समझ गया कि दीप्ति के सामने अपमानित होने के कारण वह इतना बिगड़ गया था। निस्सन्देह अनिरुद्ध इसके प्रति अत्यधिक सतर्क रहता है कि वह पद में मोहन से बड़ा है और गोपाल बाबू का भाई है। अपनी ओर से वह चाहे जैसी गैर-जिम्मेदारी की बात करे, परन्तु जहाँ उसे आभास होता कि मोहन उससे उपयुक्त आदर भाव से नहीं बोल रहा है, तो वह बहुत बुरा मान जाता। कई साल फेल होने तथा अकर्मण्यता-जन्य डींग मारने की आदत के कारण उसमें एक हीनता-ग्रन्थि थी, जिससे वह आसानी से अपमानित हो जाता था। एक और भी कारण था। दीप्ति आदि के सामने उसने यह डींग मारी थी कि वहाँ की सारी व्यवस्था के सूत्र का संचालन वही करता है। इसीलिए जब मोहन उसको चुनौती देता-सा लगा तो वह अपनी प्रतिष्ठा की रक्षा में एकदम बिगड़ गया। और शायद एक और कारण भी था। चूँकि मोहन उसकी असलियत को जानता था, इसलिए उसको वहाँ देखकर उसको शंका हुई थी कि वह उसके इस रहस्य को ताड़ गया है कि वह यहाँ दीप्ति के लिए ही आया है। इसीलिए उसके क्रोध की पराकाष्ठा न थी। जो हो, इस क्रोध से मोहन को प्रसन्नता हुई, जैसे उससे घृणा करने का उसे उचित अधिकार मिल गया हो। जैसे दीप्ति के सामने यह प्रकट हो गया हो कि कौन तुच्छ है और कौन श्रेष्ठ।

अनिरुद्ध वहाँ से क्रोध में जाने लगा तो मोहन ने टोका, ''रुकिए।''

''क्या रुकिए-रुकिए करता है,'' अनिरुद्ध गरज पड़ा।

मोहन ने कड़े और रूखे स्वर में कहा, ''देखिए जो गलती करता है, वह बहुत जल्दी बिगड़ जाता है। आप मुझसे बड़े हैं, लेकिन इस तरह चिल्लाना आपको शोभा नहीं देता। आप बहुत काम करते हैं या नहीं करते हैं इससे मुझे कुछ लेना-देना नहीं है। मैं अगर कुछ काम करता हूँ तो इसलिए नहीं कि आपको नीचा दिखाऊँ। मैंने तो कभी नहीं कहा कि आप ऐसा क्यों करते हैं या क्यों नहीं करते हैं। मैं तो हमेशा आपसे दूर रहने की कोशिश करता हूँ, लेकिन आप ही मुझसे दोस्त की तरह व्यवहार करने लगते हैं, अपने व्यक्तिगत जीवन की बातें बताने लगते हैं। मैं जानता हूँ कि आपसे मेहनत नहीं हो सकती, इसीलिए आप बहुत डींगें मारते हैं। आप हर व्यक्ति को, चाहे वह स्त्री हो या मर्द, खामखाह अपने रोब में लेना चाहते हैं। खैर, यह आपकी रुचि है, इसमें मेरी कोई दिलचस्पी नहीं है। इसमें कोई शक नहीं कि मैं अपने माँ-बाप के साथ नहीं पढ़ रहा हूँ, पर मैं अपने-आप यहाँ नहीं आया हूँ। मामा जी मुझको यहाँ ले आए हैं और वह मुझको बहुत प्यार भी करते हैं—अपने बेटे से भी अधिक।

हाँ, जिस दिन मामा जी आपकी ही तरह कोई बात कह देंगे तो वह मेरे लिए शर्म की बात होगी और तब मुझे आप यहाँ देखेंगे भी नहीं। हाँ, मैं एक और प्रार्थना आपसे करूँगा। जो घर के अन्दर काम-धाम हो रहा है, उसमें आप बेकार में टाँग न अड़ाएँ; उससे अव्यवस्था फैलती है। शादी का समारोह खत्म होने पर आप जो चाहें करें।''

मोहन सहसा चुप हो गया। अनिरुद्ध पहले उसकी ओर आँखें फाड़कर देखता रहा, जैसे मोहन की बातों पर उसे विश्वास न हो रहा हो। फिर उसका मुँह लाल हो गया। गुस्से से हकलाते हुए वह बोला, ''अच्छा, तो यह बात है? मैं हरामी का बच्चा होऊँगा कि कभी इस घर में पैर रखूँगा। या तो भैया-भौजी का तुमसे ही सम्बन्ध रहेगा या मुझसे ही...।'' वह तेज़ी से हाथ फेंकते हुए निकल गया।

मोहन कुछ देर तक उधर ताकता रहा। फिर दीप्ति की ओर उसने देखा। दीप्ति के मुँह पर न मालूम कैसी कालिमा फैल गई थी। वह मोहन को डरी-डरी दृष्टि से देख रही थी।

मोहन ने कुछ आगे बढ़कर कोमल किन्तु दृढ़ स्वर में कहा, ''डरने की बात नहीं है। ऐसे लोग इसी योग्य होते हैं। ऐसे लोगों से हमेशा दूर रहना चाहिए। ये लोग कभी भी अच्छी बात नहीं सोचते। अब वे यहाँ कभी भी नहीं आएँगे। आए भी तो झिड़क देने की ज़रूरत है। ये लोग सिधाई का नाजायज़ फायदा उठाने की कोशिश करते हैं।'' एक क्षण वह रुका, फिर बोला, ''सुराही अभी भेजवा देता हूँ।''

''मैंने तो उनसे कुछ कहा भी नहीं था...।''

दीप्ति का स्वर किसी गहरे आन्तरिक दुख से बुरी तरह काँप रहा था। वह मोहन को एकटक देख रही थी। देखते-देखते उसकी आँखें डबडबा आईं। मोहन की सहसा इच्छा हुई कि उसके हाथ को अपने हाथों में लेकर उसको आश्वस्त करे, किन्तु समस्त इच्छा के बावजूद वह कुछ नहीं कर सका। एक सूखी-सी मुस्कराहट उसके मुँह पर अंकित हो गई और 'अच्छी बात है' कहकर वह बाहर हो गया।

मोहन ने सोचा था कि अनिरुद्ध बहुत बवाल मचाएगा। परन्तु ऐसा कुछ नहीं हुआ, बल्कि दूसरे दिन उसको देखकर मोहन को कुछ अचम्भा भी हुआ। मुँह वह अवश्य फुलाए हुए था। वह बाहर ही बाहर रहा और भीतर नहीं आया। मोहन ने भी उससे बोलने की ज़रूरत नहीं समझी।

एक बार जब वह मालती से कुछ सलाह लेने गया तो मालती ने पूछा, ''कहो ए बाबू, अनिरुद्ध बाबू से कुछ कहा-सुनी हो गई थी क्या?''

''कुछ कह रहे थे क्या?''

''कहेंगे क्या? मैंने भी उनको खूब आड़े हाथों लिया। तुम्हारे मामा से ये न मालूम क्या जोड़-तोड़ रहे थे तो मैं भी पहुँची। मुझको देखकर तुम्हारे मामा ने कहा—सुन लो अपने भानजे की करतूत। मोहन क्या चाहते हैं कि मैं उसके लिए अपनी रिश्तेदारी छोड़ दूँ। मेरे तन-बदन में आग लग गई। मैंने कहा कि यह गलत बात है। मोहन

बाबू जितना मेहनत करते हैं, वे सभी देख रहे हैं। अपना लड़का होता तब भी वह इतनी मेहनत नहीं करता। उस समय तो इतना कहकर मैं चली आई। बाद में तुम्हारे मामा ने मुझे सभी बातें बताईं। उन्होंने शिकायत की थी कि तुमने उनकी बेइज़्ज़ती की है। वह इतनी मेहनत करते हैं, पर मोहन तो चाहते ही नहीं कि वह उनके घर में आएँ। तब मैंने उनकी सारी हरकतें तुम्हारे मामा को बताईं। सच जानो बाबू, लड़कियों के बीच उनको हुड़दंगई करते देखती थी तो आग लग जाती थी। हाँ, यह भी कोई शऊर है। हुए तो इतने बड़े, पर अपने को समझते हैं 18 साल का लौंडा। बेटा, मेरी नजर सब पर रहती है कि कौन क्या कर रहा है। मैं तो कहूँगी कि पड़ोस मिले तो ऐसा। शंकर की बहन दीप्ति को मैं ऐसा नहीं समझती थी। पर यह लड़की तो पूरी बदल गई है। काम के पीछे वह अपने शरीर और आराम को कुछ नहीं समझती। हर चीज़ को इतने कायदे से सँभालती है कि अचम्भा होता है। कहीं कोई गड़बड़ी नहीं होती। उसकी माँ भी एक पैर पर खड़ी रहती है। जो करेगा, उसको ज़रूर कहा जाएगा...।''

मालती की आँखें डबडबा आई थीं। वह जैसे एक ही साँस में इतना बोल गई थी। उन्होंने मोहन का जो पक्ष लिया था, उससे मोहन का दिल गद्गद हो गया था।

''फिर अनिरुद्ध मामा कैसे आने लगे?'' मोहन ने हँस कर पूछा।

''छोड़ो बाबू ऐसे आदमी को, आएँ चाहे न आएँ, मुझे ठेंगा परवाह नहीं। रानी रूठेंगी अपना सुहाग लेंगी। अपने कोई खास रिश्तेदार-जन होते तो कोई बात भी थी। इतना हम लोग इनके लिए करते-धरते हैं, लेकिन यह खाली बतकूचन करते हैं और डींग मारते हैं।''

मोहन की इच्छा हुई कि वह चलकर दीप्ति को सारी बातें बताए, परन्तु यह सोचते ही वह कुछ हतप्रभ हो गया। 'उसको क्या मतलब उसके घर के मामले में?' उसने सोचा। शायद उसको चोट भी पहुँचे। उस दिन ही वह किस तरह डर गई थी। शायद उसने सोचा होगा कि वह अनिरुद्ध को फटकारकर उसी पर किसी किस्म का लांछन लगा रहा हो। इसीलिए शायद उसके मुँह पर कालिमा छा गई थी और वह डरी-डरी दृष्टि से उसको देख रही थी। परन्तु बाद में मोहन ने उससे जो कुछ कहा, उससे शायद उसको अप्रत्याशित सहारा मिला। वह किस तरह उसको एकटक देख रही थी। उसकी दृष्टि में कैसा सरल विश्वास उभर आया था। और उसकी डबडबाई आँखें! जैसे वे कह रही हों 'मुझ पर अविश्वास न करो। मैं तुच्छ नहीं।'

मोहन ने इधर यह देखा कि दीप्ति से बात करने में उसको बहुत संकोच होता। वह इतना भरा-भरा रहता कि उसको डर लगता कि बात करते हुए वह अपना सारा प्यार ही प्रकट कर देगा। इसी कारण वह जल्दी से खिसक जाता। अनिरुद्ध वाली घटना के बाद उसको सब कुछ असह्य हो उठा था। दीप्ति अब बहुत ही प्रसन्न रहने लगी थी। उसकी आँखों में खुशी समाती नहीं थी। जब वह मोहन की ओर देखती

तो उसकी आँखों में व्याकुलता तैर जाती। उसके मुख पर क्षीण मुस्कराहट खिंच जाती। मोहन का हृदय मधुरतम कामना में जलने लगता। उसको कभी ऐसा लगता कि दीप्ति को आलिंगन में बाँध ले। उससे जाकर कहे, 'तुम्हारे लिए मैं दुनिया में सब कुछ कर सकता हूँ, सिर्फ तुम्हारा संकेत चाहिए।' परन्तु उसके पास जाकर वह अत्यन्त संकोच से व्यवस्था सम्बन्धी बातें करने लगता।

मोहन ने यह भी गौर किया कि ज्यों-ज्यों दीप्ति का प्यार उसके अन्दर बढ़ता गया और उस पर अधिकार की आकांक्षा तीव्र होती गई, वह उसके प्रति कुछ रुखाई का व्यवहार करने लगा। वह अपनी भावनाओं को संयत रखना चाहता था, इसीलिए उसकी हालत ऐसी थी। बाद में उसको बहुत दुख होता। इच्छा होती कि अपना सिर कहीं टकरा दे।

एक रोज़ मोहन भंडारघर में गया। अँधेरा छाने लगा था। दीप्ति वहाँ रोशनी में बैठी अभी हाल में आए पत्तलों के गड्डों को गिन रही थी। उसको देखकर वह खड़ी हो गई और व्यर्थ में मुस्कराई। गर्मी के मारे वह पसीना-पसीना हो रही थी, जिसकी बूँदें उसके मुख पर भी उभर आई थीं। वह उस मद्धिम पीली रोशनी में बहुत सुन्दर लग रही थी।

"पुरुवे कम पड़ रहे हैं।"

मोहन की इच्छा हुई कि वह अत्यधिक कोमलता से उससे कुछ कहे, लेकिन ऐसा करने के बदले उसने रुखाई से कहा, "मामी से कहो न।"

यह कहकर वह घूमकर फौरन वापस चला गया। जाते हुए उसने देखा कि दीप्ति के मुख पर एक उदासी छा गई थी।

बाहर आकर मोहन एक कुर्सी पर बैठ गया। उसको अपने से अत्यधिक घृणा हो आई। यह उसकी पुरानी आदत है। वह अपनी भावनाओं को छिपाने के लिए रुखाई का सहारा लेता है। उसने यह क्या कर दिया! उसके कोमल और निर्दोष हृदय पर वह क्यों ऐसा आघात कर रहा है? उसे क्या यह शोभा देता है? उसकी यह कैसी मनोवृत्ति हो गई है? क्या वह सचमुच दीप्ति को प्यार नहीं करता है? क्या वह अपने प्यार की अधीरता प्रदर्शित करने के लिए तो ऐसा व्यवहार नहीं करता? यह गलत है। दीप्ति का प्यार ही उसके लिए पर्याप्त है, वह सिर्फ उसको प्यार करता है, वह कहे या नहीं। फिर वह उसको प्यार ही कहाँ करती है? उसकी सरलता और सिधाई का वह गलत मतलब निकाल रहा है। यह कैसी अनुचित बात है कि वह उसको प्यार नहीं करती और वह उसके सामने अपना प्यार प्रकट करने के लिए अधीरता प्रदर्शित करना चाहता है।

वह फौरन उठ खड़ा हुआ और वहाँ से सीधे एक नौकर के साथ कुम्हार के यहाँ गया। वहाँ से मिट्टी के कुल्हड़, पुरुवा, तश्तरियाँ, कसोरे वगैरह लदवाकर ले आया। सामान लेकर जब वह भीतर गया तो वहाँ बेहद शोर-गुल मचा हुआ था। मीना मोहन

को देखकर उसके पास दौड़ती आई।

"अरे भैया, दीप्ति दीदी के पैर में शीशा गड़ गया है, खून बन्द ही नहीं हो रहा है।"

मोहन जल्दी वहाँ पहुँचा। वहाँ आँगन में औरतों की भीड़ लगी थी। मालती कह रही थी, "रसोईघर से झोला लाओ।"

मोहन सबको हटाकर वहाँ पहुँचा। वहाँ दीप्ति बैठी थी और पैर को पीड़ामय भय से देख रही थी। मोहन को देखकर उसके मुख पर न मालूम कैसी मुस्कराहट खेल गई, जैसे अपनी चोट के कारण वह ज़रा भी भयभीत नहीं है। उसके कपड़े में खून लग गया था। मालती उसकी एड़ी के घाव पर अँगूठा दबाए हुए थी, परन्तु खून बन्द नहीं हो रहा था। आँगन के फर्श पर काफी खून निकलकर फैल गया था। पास ही शीशे का एक बड़ा टुकड़ा पड़ा हुआ था।

"घबराने की कोई बात नहीं है," मोहन ने अपनी घबराहट को छिपाते हुए मुस्कराकर कहा, "मामी तुम हटो यहाँ से। मिनटों में खून बन्द होता है। तुम जाकर दीवारों पर से झोला ले आओ। दाढ़ी बनाने के मेरे सामानों में डीटाल है, उसको भी लेती आना।"

मालती हटी तो मोहन ने अपना अँगूठा दीप्ति के घाव पर दबा दिया। दीप्ति शर्म-संकोच से लाल हो गई। उसने अपना पैर हटाने की कोशिश की तो मोहन ने कहा, "शान्त बैठी रहो।"

उसने मुस्कराकर कहा, "कोई खास घाव तो है नहीं, अभी ठीक हो जाएगा।"

"कैसे कहती हो कि घाव नहीं है!" बासन्ती ने, जो वहीं पर खड़ी थी, रोते हुए कहा, "इतना खून निकल गया। पता नहीं इसके बाबूजी कहाँ हैं?"

"मामी जी, घबराइए नहीं, अभी ठीक हो जाएगा," मोहन ने दृढ़ स्वर में कहा।

मालती दोनों सामान जल्दी ले आई। मोहन ने पहले एक कपड़े पर तर करके डीटाल लगाया। फिर घाव पर झोला चिपका दिया। कुछ देर तक झोला को दबाए रहा। अन्त में खून बन्द हो गया।

"बाबा रे," मालती ने कहा, "अब जान में जान आई। खून बन्द ही नहीं हो रहा था। पानी और कड़वे तेल की पट्टियाँ रखी गईं, लेकिन कुछ फायदा ही न हुआ। यह भी बिटिया अपनी देह-जान की परवाह ही नहीं करती। पिछवाड़े के आँगन में नंगे पैर जाने की जरूरत ही क्या है। लालटेन ले लेती या पैर में चप्पल डाल लेती।"

"चलो, तुम आराम करो। काम-धाम करने की ज़रूरत नहीं। काफी खून निकल गया है।" मोहन ने कहा।

"कुछ तो नहीं हुआ है। इतने घाव के लिए कोई काम-धाम छोड़ देगा?" दीप्ति ने मृदु स्वर में विरोध किया।

"नहीं-नहीं, इससे घाव बिगड़ जाएगा। जब अच्छा हो जाएगा तो काम करना।"

मोहन ने कहा।

मोहन वहाँ से बाहर चला गया। एक रिक्शा लेकर वह बाजार गया और वहाँ से टिंचर आईडिन, रुई तथा कपड़े की पट्टी ख़रीदी। अन्त में वापस आ गया।

भीतर आकर देखा कि दीप्ति भंडारघर में दरी पर बैठी है और बाज़ार से आए हुए पुरुवे वगैरह को ठीक से एक ओर रख रही है।

''यह क्या हो रहा है?'' मोहन ने रुखाई से पूछा।

''ठीक तो है। कोई दर्द भी नहीं। मुझे चुपचाप बैठना अच्छा नहीं लगता।'' दीप्ति ने दूसरी ओर देखकर हँसते हुए कहा।

''यह अच्छी बात नहीं। आखिर किसी ने मना भी नहीं किया तुमको।''

''मना तो किया था, पर मैंने सबको मना लिया। विश्वास कीजिए, मुझे कोई तकलीफ नहीं।'' इस बार उसने मोहन की आँखों में साहस के साथ देखा।

''अच्छा, पैर इधर करो।''

''क्यों, क्या बात है?'' वह चौंकी।

''अभी तो उसकी प्राथमिक चिकित्सा ही हुई है। अब पट्टी बाँधनी होगी।'' यह कहकर मोहन ने अपने कुर्ते की जेब से टिंचर वगैरह निकाली।

''पट्टी मैं बाँध लूँगी।'' उसने अशक्त आवाज़ में कहा।

''नहीं। पैर इधर करो।''

उसने सिर झुकाए हुए अपना दाहिना पैर थोड़ा आगे कर दिया और अपनी साड़ी को एड़ी तक ढक लिया। उसका मुँह लज्जा से लाल हो गया था। उसका पैर छोटा और नरम था। मोहन का कलेजा बुरी तरह धड़क रहा था। उसकी इच्छा हुई कि वह उस पैर को चूम ले। परन्तु इस विचार के लिए उसने अपने को फौरन धिक्कारा। मोहन ने धीरे से उसके पैर से झोले को अलग किया। रुई में टिंचर भिगोकर जब उसने घाव पर रखा तो उसने हल्का-सा 'सी' किया। फिर पट्टी उस पर हल्के से बाँध दी। यह उसने चुपचाप किया। उसकी नज़रें नीची थीं। उसने एक बार भी उसकी ओर नहीं देखा। इस अवसर पर उसकी ओर देखना उसको अनुचित लगा। उस समय उसका हृदय प्यार एवं पवित्रता की भावनाओं से भरा हुआ था। उसका प्यार निःस्वार्थ था। वह उसके लिए कोई भी त्याग कर सकता था। उसको दीप्ति से कुछ नहीं चाहिए। वह उसके कुछ काम आ सके, यही उसकी इच्छा थी।

''अब तुम सचमुच आराम करो। सिर्फ आज तक।'' मोहन ने सिर उठाकर देखा। उसके स्वर में अधिकारपूर्ण आग्रह था।

दीप्ति मोहन को अजीब प्यार और अपनत्व से देख रही थी। उसके होठों पर एक अवश मधुर मुस्कराहट फैल गई थी। फिर उसने सिर झुका लिया।

''अभी चली जाऊँगी।'' वह धीमे स्वर में बोली।

सात बजे द्वारचार का मूहुर्त रखा गया था, पर उससे अधिक समय हो जाने पर भी अभी बारात का पता नहीं था, जो जनवासे से चल चुकी थी। शहर के कुछ प्रसिद्ध स्थानों का चक्कर लगाने से ही ऐसा हुआ था। मकान के बाहर गोपाल बाबू के काफी रिश्तेदार, मित्र एवं आत्मीय सफेद कपड़े पहन तथा बदन को अकड़ाकर तथा तेज़ी से पान चबाते हुए बारात के स्वागतार्थ खड़े थे। मकान के सामने मैदान में बड़ा तम्बू तना था, जिसमें कतारों में अनगिनत मेज़ें और कुर्सियाँ सजी थीं। मकान झंडियों, झालरों और बन्दनवारों से सजा था, जिसके बीचोबीच ऊपर की ओर लाल कपड़े पर सुनहरे अक्षरों में 'स्वागतम' लिखा था। सबसे आगे अनिरुद्ध के नेतृत्व में चार नौजवानों की एक टोली तैनात थी, जो बेंत के डंडों में बेला और चमेली की मालाएँ लटकाए हुए थे। गोपाल बाबू ने अनिरुद्ध को इस कार्य के योग्य समझा था। पर वह इससे असन्तुष्ट था। वह चाहता था कि उसको रुपए-पैसे खर्च करने का इन्तज़ाम दिया जाए, जो मोहन के हाथ में था। वह सम्भवतः चाहता था कि वह एक जगह बैठकर आदेश दे और सारी गतिविधियों एवं चहल-पहल का स्रोत बना रहे। मोहन, शंकर, कमल तथा अन्य कई लोग तेज़ हवा में उड़ते तिनके की तरह भीतर से बाहर और बाहर से भीतर किए हुए थे और गला फाड़-फाड़कर चिल्ला रहे थे। परन्तु उनकी फटी आवाजें लाउडस्पीकर पर बजनेवाले गानों के शोर-गुल में खो जातीं। भीतर से कभी-कभी किशोरियाँ हिरनियों की तरह दौड़कर बाहर आतीं, ठिठककर खड़ी हो जातीं, सिर उचकाकर इधर-उधर देखतीं और अन्त में गौरैया की तरह फुर्र से उड़कर भाग जातीं।

दीप्ति के उत्साह का अन्त नहीं था। उसके पैर का घाव पहले से अच्छा था, परन्तु अब भी वह थोड़ा-थोड़ा लँगड़ाते हुए चलती। वह लाल रंग की बनारसी साड़ी पहने थी, जिस पर हल्के नीले तथा सुनहरे रंग के बड़े-बड़े खूबसूरत फूल बने हुए थे। उसके कानों में बालियों और कलाइयों में बहुरंगी चूड़ियाँ चमक रही थीं। उसके इस रूप को देखकर मोहन दंग रह गया। वह क्या इतनी सुन्दर है? उन व्यस्त क्षणों में भी मोहन का हृदय अकथ्य मधुरता से भर गया। वह उसके पास जाकर बातें करना चाहता था, लेकिन वह उससे भाग रही थी। उसकी आँखों में खुशी समा नहीं पा रही थी। मोहन को यह सब एक जादू की तरह लगता। वह इन कुछ दिनों में उसके कितना निकट आ गई थी। शायद इसीलिए किसी ने सुधा की शादी रचा दी थी और बीच की दीवार को तोड़कर इन दोनों आँगनों को मिला दिया था। नहीं तो जो दीप्ति उससे इतना चिढ़ती थी, वह कैसे उसके निकट आ गई? कैसे उसमें परिवर्तन हो गया? वस्तुतः वह रोशनी की एक किरण थी, जो अँधेरे में भटकती रही थी। उस अँधेरे में वह अपने अस्तित्व को भूल गई थी और उस अँधेरे को ही एकमात्र सत्य मानती रही। लेकिन जब वह अँधेरे से निकल आई तो उसने अपने वास्तविक रूप को पहचाना और अब वह अपने प्रकाश से हर वस्तु को आलोकित कर रही है। उसने

किस तरह प्यार से उसको देखा था? अपने सरल-सीधे प्यार को उसकी आँखों में उड़ेल दिया था अंगूरी शराब की तरह। उसने अपनी निकटता से मोहन को पूरी तरह बदल दिया था। और मोहन को ऐसा प्रतीत हुआ कि अपनी पवित्र खुशी सँभाल न सकने के कारण वह उससे कतरा रही है, जैसे उसको प्रकट करने से वह डरती हो। क्या सचमुच वह उसको प्यार करती है?

बारात शीघ्र आई। अंग्रेजी बाजे, धुधुके, हाथियों की चिंघाड़, घोड़ों की हिनहिनाहट, पटाखों और बन्दूकों की आवाज़ों में दबकर लाउडस्पीकर पर बजनेवाले गाने नक्कारखाने में तूती की आवाज़ की तरह हतप्रभ हो गए। किसी ने लाउडस्पीकर की ओर इशारा करके कहा 'इसे बन्द कीजिए साहब', और फौरन ही इस आज्ञा का पालन करना जरूरी समझा गया। बाराती लोग रंग-बिरंगी पोशाकों में अत्यधिक गम्भीरता से देह ऐंठकर इस तरह आ रहे थे, जैसे राजा और सिपाहसालार फतह किए हुए इलाकों में प्रवेश करें। उन्होंने अनिरुद्ध तथा उसकी टोली से अत्यधिक उच्चता, उपेक्षा तथा गर्व के भाव से मालाएँ ग्रहण कीं। गोपाल बाबू ने निस्सन्देह दूल्हा बहुत अच्छा चुना था, जिससे मोहन को बहुत खुशी हुई। लम्बा, तगड़ा, साँवला रंग, सुन्दर नाक, चौड़ा ललाट, निश्छल परन्तु प्रभावशाली आँखें। सुधा जैसी लड़की के साथ ज़रा भी अन्याय न हो, यह उसकी हार्दिक इच्छा थी।

बाराती लोगों के बैठते ही उनसे नाश्ता करने का आग्रह किया गया, जो उनके सामने मेजों पर मिट्टी की तश्तरियों में रखा था। साथ में लेमन की एक-एक बोतल भी थी। नाश्ता देखकर बाराती लोग निश्चित रूप से प्रभावित हुए। एक छोटे कस्बे से बारात आई थी, जहाँ शादी-ब्याह में नाश्ता मिलता ही न था या मिलता भी था तो साधारण एवं विलम्ब से। वे बहुत ही शिष्टता से खाने लगे।

द्वारचार के बाद बारात जनवासे में लौटी तो कुछ देर बाद लड़कीवाले, जिनमें मोहन, शंकर, कमल आदि भी शामिल थे, 'आज्ञा' लेकर चले। महफिल में एक मशहूर गवैया भी आया था, परन्तु गाना आरम्भ होने के पूर्व अनिरुद्ध ने मनोहर नामक एक नौजवान के कान में कुछ फुस-फुस की, जिसके बाद मनोहर बिजली की फुर्ती से उठकर शर्माकर मुस्कराते हुए तथा लड़केवालों के नौजवान दल को चुनौती-भरी दृष्टि से देखकर बोला,

"मैं एक प्रश्न करना चाहता हूँ।"

बारातियों के नौजवान, जो एक ओर बैठे थे, मनोहर के कथन से सकपका गए। उन्होंने एक-दूसरे की ओर कनखियों से देखा।

मनोहर ने उनके उत्तर की प्रतीक्षा किए बगैर आगे कहा, "आप लोग जवाब न दे सकें तो कोई बात नहीं। यह आपस की बात है। मैं एक दोहा कहता हूँ, जिसका आप में से कोई भी मतलब बता दे। दोहा इस प्रकार है :

धनिया कहे पियाजु से लहसुन बचन हमार।
मेथी सोया पालकी गाजर करम हमार।।

इतना कहकर मनोहर बैठ गया। चारों ओर सन्नाटा छा गया। मोहन ने हैरत से मनोहर और अनिरुद्ध की ओर देखा। इसमें कोई शक नहीं कि अनिरुद्ध पहले से ही मनोहर को सिखा-पढ़ाकर लाया था। निस्सन्देह ऐसी बातों में ही अनिरुद्ध की तबीयत लगती थी और उस क्षेत्र में उसको पराजित करने की कोई हिम्मत नहीं कर सकता था। लड़कीवालों के मुखों पर एक हल्की, शिष्ट मुस्कराहट, जो उनकी स्थिति के सर्वथा अनुकूल थी, उभर आई।

दरअसल बाराती लोग बगलें झाँकने लगे थे। वे लोग खुसुर-फुसुर करने लगे थे। कुछ लोग ऊँट की तरह एक-दूसरे की ओर गर्दन बढ़ा देते, कुछ सलाह-मशविरा करते और अन्त में परीक्षा-भवन में बैठे उस विद्यार्थी की मुद्रा में यथा-स्थान हो जाते, जो कठिन सवाल के हल के सम्बन्ध में किताब में लिखी बातों को याद करने की असफल कोशिश करता है। कुछ आत्मविश्वासी लोग अपने दिमाग़ पर असाधारण जोर देकर सिर पर हाथ रखे तेज़ी से सोच रहे थे। परन्तु उनको सफलता न मिली। अन्त में उनकी ओर के एक नौजवान ने उठकर क्रोध में कहा :

''मैं देखता हूँ कि गम्भीर वाद-विवाद की योग्यता आप लोगों में नहीं है। इसलिए यह दोहा पेश किया गया है! इसमें शब्दों का खिलवाड़ है। इस दोहे का कोई अर्थ नहीं।''

उसका इस तरह डपटकर बोलना था कि उसके पक्ष के लोगों ने छत की तरह तालियाँ पीट दीं।

परन्तु मनोहर फौरन उठकर बोला, ''हम लोग भी देख रहे हैं कि आप लोग तालियाँ पीटने में बहुत बुद्धिमान हैं। यह दोहा तो दोहा है ही। इसको हमारे यहाँ एक विद्वान ने बनाया है। आप लोगों की समझ में न आए तो हम क्या करें। तो साफ़-साफ़ कहिए कि 'हमको नहीं आता, आप लोग ही बता दीजिए'।''

''कुछ-न-कुछ तो हम बता ही देंगे।'' बारातियों के नौजवान ने कहा।

मनोहर व्यंग्य से हँसकर बोला, ''खैर आप जो समझें। लीजिए, मैं बताता हूँ। धनिया कहे पियाज से यानी स्त्री अपने पिया जी से कहती है कि लहसुन बचन हमार यानी हमारा वचन सुन लीजिए। मेथी सोया पालकी यानी मैं पालकी में सोई थी कि गाजर करम हमार यानी हमारा करम जल गया।''

इतना कहकर मनोहर शान से बैठ गया और लड़की पक्ष के नौजवानों की तालियों की गड़गड़ाहट से विरोधी पक्ष, खासकर उनके नौजवानों के सिर झुक गए।

इसके बाद दोनों पक्षों के बुजुर्गों में कुछ बातें हुईं, कुछ मज़ाक हुए, कुछ कहकहे लगे और अन्त में निश्चित हुआ कि कुछ गाना-बजाना हो। बेशक गवैया बहुत अच्छा था और उसके गानों से सभी मुग्ध हो गए।

करीब दस बजे बारातियों को भोजन करा दिया गया। भोजन की व्यवस्था अच्छी हो गई थी, जिससे बाराती भी आश्चर्यचकित थे। हर चीज़ कायदे से लगी हुई। कहीं भम्भड़ नहीं। परन्तु इसमें एक बदमज़गी हो गई। पता नहीं किसने बारातियों को यह बता दिया था कि अनिरुद्ध 'लौकी' कहने से चिढ़ता है। बस क्या था, वह जिधर से निकल जाता उधर से ही आवाज़ें सुनाई देने लगतीं, 'यार, लौकी की सब्जी बहुत अच्छी लगती है।' 'अरे लौकी बाबू, नमस्कार।' बेचारे अनिरुद्ध की बुद्धि की तारीफ करनी पड़ेगी। उसने इस उत्तेजना और चुनौती से भरे वातावरण में ऐसे अद्भुत आत्म-नियन्त्रण से काम लिया, जो उसको भगवान की तरफ़ से मिला ही न था। सम्भवतः उसने सोचा कि उसका नाज़-नखरा बरदाश्त करनेवाला वहाँ कोई होगा ही नहीं। परन्तु उन बारातियों में से किसी ने कह दिया 'ऐ, लौकी बेटा।' अब क्या था, अनिरुद्ध आग की तरह भड़क गया। उसकी आँखें लाल-लाल हो गईं। वह अपनी सुपरिचित जनानी आवाज में चीख पड़ा :

"आप जानते हैं किससे बातें कर रहे हैं? मैं आपका बाप हूँ। हुँह, कहाँ के हैं आप? शिक्षा भी नहीं मिली है आपको?"

अब समझ में आ गया कि अनिरुद्ध अपने को समधी का भाई ही समझकर इतने संयम से व्यवहार कर रहा है। परन्तु बाराती तो अपने को बादशाह समझते थे, उनमें से कई अनिरुद्ध पर एक ही साथ टूट पड़े और अनिरुद्ध को लगे बुरी तरह फटकारने। यहाँ तक कि किसी ने कह दिया कि वह खानदानी आदमी नहीं और कहीं से बुलाकर लाया गया है। इस मौखिक युद्ध में अनिरुद्ध का मिमियाता स्वर डूब गया। और उसने उत्तेजित होकर किसी बात का जवाब दिया तो एक सज्जन जो काले, क्रोधी और लड़के के चाचा होते थे, बिगड़कर खड़े हो गए और चिल्ला पड़े, "ऐसे खाने पर लानत। न मालूम कैसे कमीनों से पाला पड़ा है।"

इतना कहकर वह उठकर वहाँ से चलते बने। लड़कीवाले उनके पीछे-पीछे भागकर उनको मनाने लगे तो वह और भी शेर की तरह गरजने लगे। अनिरुद्ध यह सुनकर अवसर देखकर वहाँ से न मालूम कब नौ-दो ग्यारह हो गया। बड़ी मिन्नतें करने तथा गोपाल बाबू द्वारा अपनी टोपी उनके पैरों पर रख देने के बाद ही वह महाक्रोधी और जिद्दी सज्जन माने।

विवाह की रस्म करीब दो बजे सम्पन्न हुई।

जब बाहर तथा घर के मर्द मंडप से निकलकर बाहर चले गए तो चिकों और परदों के अन्दर छिपकर शादी देखनेवाली औरतें दूल्हे को अकेले पाकर झमाझम-छमाछम करतीं, डाकुओं की तरह पहुँच आईं। मोहन चुपचाप एक ओर खड़ा था। इसके बाद दूल्हा-दुल्हन को कोहबर में ले जाया गया। कोहबर के द्वार पर ख़ास तरह से उन लड़कियों और स्त्रियों ने, जिनका दूल्हे से मज़ाक का रिश्ता लगता था, आगे बढ़कर

दूल्हे को रोक लिया। मीना, कुन्ती तथा कुछ अन्य लड़कियाँ सबसे आगे थीं। दीप्ति कहाँ है? मोहन ने आश्चर्य से इधर-उधर देखा। क्या वह वहाँ नहीं है? पर उसका खयाल गलत था। दीप्ति औरतों की भीड़ में पीछे खड़ी थी। क्या वह कुन्ती की वजह से आगे नहीं जा रही? कुन्ती और उससे अब भी बोलचाल बन्द थी, यद्यपि अब उनमें पहले की तरह काट-छाँट तथा नोक-झोंक नहीं चलती थी। दीप्ति कभी दूल्हे को खुशी से देख लेती। कभी सिर झुका लेती। मोहन ने गौर किया कि वह बेहद शरमा रही थी, और इसीलिए शायद वह पीछे खड़ी थी, जबकि उसको मीना की बगल में होना चाहिए था।

''ग़ज़ल गाइए, जीजाजी। तभी अन्दर जा पाइएगा।'' मीना ने कृत्रिम शत्रुतापूर्ण स्वर में जबान ऐंठकर कहा।

उसके यह प्रश्न पूछते ही लगभग सभी औरतें आँचल या रुमाल में मुँह देकर हँसने लगीं, जैसे उनकी हँसी इसी प्रश्न की प्रतीक्षा में थी। अब मोहन ने गौर किया कि उस भीड़ में मालती और बासन्ती भी थीं।

''मुझे ग़ज़ल तो नहीं आती, साहब,'' दूल्हा जी ने नीचे सिर करके हँसना शुरू किया।

''क्या कव्वाली आती है?''

सभी औरतें खिल-खिल हँसने लगीं।

''नहीं आती।''

''नाचना आता है?''

फिर औरतों की खिलखिलाहट।

''आपसे अच्छा कौन नाच सकता है?'' जवाब मिला।

''अच्छा तो रोइए ही।''

इस पर पूरी तरह हँसी न हो सकी। कुछ जवान छोकरियों और औरतों ने हँसना भी शुरू किया लेकिन वे फौरन हतप्रभ होकर पीछे देखने लगीं, जहाँ खड़ी मोहल्ले की एक बुढ़िया कह रही थी, ''कैसी कुभाषा बोलती है रे, लड़की? वह क्यों रोए रे?''

''गाइए जीजा जी, जल्दी गाइए। नहीं तो खड़े-खड़े आपके ही पैर थकेंगे।'' मीना साहस कर फिर बोली।

''थकेंगी आप ही।''

''ए बाबू, क्यों नहीं गा देते? जनखे के लड़के हो क्या?'' पीछे से किसी अधेड़ स्त्री ने अपने समधिन के रिश्ते को ध्यान में रखकर समधी या लड़की के पिता से मज़ाक करने के उद्देश्य से कहा।

विवाहित स्त्रियों ने खी-खी हँसना शुरू किया। कुछ बोलीं, ''देखो न, कैसी मसखरी है, जनखा का लड़का बना रही है।''

हँसी रुकने पर मालती, जो सबसे पीछे खड़ी थी, अपने दामाद का पक्ष लेकर

अस्पष्ट स्वर में उन विवाहित स्त्रियों को भला-बुरा कहने लगी कि वे बेकार में 'पाहुन' को तंग कर रही हैं।

"कुछ भी गा दीजिए। दो लाइन ही सही। इसके बिना छुटकारा नहीं।" मीना ने अपने प्रस्ताव में संशोधन किया।

"अच्छा तो सुनिए," अचानक दूल्हा उत्साहित होकर बोला और अँगुली का इशारा करते हुए गाने लगा :

हे प्रभू, आनन्ददाता! ज्ञान इनको दीजिए।

पहली ही पंक्ति पर स्त्रियाँ इस तरह हँसने लगीं जैसे उनको कोई गुदगुदा रहा हो। ज्ञान दीजिए यानी ज्ञान औरतों को दीजिए। बड़े छिपे रुस्तम हैं भाई! गला तो बड़ा अच्छा है। पीछे कोई लड़की मालती को जल्दी-जल्दी बता रही थी कि असली लाइन है 'हे प्रभू! आनन्ददाता! ज्ञान हमको दीजिए।'

"आप लोगों ने पूरा तो सुना नहीं। इसीलिए गाने को कहा था?" दूल्हा ने कहा।

"सुनाइए।" कई आवाज़ें आईं।

दूल्हा फिर गाने लगा :

हे प्रभू! आनन्ददाता! ज्ञान इनको दीजिए।
शीघ्र सारे दुर्गुणों को दूर इनसे कीजिए।।
लीजिए इनको शरण में ये सदाचारी बनें।
ब्रह्मचारी, धर्म-रक्षक, वीर, व्रतधारी बनें।।

औरतें हँसते-हँसते लोट-पोट होने लगीं। बाबा रे बाबा! मर गई! बड़े पहुँचे हुए हैं दूल्हा बाबू! कहते हैं कि औरतें ब्रह्मचारी बनें। सबका मुँह बन्द कर दिया। मोहन भी हँसने लगा। कैसे ढंग से मज़ाक किया था।

इसके बाद दूल्हे के पीछे-पीछे सभी औरतें चली गईं। मोहन अनिश्चय की स्थिति में दो-चार क्षण खड़ा रहा कि उसकी नज़र दीप्ति पर पड़ी। यह औरतों के दल से छूटकर बाहर ही रह गई थी। वह चुपचाप मंडप से होकर दीवार के रास्ते से होकर अपने आँगन में चली गई। मोहन ने देखा कि उसका चेहरा सूखा-सूखा-सा है। उसके मुख पर अब भी पहले की मुस्कराहट का अवशेष भाव मिट नहीं सका था, पर यह निर्विवाद था कि वह किसी क्लेश में है।

मोहन उसके पीछे-पीछे चला गया। उसके आँगन में अँधेरा था, क्योंकि वहाँ का गैस-लैम्प भकभकाकर बुझ गया था। परन्तु उस आँगन की रोशनी के कारण वहाँ एक ऐसा अस्पष्ट क्षीण प्रकाश छाया हुआ था जो चाँद के बादल में छिप जाने के कारण सम्भव होता है। दीप्ति आँगन में बिछी चारपाई पर बैठी थी। वह सामने अन्धकार में कुछ स्थिर दृष्टि से देख रही थी। मोहन की आहट पाकर उसने चौंककर मोहन की ओर देखा। वह खड़ी हो गई। फिर जाने का उपक्रम करने लगी।

"ठहरो ज़रा।" मोहन ने कहा।

वह रुक गई और नीचे देखने लगी।

मोहन भी उसके पास पहुँचकर खड़ा हो गया। वह उसको एकटक देख रहा था। उसने भी उसकी ओर देखा। उसकी आँखों से न मालूम कैसी पीड़ा झाँक रही थी। उसने मुस्कराने की कोशिश की, फिर उसने दृष्टि नीची कर ली।

''क्या बात है?'' मोहन ने कोमल स्वर में पूछा।

''कुछ नहीं।'' उसने उत्तर दिया।

परन्तु मोहन के आश्चर्य का ठिकाना न रहा, जब वह धीरे-धीरे क़दमों से चलती हुई आँगन पार करके ओसारे से होती हुई अपने बाहरवाले कमरे में चली गई। वह कुछ नहीं समझ सका। आखिर उसके हृदय में कौन बात उमड़ रही है? क्या किसी बात से उसको चोट पहुँची है? शायद यही बात है, नहीं तो वह कोहबर में सभी स्त्रियों के साथ के बजाय क्यों यहाँ चली आती?

धीरे-धीरे उस सूने-साने आँगन में मोहन के हृदय में एक अकथ्य प्यार मचलने लगा। अपने इस प्यार के एहसास से वह डर गया। क्या वह कभी अपने प्यार को उसके सामने प्रकट कर सकेगा? जो उसके मन में इतना उत्साह फूँक सकी, वह क्यों दुखी है, यह जानने के लिए वह छटपटाने लगा और अचानक उसके हृदय में यह निश्चय दृढ़ होता गया कि वह उसके सामने अपना प्यार अवश्य प्रकट कर देगा। उसे लगा कि दीप्ति आरम्भ से ही उसके बारे में सोचती रही है। वह उसको प्यार करती है। वह ही मूर्ख है कि उसके मन के भावों को वह समझ नहीं पाता। वह इन्हीं विचारों में उड़ता जैसे आया था, वैसे ही लौट गया।

रात को मोहन बाहर एक तख्त पर सो गया था। तड़के ही नींद खुली तो हड़बड़ाकर उठा। कुछ देर तक बैठकर आँखें मलता रहा, जैसे वह दूसरी जगह आ गया हो। फिर खड़ा हो गया और घर के अन्दर चला गया। घर के लोग अभी तक सोए थे। जिसको जहाँ जगह मिली थी, वह वहीं पड़ा था। वह स्वयं असीम उदासी से भर गया, जिसका कारण समझने में देर न लगी। जिस काम के लिए पिछले कई दिनों से इतनी चिन्ता, परेशानी और मेहनत हो रही थी, वह सम्पन्न हो गया था। अब लड़की की शादी हो गई है और वह पराए घर चली जाएगी। पराया घर! जो इस आँगन की मिट्टी में खेल-कूद कर बढ़ी है, जिसकी मौजूदगी के, सभी वर्षों से अभ्यस्त थे, वह अब दूसरे के घर में चली जाएगी।

रसोईघर में मालती एक बोरे पर लेटी थी। उसके बाल बिखरे थे और वह खर्राटे ले रही थी। मोहन आज पहली बार उसको इस तरह देर तक बिना किसी चिन्ता के सोते हुए देख रहा था। मालती की कनपटी की नीली नसें दिखाई दे रही थीं। और आज उसके शरीर के झुर्रीदार चमड़ी को देखकर प्रथम बार उसको मालूम हुआ कि वह तेज़ी से बूढ़ी हो रही है। उसका मुख कैसा चिन्ताहीन है? इतने दिनों की

परेशानियों और झमेले से मुक्त, जैसे उसने जग जीत लिया हो। फिर भी कितनी निस्सहाय! इस तरह दुखी भी कौन होगा? उसने अपनी मामी के मुख को बार-बार देखा, जैसे वह उसका मुख न होकर किसी गरीब दुखिया का मुख हो। उसका हृदय करुणा से भर गया।

उस दिन भी सभी कार्य में व्यस्त थे, पर अब उतनी परेशानी नहीं थी, बल्कि शरीर और मन में थकान महसूस होती थी। उस दिन दीप्ति बहुत कम नज़र आई। शायद एक या दो बार उसने उसको देखा। उसका मुँह बहुत गम्भीर था। उसकी आँखों में एक अभूतपूर्व असहायता झाँक रही थी। मोहन की इच्छा होती कि लपककर उसके पास पहुँच जाए और पूछे कि उसको क्या तकलीफ है। परन्तु उसे फुरसत ही नहीं मिलती थी।

सायंकाल जब खिचड़ी की रस्म खत्म हुई तो मीना ने बाहर आकर मोहन से कहा, ''भैया, सुधा दीदी बुला रही हैं।''

''क्या बात है रे?''

''जाइए न, बुला रही हैं।''

मोहन भीतर पहुँचा तो उसने देखा कि सुधा कमरे में अनिरुद्ध के पैर पकड़कर बुरी तरह रो रही है। मोहन को बड़ा अचम्भा हो रहा था कि जिसके मुँह से बकार नहीं निकलती थी, वह इस तरह चिल्ला रही है, जैसे आज के लिए उसने अपनी शक्ति सुरक्षित रख छोड़ी हो। उसके सिर से साड़ी खिसक गई थी, जिससे सिन्दूर से भरी उसकी मोटी माँग दिखाई दे रही थी। अनिरुद्ध उसको बहुत ही इत्मीनान से समझा रहा था।

''चुप रह, बेटी! कहीं इतना रोया जाता है? तू तो यहाँ आती ही रहेगी। बहुत-सी लड़कियाँ तो सैकड़ों कोस दूर चली जाती हैं। इस माने में तू तो भाग्यशालिनी है।''

मोहन वहाँ से नौ-दो-ग्यारह हो गया। ऐसे अवसरों के लिए अनिरुद्ध सर्वथा उपयुक्त था, जो लम्बे अरसे तक बिना धैर्य खोए बोल सकता था। वह कितना खुश नज़र आ रहा था! उसको विदा होनेवाली लड़की को समझाने का मौका मिल रहा है, इससे उसका मुँह महत्त्व से फूल आया था। उसकी यह कला मोहन को कहाँ आएगी? शायद वह अपने को सँभाल न पाए। यह रोने-धोने की ज़हमत कौन उठाए।

इसके बाद मोहन इसी कोशिश में रहा कि उसको भीतर जाना ही न पड़े। कई बार सुधा ने उसको भीतर से बुलवाया, पर वह कहता कि 'चलो, आता हूँ' और फिर नहीं जाता। कभी भीतर जाता भी तो इधर-उधर सशंकित होकर देखता कि कहीं पीछे से आकर सुधा टाँगें न छान ले। एक बार मोहन की माँ ने उससे कहा, ''कैसा है रे बेटा, वह भैया-भैया किए हुए है और तू पूछता नहीं। अरे, वह तो जा रही है। जाकर जरा उसको समझाओ। कुछ देर तक बैठोगे उसके पास तो उसको कुछ ढाढ़स होगा। कैसे कठोर हो तुम?''

"तू क्यों परेशान है आखिर?" मोहन ने हँसकर कहा।

"कैसी बात करता है रे? यह परेशान होने की बात नहीं है?"

"कोई बात नहीं। अभी जाऊँगा। तू तो जानती है कि काम-धाम इतना है, उससे फुरसत पाऊँ तो जाऊँ। जरा देर के लिए गायब हो जाऊँ तो सभी चिल्लाने लगेंगे।"

इस बात का उसकी माँ पर फौरन असर हुआ। वह बोली, "हाँ रे भैया, तू जितना छाती फाड़कर काम करता है, उतना कोई क्या करेगा?"

मोहन वहाँ से चलता बना। फिर नहीं गया तो नहीं गया। परन्तु दूसरे दिन तड़के जब उसकी विदाई होने लगी तो उसे बाध्य होकर जाना पड़ा। वड़ बनारसी साड़ी पर रेशमी चादर ओढ़े हुए थी। गहनों से लदी। माथे में सिन्दूर लगाते ही वह बदल गई थी, जैसे उसमें साहस आ गया हो। मोहन को देखते ही उसने लपककर उसके पैर पकड़ लिए और फूट-फूटकर रोने लगी।

मोहन एकदम घबरा गया। उसकी हालत उस चुप्पा और शर्मीले व्यक्ति की तरह हो गई, जिसको भारी भीड़ के सामने भाषण देने के लिए पेश कर दिया गया हो। उसने सोचा था कि सुधा के सामने जाकर वह अनिरुद्ध की तरह अविचलित रहेगा और उसको ससुराल के लिए उपयोगी, व्यावहारिक ज्ञान की बातें बताएगा। परन्तु न मालूम कैसी रुलाई उठ-उठकर उसके गले में अटकने लगी। उसका जाना जैसे उससे सहा नहीं जा रहा था, मानों अब तक जो स्नेह उसके लिए मोहन के दिल में छिपा-छिपा था, वह मौका पाकर उमड़ पड़ा हो और प्रदर्शन करना चाहता हो कि "मैं भी कम नहीं, मैं भी कम नहीं।"

मोहन से कुछ बोला नहीं गया। और न सुधा उसे छोड़ती ही थी। आस-पास चारों ओर औरतें खड़ी थीं। उन्हीं के बीच में दीप्ति भी थी, जो कुतूहलपूर्ण दुख से उनकी ओर देख रही थी। मोहन को भी रुलाई आ रही थी, लेकिन वह दीप्ति के सामने रोना नहीं चाहता था। अचानक उसे सब कुछ असह्य हो गया और वह झुककर उसको अलग करके यह कहते हुए कि 'चुप रह सुधा' वहाँ से भाग खड़ा हुआ। और बाहर के बैठके में जाकर तेजी से गिरते हुए आँसुओं को पोंछने लगा, यद्यपि उस रुलाई पर उसे उसी समय गुस्सा भी आ रहा था। 'यह क्या मज़ाक है?' वह अपने आप ही बोला और तेज़ी से बाहर निकल गया।

विदाई के समय सुधा की चीख-चिल्लाहट ने दृश्य को और भी कारुणिक बना दिया। गोपाल बाबू एक ओर खड़े होकर नाक छिनक रहे थे। मोहन वहाँ से दूर एक कमरे में छिपा था। आखिर में उसको एक डोली में बिठाया गया, जो जल्दी ही रवाना हो गई।

इसके बाद मोहन पिछवाड़ेवाले आँगन में पहुँचकर चुपचाप लेट गया। लेटने के बाद प्रथम बार उसको महसूस हुआ कि वह बेहद थक गया है और उससे अब कोई भी काम नहीं होगा। उसको ऐसा लगा जैसे उसकी रीढ़ की हड्डी टेढ़ी हो गई है

और वह सीधी नहीं होगी। वह चुपचाप नीम की पत्तियों से आसमान को देखने की कोशिश करने लगा, पर दृष्टि पत्तियों में ही अटक गई। वह नीम का पेड़ बड़ा होकर फैल रहा था। उसकी एक डाल नीचे झुककर इस तरह मुड़ी थी, जैसे किसी के गले में किसी की बाँह पड़ी हो। पत्तियाँ कितनी हरी-हरी थीं। उनसे दुखती आँखों में शीतलता पहुँचती थी। कभी-कभी हवा के झोंके से नीम झूम उठती; झुकी डाल काँप उठती तथा शरीर और प्राण ताज़गी से भर उठता।

मोहन देर तक उसी तरह विचार-शून्यता की स्थिति में पड़ा रहा। फिर करवट बदलकर आँगन और कुएँ को देखने लगा। आँगन में चारों ओर उगी घास झुलस गई थी। ज़मीन की धूल सफ़ेद हो गई थी। कैसी उदासी और एकान्त है यहाँ, जैसे यह सारी दुनिया से कटा हुआ हो। छोटी-छोटी चिड़ियाँ न मालूम कहाँ से उड़कर आती हैं, इधर-उधर फुदकती हैं और कुछ चुगकर फुर्र से उड़ जाती हैं। इस तरह देखते-देखते वह थकता गया। इसके बाद वह अचानक दीप्ति की याद करने लगा। फिर पता नहीं कब वह सो गया।

शादी के बाद दीप्ति का खयाल और प्यार मोहन पर ज़मीन पर झुके बादलों की तरह छा गया। जब वह काम-धाम में फँसा रहा तो वह ध्यान में आ-आकर मुट्ठी की रेत की तरह फिसल-फिसल जाती, पर जब कोई कार्य न रहा तब उसने अपने सौन्दर्य एवं व्यक्तित्व के समस्त आकर्षण से मोहन को निर्दयतापूर्वक अभिभूत कर लिया। उसकी स्थिति उस व्यक्ति की तरह थी, जो काफी समय तक किसी अन्य उलझन एवं व्यस्तता के कारण अपनी चोट से अनभिज्ञ रहता है और जब उसे फुरसत मिलती है तो पीड़ा से छटपटाने लगता है। अब वह सदा दीप्ति के बारे में ही सोचता रहता है। उसके प्यार की जड़ें उसके हृदय में असीम गहराइयों तक पहुँच गई थीं।

सबसे ज्यादा तकलीफ उसे यह देखकर होती कि दीप्ति इधर बहुत गम्भीर रहने लगी थी। कुछ दिनों में इन दोनों आँगन के बीच की दीवार बन्द कर दी जाएगी और दीप्ति के निकट रहने का कोई उपाय नहीं रह जाएगा। उन दोनों आँगनों के मिलने के बाद कैसे-कैसे शुभ कार्य सम्पन्न हुए थे। जैसे इसी मिलन की वजह से सुधा को इतना सुन्दर और योग्य जीवन-साथी मिला। और इसी वजह से वह और दीप्ति एक-दूसरे के इतने निकट आ सके। इसके पहले उसकी और दीप्ति की ज़िन्दगी क्या दो अलग-अलग आँगनों की तरह नहीं थी, जिसके बीच भेद और अलगाव की न मालूम कैसी दीवार खड़ी थी? वह दीवार कब की टूट चुकी है। लेकिन इन दोनों आँगनों के बीच की दीवार जब पुनः खड़ी हो जाएगी तो क्या दीप्ति और उसके बीच भी वही दीवार खड़ी नहीं हो जाएगी और वे अलग-अलग फेंक नहीं दिए जाएँगे?

मोहन एक ही साथ अकथनीय निराशा और दुख का अनुभव करने लगा। उसने यह कभी कल्पना भी न की थी कि वह दीप्ति को इतना प्यार कर पाएगा। पर उसको

दीप्ति के सामने जाने में अब पता नहीं कैसा संकोच होने लगा। उन दोनों का एक-दूसरे के प्रति ऐसा ही दृष्टिकोण था, जिससे लगता कि उनकी घनिष्ठता किसी कारण से नहीं बढ़ी थी। उसको घनिष्ठता कहा भी नहीं जा सकता। वह तो किसी भी समारोह के दो उत्साही कार्यकर्ताओं के बीच उत्पन्न हो जाती है।

मोहन को घोर निराशा ने जकड़ लिया, उसकी उसने कल्पना भी न की थी। उसने जो यह निश्चय किया था कि दीप्ति के सामने वह अपना प्यार प्रकट कर देगा, वह खंड-खंड होकर बिखर गया। इन उत्साह के दिनों में उसने कैसे खयाली पुलाव पकाए थे। उसने तो यहाँ तक सोचा था कि यह शादी इसीलिए हुई थी कि दीप्ति उसके निकट आ जाए। वे दोनों एक-दूसरे को प्यार करने लगें, इसीलिए भगवान् ने यह मौका दिया था। परन्तु यह सब गलत है। दरअसल वह दीप्ति के काबिल नहीं। उसमें कोई गुण नहीं, जो दीप्ति को आकर्षित कर सके।

अपने इस दुख और निराशा में मोहन सबसे अलग-अलग रहता। अब भी उसके घर में भीड़ थी। दोपहर में पड़ोस की लड़कियाँ और औरतें चली आतीं और शाम तक बड़ी चहल-पहल मची रहती। अनिरुद्ध भी अक्सर टपक पड़ता और नारी-समाज को अपने व्यक्तित्व से प्रभावित करने की कोशिश करता। लोकप्रियता प्राप्त करने का उसका उपाय विचित्र था। वह या तो ऊटपटाँग देहाती शब्दों का इस्तेमाल करके हास्य उत्पन्न करता या भूत-प्रेत के ऐसे किस्से सुनाता, जिसमें वह खुद नायक के रूप में भाग लिए होता। इन दलों से दीप्ति भी कभी आकर बैठती। मोहन का हृदय क्रोध और ईर्ष्या से जलने लगता, परन्तु यह सोचकर कि दीप्ति पर उसका कोई अधिकार नहीं, वह वहाँ नहीं जाता।

एक दिन दोपहर को मोहन बाहर के बैठके में चुपचाप लेटा था। भीतर औरतों का जमघट था। उनकी बातचीत या खिलखिलाहट की आवाज़ कभी सुनाई पड़ जाती।

अचानक वह चौंक पड़ा। सामने दीप्ति खड़ी थी। उसका चेहरा गम्भीर था, जिस पर पसीने की बूँदें दिखाई दे रही थीं। उसके होठ काँपकर फड़क उठे।

"आओ, बैठो।" मोहन उठकर खड़ा हो गया। उसकी निराशा पता नहीं, कहाँ गायब हो गई थी।

वह पास ही की एक कुर्सी पर चुपचाप बैठ गई। मोहन भी चारपाई पर बैठ गया। परन्तु हृदय प्यार और उमंग से भरे रहने पर भी वह कुछ नहीं पूछ सका। दरअसल उसकी आँखें भर आई थीं। वह कुछ समझकर ही तो उसके पास आई थी। विवाह के दिनों में उन्होंने कैसी सहयोगपूर्ण समझदारी एवं परिश्रम से कार्य किया था। सबके प्रति इसका स्नेहपूर्ण एवं शिष्ट व्यवहार क्या कभी भुलाया जा सकता है? कैसी योग्यता और प्रतिभा इसमें छिपी थी? कुछ लोग जिम्मेदारी पड़ने पर चिड़चिड़ा जाते हैं और कुछ लोग अच्छा काम करके उसका रोब गाँठने लगते हैं। परन्तु उसमें

ऐसा कुछ भी नहीं है। वह अब भी पहले की तरह निष्कपट तरीके से मुस्कराती है और अब भी लगता है जैसे उसको इस विकट दुनिया का कुछ भी अनुभव नहीं है।

मोहन ने सोचा कि वह आगे बढ़कर उसका हाथ पकड़ ले और कहे, 'तुमको मुझसे कोई भी शक्ति अलग नहीं कर सकती। मैं जानता हूँ कि उस दिन तुमने मुझे क्यों प्यार से देखा था। मैं मूर्ख और नासमझ हूँ जो तुमको ठीक से पहचान न सका। मेरे साथ तुमने अब तक जो व्यवहार किया था, वह खत्म न हो जाए, इसकी आशंका से तुम यहाँ आई हो। उस व्यवहार और सम्बन्ध को खत्म करने का दोषी मैं ही हूँ। मैं घमंडी किस्म का तुच्छ व्यक्ति हूँ जो यह सोचता है कि दूसरों को मेरा खयाल करना चाहिए, मैं खयाल करूँ या नहीं।'

"अब जाती हूँ।"

दीप्ति के इस कोमल और काँपते स्वर को सुनकर मोहन ने चौंककर उसकी ओर देखा। उसका मुँह न मालूम कैसा हो गया था। वह दूसरी ओर देख रही थी। मोहन को लगा कि उसकी आँखें आँसुओं से छलछलाई हुई हैं। मैंने अपने को धिक्कारा कि अपनी उधेड़बुन में मैं इतनी देर तक बैठा रहा और यह भी न पूछा कि वह यहाँ किसलिए आई है या उसकी तबीयत कैसी है या उस रात वह क्यों उदास और दुखित थी।

वह उठ खड़ी हुई थी। परन्तु सहसा मोहन उसके पास उठकर चला गया। उसके होश-हवास लुप्त हो गए। उसको उस समय ऐसा लगा कि दीप्ति यहाँ इसलिए आई है कि उसके लिए अपना प्यार व्यक्त करे। क्योंकि यदि वह किसी काम से आई होती तो अवश्य कहती। चुपचाप इस तरह बैठकर जाने के लिए तैयार न हो जाती।

मोहन ने एक क्षण उसके पीले मुख तथा किंचित् भीत दृष्टि को देखा। फिर उसने उसके हाथ को अपने हाथों में लेकर कहा, "दीप्ति, मैं तुमको प्यार करता हूँ...।"

मोहन का स्वर रुँध गया। उसने सहसा उसका हाथ छोड़ दिया और चुपचाप धीरे-धीरे कमरे से बाहर निकल गया।

मोहन दीप्ति से कुछ दूसरा ही कहना चाहता था, परन्तु उसके मुँह से 'प्यार' के एक छोटे से वाक्य के अलावा कुछ भी न निकला। उसने सोचा था कि वह उसके गुणों और अपने अवगुणों का उल्लेख करेगा और अन्त में उससे आग्रह करेगा कि वह कुछ देर के लिए और बैठे। परन्तु उसके निकट पहुँचकर उसका दबा-दबा, डरा-डरा-सा प्यार साहस के साथ बाहर आ गया। वह जैसे इस दिन की प्रतीक्षा में था। वह उसके सामने अपना प्यार प्रकट करे, यह इच्छा जागते और सोते में उसको पीड़ित करती रही थी।

अचानक इस तरह प्यार प्रकट करने का एक और भी कारण था। शादी के बाद से जब तक दीप्ति उससे दूर-दूर रही थी, वह घोर निराशा में झूलता रहा था। परन्तु

जब वह अपने मन से उसके सामने आई थी तो उसकी आशा असाधारण रूप से बढ़ गई थी। इसी आशा के बहाव में उसने ऐसा व्यवहार किया था।

बाद में उसको लगा कि दीप्ति ने उसकी बात का बुरा मान लिया होगा। उसको लगा कि दीप्ति का उसने अपमान कर दिया है। इसी डर से वह फौरन बाहर निकल गया था। परन्तु सड़क पर कुछ देर तक चलने के बाद उसको होश आया कि वह बाज़ार की ओर जा रहा है–निरुद्देश्य। वह शर्म से गड़ गया। वह कितना कायर है कि वह भागा जा रहा है। उसने कौन-सा गलत काम किया है? यदि दीप्ति उसको प्यार करेगी, तब भी कितनी बाधाएँ उसके सामने आएँगी? क्या वह इसी ढंग से इन बाधाओं का सामना कर सकेगा? फिर दीप्ति ने उसके बारे में क्या सोचा होगा?

वह रुक गया। फिर घूमकर घर की ओर वापस लौटा। ज्यों-ज्यों वह घर की ओर बढ़ता गया, उसकी चाल तेज होती गई। वह पहुँचकर फुर्ती से बैठके में गया, परन्तु वह खाली था। वह अन्दर गया, परन्तु औरतों की भीड़ में दीप्ति का कहीं पता न था। उसने सोचा कि मीना से पूछे, लेकिन फिर हिम्मत नहीं हुई।

अन्त में वह बाहर निकल आया। कुछ देर तक बाहर टहलने के बाद दीप्ति के मकान की ओर चला गया। बाहर का दरवाजा खुला देखकर वह समझ गया कि दीप्ति इसी में होगी। वह दरवाज़े की ओर बढ़ गया। पहले डर हुआ कि उसके पिता जी होंगे, परन्तु तुरन्त याद आया कि वह दफ्तर गए होंगे।

उसने साहस करके धीरे से दरवाज़ा खोला और चुपके से भीतर घुसकर उसी तरह दरवाजा बन्द कर दिया। घुसते ही उसने देख लिया कि दीप्ति चारपाई पर औंधी पड़ी हुई है। खटका होते ही वह उठ खड़ी हुई। वह रो रही थी। उसकी आँखें सूजकर लाल हो गई थीं। मोहन को देखकर वह अपने दोनों हाथों में मुँह छिपाकर फफकने लगी।

मोहन लपककर उसके पास पहुँचा। उसने दीप्ति की बाँह पर हाथ रखा ही था कि वह उससे लिपट गई और उसकी छाती पर मुँह रखकर बुरी तरह हिचकने लगी।

मोहन चुपचाप उसके बालों को सहलाता रहा। उसका हृदय भरा हुआ था। वह कुछ कहना चाहता था, पर उसके मुँह से आवाज़ न निकली। वह उससे क्या कहे! और इतने पर भी उसको विश्वास नहीं हो रहा था कि दीप्ति उसके इतने निकट है।

धीरे-धीरे उसके आँसू थमते गए। उसके शरीर का कम्पन कम होता गया। कुछ देर बाद वह स्थिर हो गई। फिर उसने सिर उठाकर उसकी ओर देखा। उसके होठों पर एक अवश मुस्कराहट उभर आई थी। उसकी आँखों में कितना स्नेह था। मोहन ने उन होठों को अपनी अँगुलियों से स्पर्श किया। फिर झुककर दृढ़ता से उनको चूम लिया।

चुम्बन से वह डर गई। उसने इधर-उधर भयभीत दृष्टि से देखा। फिर उसने धीरे से अपने को मोहन से मुक्त कर लिया।

"अब जाइए," वह डरे और शर्मीले स्वर में बोली। मोहन खोया-खोया एक क्षण उसको देखता रहा। अन्त में आगे बढ़कर वह असीम प्यार से उसके होठों और कपोल का चुम्बन लेने के बाद कमरे से बाहर निकल गया।

कुछ दिनों बाद जब शेष मेहमान भी चले गए तो दोनों आँगनों के बीच की दीवार बन्द कर दी गई। पर दीप्ति का प्यार पाकर मोहन का जीवन लहलहा उठा। उसने तो ऐसी कल्पना भी न की थी। उसकी जैसी लड़की उसको प्यार करती है, यह सोचकर ही उसका मन झूम उठता। उस दिन मोहन अपनी बैठक में आकर चुपके से लेट गया था। वह आँखें बन्द करके सारी घटना की स्मृतियों में डूब गया। दीप्ति की देह कितनी कोमल है! फिर भी शक्ति से भरपूर! वह कैसे आवेग से उससे लिपट गई थी। उसके प्यार ने मोहन के मन में अनन्त खुशियों की सम्भावनाएँ जगा दी थीं।

परन्तु इस प्यार का क्या परिणाम होगा? क्या दीप्ति ने इसके बारे में सोचा है? आखिर उसने उससे क्यों प्यार किया? उसका यह कार्य बचपना था या उसने सोच-समझकर इस ओर कदम बढ़ाया? दरअसल यह एक ऐसी अप्रत्याशित घटना थी कि मोहन को विश्वास ही न होता था कि उसके पीछे मोहन का कोई गम्भीर निश्चय होगा। उसके इस कार्य से उसके माता-पिता को कितनी चोट पहुँचेगी? क्या उसने सचमुच गम्भीरतापूर्वक इन सभी बातों पर विश्वास किया है?

और उसको ऐसा लगा कि दीप्ति ने इस पर गम्भीरतापूर्वक विचार नहीं किया है और बिना सोचे-समझे बस केवल मन के आवेग में इस ओर कदम बढ़ा दिया है। तब क्या यह प्यार निष्फल हो जाएगा? क्या दीप्ति उससे बिछुड़ जाएगी? उसके बिना वह अपने जीवन की कल्पना नहीं कर सकता। उसने अपने प्यार के पौधे को अपने रक्त से सींच-सींचकर बड़ा किया है। उस पौधे को वह अब मुरझाते हुए नहीं देख सकता।

पर साथ ही साथ उसने ऐसे विचारों के लिए अपने को धिक्कारा। दीप्ति के बारे में उसने ऐसा सोचने का साहस ही कैसे किया? यह कैसे सम्भव था कि वह बिना किसी विचार और भावना के इस ओर प्रवृत्त हो? जो दूसरों के दुख-तकलीफ का इतना खयाल रखती है, जो दूसरों के लिए इतना त्याग और परिश्रम कर सकती है, और जिसके धैर्य और सूझ-बूझ की अब सभी प्रशंसा करते हैं, उसके बारे में ऐसा कैसे कहा जा सकता है? ऐसा सोचना उसके साथ भारी अन्याय होगा। दरअसल वह उसको प्यार करती है और उस प्यार के लिए कुर्बानी भी कर सकती है। वह उन लड़कियों में कतई नहीं, जिनके लिए प्यार बस खिलवाड़ होता है। उसके आचरण का मोहन पर कितना गहरा असर पड़ा है।

परन्तु उस दिन के बाद तथा दीवार बन्द होने से दीप्ति के दर्शन ही दुर्लभ हो

गए। वह कभी उसके सामने आ भी जाती तो सिर नीचा करके फौरन चली जाती। इससे मोहन को बड़ा आघात लगता। क्या उसने इसी तरह भागने के लिए यह सब किया था? कुछ देर रुककर वह बोल नहीं सकती थी? वह तो उससे बात करने के लिए छटपटाता रहता था। वह तो यह जानने को उत्सुक था कि उस घटना के बाद वह उससे किस तरह बोलती है। परन्तु जैसे वह उसकी इस इच्छा को ठुकराकर चली गई थी।

मोहन घोर निराशा की लहरों में डूबने-उतराने लगा। मोहन ने सोच लिया कि अगर वह उसके सामने नहीं आएगी तो वह भी उसके सामने नहीं जाएगा। कभी-कभी उसको लगता कि वे कभी अकेले में मिले ही न थे। जैसे उसने उसके होठों के स्पर्श का अनुभव किया ही न था।

कभी-कभी मोहन को लगता कि परिस्थिति की उत्तेजना और भावुकता में आकर ही दीप्ति उसकी छाती पर मुँह रखकर रोई थी और अब गम्भीरता से विचार करने पर वह अपने कृत्य पर पश्चात्ताप कर रही है और इसीलिए वह उसके सामने नहीं आ रही है। यह सब सोचकर मोहन को बहुत दुख होता। वह अपने को धिक्कारता, बार-बार निश्चय करता कि वह ऐसा नहीं सोचेगा, परन्तु इस विचार को वह किसी भी तरह अपने दिल से निकाल न पाता।

उन्हीं दिनों आर्य समाज का सालाना जलसा पड़ा। गोपाल बाबू आर्य समाज के पदाधिकारी थे, इसलिए वह बहुत व्यस्त रहने लगे। घर के सभी लोग बहुत खुश थे कि उनको कुछ दिनों तक जलसे में जाने का मौका मिलेगा।

जिस दिन जलसा था, उस दिन छुट्टी थी। गोपाल बाबू दोपहर को ही खा-पीकर निकल गए और सबसे कह गए कि वे शाम को ज़रूर चलें और उनका इन्तज़ार न करें। उन्होंने मुन्नीलाल जी से भी कह दिया था कि वे भी अपनी पत्नी और दीप्ति के साथ ज़रूर जाएँ।

परन्तु जब सभी तैयार हो गए तो दीप्ति ने कहा कि उसके पेट में दर्द है और वह नहीं जाएगी।

"कब से पेट में दर्द है रे? तूने अभी तक बताया नहीं।" उसकी माँ ने पूछा।

"अभी शुरू हुआ है अम्माँ। तुम लोग जाओ, घूम आओ। मैं आराम करूँगी। आराम करने से ठीक हो जाएगा।" दीप्ति ने कहा।

"यह कैसे होगा रे? घर में कोई है भी नहीं। तू नहीं जाएगी तो मैं कैसे जाऊँगी?" बासन्ती ने कहा।

"नहीं अम्माँ। तुम जाओ। मुझे कोई डर नहीं। मुझे तकलीफ है, मुझे जाने की इच्छा नहीं। आराम करूँगी तो ठीक हो जाएगा। यहाँ कोई डर थोड़े है? हाँ, वहाँ रात न लगा देना। कुछ देर बाद चली आना। मेरी तबीयत बिलकुल नहीं।" दीप्ति बोली।

"चलिए बहन जी," मालती ने कहा, "बिटिया ठीक कह रही है। कोई डर थोड़े

है। आप लोग पहले चली आइएगा।''

दीप्ति की माँ आना-कानी करती रहीं। वह बेटी को अकेली छोड़ने को तैयार नहीं थीं, पर दीप्ति ने बार-बार आग्रह किया तो वह मान गईं। मुन्नीलाल जी ने भी यही कहा कि वे जल्दी से चले आएँगे। उन्होंने उसी समय मोहल्ले के एक सज्जन से होम्योपैथी की दवा लाने की व्यवस्था कर दी और उसके बाद सभी चले पड़े।

मोहन भी साथ जा रहा था। वह दीप्ति के बारे में ही सोच रहा था। क्या सचमुच उसके पेट में दर्द है? परन्तु इस दर्द में भी उसके चेहरे पर कैसी सौम्यता और गम्भीरता थी? चलते समय उसने मोहन की ओर देखा भी था। उस दृष्टि में क्या था? उस दृष्टि में अद्भुत आकर्षण एवं रहस्यमयता थी।

जलसे में पहुँचकर मोहन ने अपनी मामी, मीना तथा बासन्ती को आगे औरतों के बीच बिठा दिया। मुन्नीलाल जी को भी आगे कुर्सी पर जगह मिल गई। उसके बाद वह पीछे आकर भीड़ के बीच खड़ा हो गया।

शीघ्र ही कार्यक्रम आरम्भ हो गया, पर मोहन का ध्यान उधर नहीं था। अचानक क्या हो गया कि वह थोड़ी देर बाद धीरे से भीड़ से बाहर निकल आया। फिर उसके कदम धीरे-धीरे घर की ओर बढ़ने लगे। आकाश में बादल छाए थे। दिन के तीन बजे थे और सड़कें अपेक्षाकृत वीरान थीं।

''खट्-खट्!'' कुछ देर के बाद उसने मुन्नीलाल जी का दरवाजा खटखटाया।

फौरन किसी के आने की आहट मालूम हुई।

''कौन?'' जाना-पहचाना स्वर था।

''मैं!'' मोहन का स्वर कितना थका था।

भीतर की कुंडी खुली। दीप्ति ने उसकी ओर देखा। उसके मुख पर एक अपूर्व पीलापन दृष्टिगोचर हुआ। किसी भावावेश से उसका चेहरा अत्यधिक उद्विग्न हो उठा था।

''आप?'' उसने उच्छ्वसित स्वर में पूछा। फिर वह वहाँ से हट गई और बिना कुछ बोले धीरे-धीरे घर के अन्दर चली गई। मोहन विमूढ़-सा एक क्षण वहाँ खड़ा रहा। उसकी इच्छा हुई कि वह लौट चले, लेकिन वह किवाड़ ठेलकर भीतर घुस गया। एक क्षण फिर वह ठिठका रहा, फिर भीतर से उसने दरवाज़े की कुंडी बन्द कर दी। भीतर जाने पर दीप्ति बरामदे में दीवार को थामे खड़ी चुपचाप रो रही थी।

मोहन ने उसके पास जाकर व्यथित स्वर में पूछा, ''क्या बात है दीप्ति? तुम्हारी तबीयत कैसी है? यह जानने के लिए मैं यहाँ आया हूँ। अगर कोई गलती हो गई हो तो माफ करना।''

दीप्ति ने सिर घुमाकर उसकी ओर देखा। फिर वह घूम गई और आवेश में उसकी छाती से चिपट गई। अन्त में बोली, ''चुप, ऐसा न कहिए। मैं इसीलिए रुक गई थी। मैं जानती थी कि आप आएँगे। मैं आजकल बहुत परेशान हूँ। मेरी समझ

में नहीं आता कि क्या करूँ। आपसे अलग रहकर एक क्षण भी अच्छा नहीं लगता। पर क्या करूँ, कुछ समझ में नहीं आता। बताइए, मुझे आप छोड़ तो नहीं देंगे? मैं जानती हूँ कि मुझमें बहुत से दोष हैं। मैं आपके योग्य नहीं हूँ। उस दिन की घटना के बाद मुझे अपने से घृणा हो गई है। अगर मैं मनफूल के चक्कर में आ गई होती तो क्या होता? इसके लिए मैं एक क्षण के लिए भी अपने को क्षमा नहीं कर पाई। इसीलिए आपके सामने जाने में मुझे बेहद संकोच होता है। आप इतने ऊँचे हैं, आपके बराबर मैं कैसे खड़ी हो सकती हूँ? बीमारी के दिनों में आपने मुझसे जो बातें कही थीं, उनका मुझ पर गहरा असर पड़ा था। मैंने तो आत्महत्या करने का निश्चय कर लिया था, पर आपने मुझे एक गहरी खाई से निकालकर मुझे रास्ते पर लगा दिया। मैं क्या इसको भूल सकती हूँ? मैं जब आपके बारे में सोचती तो मैं अपने को बहुत ही तुच्छ समझने लगती। मैं आपसे दूर रहकर आपके विचारों के योग्य बनना चाहती थी। फिर पता नहीं कब मैं आपको प्यार करने लगी। मुझे अब बहुत डर लगता है। मेरी समझ में कुछ नहीं आता। मैं आपके योग्य नहीं...मैं आपके योग्य नहीं... ।''

मोहन ने उसके मुँह को उठाया और आँसू से भींगे उसके होठों को चूमते हुए कहा, ''कैसी बात करती हो, दीप्ति? ऐसी बात अपनी जबान पर भी न लाना। मैं स्वयं यही बात सोचता हूँ कि मैं तुम्हारे योग्य नहीं। मैंने तुमसे बहुत कुछ सीखा है। तुम्हारा प्यार पाकर मैं अपने को बहुत भाग्यशाली समझता हूँ और अब मुझे ऐसा लगता है कि मुझसे अधिक खुश इस दुनिया में कोई न होगा। मैं तुमको कैसे छोड़ सकता हूँ? हम दोनों एक-दूसरे को प्यार करते हैं। हम क्यों किसी से डरेंगे? ये दोनों आँगन बन्द हो गए हैं तो क्या तुम सोचती हो कि हमारे बीच भी कोई दीवार खड़ी की जा सकती है? यह नहीं हो सकता। हमारा जीवन रोशनी के दो आँगनों के समान है, उनके बीच में अब कोई दीवार नहीं खड़ी की जा सकती। यह दीवार कृत्रिम व मिथ्या है। तुम्हारे बिना मेरा जीवन व्यर्थ है। तुम जानती हो, हम शादी करेंगे। मैं किसी रुकावट की परवाह नहीं करता। अगर समाज के लोग विरोध करेंगे तो मैं समाज से अलग हो जाऊँगा। मैं अब अच्छी तरह से अपने पैरों पर खड़ा हो सकता हूँ। मैं जल्दी ही कोई नौकरी कर लूँगा और तब हम अपनी एक नई जिन्दगी बसाएँगे। तुम हिम्मत से काम लो और अपने दिल से समस्त निराशा की भावनाएँ निकाल बाहर कर दो। बोलो, तुम मुझसे शादी करोगी न?''

दीप्ति ने इसका कोई उत्तर नहीं दिया बल्कि उसकी छाती में अपना मुँह दबा लिया।

''बोलो न?'' मोहन ने स्नेहपूर्ण आग्रह से पूछा।

''आप जैसा कहेंगे वैसा ही मैं करूँगी।'' दीप्ति ने सिसकते हुए कहा।

जुलाई के महीने में मोहन ने नौकरी के लिए कोशिश की और सौभाग्य से उसको एक कॉलेज में नौकरी मिल गई। फिर उसने एक दिन शंकर के सामने सारी बातें

खोलकर रख दीं और उससे इस सम्बन्ध में मदद के लिए आग्रह किया।

शंकर सुलझे हुए विचारों का एक व्यक्ति था। वह मोहन को बेहद मानता था। वह उसको अपना सच्चा मित्र समझता था और उसका आदर भी करता था। लेकिन इस प्रस्ताव से जैसे वह आकाश से जमीन पर गिर गया हो। मोहन का यह प्रस्ताव उसको अनुचित लगा और वह क्रोध में भी आ गया। उसने मोहन को फटकारा भी। पर मोहन ने कहा कि उसका और दीप्ति का प्यार सच्चा और पवित्र है। उसने दीप्ति को प्यार करके गलत काम नहीं किया है। वह जात-पाँत का बन्धन नहीं मानता और जल्दी-से-जल्दी उसको तोड़ देना चाहता है।

यह बात दोनों घरों के लोगों को जल्दी-से-जल्दी मालूम हो गई। वे लोग इस शादी के पक्ष में नहीं थे। गोपाल बाबू मोहन पर बहुत बिगड़े। मुन्नीलाल जी और बासन्ती भी मोहन से बेहद नाराज़ हो गए। उन्होंने दीप्ति से इस सम्बन्ध में पूछताछ की और दीप्ति ने साफ-साफ कह दिया कि वह शादी करेगी तो केवल एक व्यक्ति से और वह व्यक्ति है मोहन।

इसके बाद दोनों परिवारों में मनमुटाव-सा चलने लगा। शंकर ने मोहन से बोलना छोड़ दिया। पर मोहन ने दृढ़ निश्चय कर लिया था। वह जल्दी-से जल्दी दीप्ति से शादी कर लेना चाहता था और उसने इसके लिए तैयारियाँ भी शुरू कर दीं।

पहले उसने दूसरे मोहल्ले में चुपके से एक मकान ले लिया। सबसे आश्चर्य की बात यह थी कि इस कार्य में अनिरुद्ध उसका भारी सहायक सिद्ध हुआ। अनिरुद्ध को जब इस खबर का पता लगा तो उसने आकर मोहन से कहा, "तुम तो मुझ से नाराज़ रहते हो, पर मैं तुमसे बहुत खुश हूँ। भैया और भाभी बहुत पिछड़े हुए विचारों के हैं। मैं यह सब नहीं मानता। हम लोग नए जमाने के लोग, यह सब क्यों मानें? वह लड़की बहुत अच्छी है। तुम मुझसे जैसी मदद चाहो, ले सकते हो।"

मोहन को अनिरुद्ध की बातों से बड़ी खुशी हुई, यद्यपि अनिरुद्ध जैसा व्यक्ति ऐसे विचार का पक्षपाती होगा, इस पर अब भी उसका विश्वास नहीं था। परन्तु इसका कारण यह था कि अनिरुद्ध चाहे कई वर्ष से फेल अवश्य होता रहा हो, पर वह अपने को मन ही मन एक आधुनिक नायक समझता था। वह स्वयं किसी लड़की से प्यार करके शादी करने का पक्षपाती था। इसीलिए उसने जब मोहन और दीप्ति के प्यार की बात सुनी तो वह उनका पक्षपाती हो गया। इसके बाद मोहन के लिए मकान ढूँढ़ने में उसने जो मेहनत की, उस पर कोई भी आश्चर्य कर सकता था।

उस मकान में ताला लगाकर छोड़ दिया गया। पर अनिरुद्ध के कहने पर मोहन ने दो चारपाइयाँ, एक मेज़ तथा कुछ कुर्सियाँ खरीदकर उसमें रख दीं। कुछ बर्तन भी खरीदे गए। यहाँ तक कि अनिरुद्ध के उत्साह ने मोहन से गृहस्थी के लगभग सारे सामान खरीदवा लिए।

नवम्बर के महीने में शादी की तिथि निश्चित की गई। सायंकाल आर्य समाज

मन्दिर में शादी सम्पन्न होनेवाली थी। गवाह के रूप में स्वयं अनिरुद्ध तथा मोहन के कॉलेज के एक साथी अध्यापक ने हस्ताक्षर कर दिए।

दीप्ति एक अपनी सखी के यहाँ जाने के बहाने चार बजे अपने घर से चली। अनिरुद्ध ने इसके पहले दीप्ति को पूरी तरह समझा-बुझा दिया था तथा हिम्मत से काम लेने का एक लम्बा-चौड़ा उपदेश भी पिलाया था। पूर्व निर्धारित योजना के अनुसार मोहन और अनिरुद्ध बाजार में दीप्ति का इन्तज़ार कर रहे थे। वे तीनों वहाँ से सीधे आर्य समाज मन्दिर गए। मन्दिर में सभी तैयारियाँ पहले से पूर्ण थीं। मोहन के कॉलेज के प्रिंसिपल तथा कुछ अन्य अध्यापक-गण उपस्थित थे, जिन्होंने इस कार्य में मोहन की काफी मदद की थी।

मोहन और दीप्ति ने दो अलग-अलग आवेदन पत्र तैयार किए और उस पर हस्ताक्षर करके मन्दिर के अधिकारियों को दे दिए। लिखा-पढ़ी की सभी कार्रवाई सम्पन्न होने पर वेदी पर जाकर सभी बैठे। फिर विवाह का शुभ कार्य शुरू हुआ। नगर के एक प्रतिष्ठित वकील ने कन्यादान की रस्म आदि की।

विवाह के पश्चात् मोहन और दीप्ति अपने नए घर में आ गए।

वे दोनों अपने कमरे में आकर खड़े हो गए। दीप्ति नीले रंग की साड़ी पहने थी। उसके माथे पर सिन्दूर की चौड़ी शुभ लकीर दिखाई दे रही थी। माथे पर माँग टीका लटक रहा था। गले में हार था। दीप्ति ने अपनी बड़ी-बड़ी आँखों से मोहन को देखा। फिर आगे बढ़कर वह मोहन के चरण छूने को झुकी।

"नहीं," मोहन ने उसको बीच में ही रोक लिया, "तुम मेरे चरण क्यों छुओगी? तुम्हारा स्थान मेरे दिल के निकट है। आज से हम दोनों पर एक नई जिम्मेदारी शुरू होती है। कल सबसे पहले घर चलकर हम बुजुर्गों का आशीर्वाद लेंगे। शायद वे उस समय बिगड़ें, परन्तु अन्त में जब सब कुछ समझ जाएँगे तो वे हमको आशीर्वाद देंगे, यह मेरा विश्वास है। तुम इस गृहस्थी को सँभालो। परन्तु साथ ही तुमको अपनी पढ़ाई भी जारी रखनी है। हम एक-दूसरे को सहारा और बल देंगे और आगे बढ़ेंगे। तुम पर मुझको गर्व है। यह सब तुम्हारी वजह से हुआ, नहीं तो मैं कमज़ोर दिल का व्यक्ति हूँ। हम दोनों एक-दूसरे के योग्य बनेंगे।"

इसके बाद मोहन ने चुपचाप दीप्ति का हाथ थाम लिया। फिर उसको अपनी ओर खींच लिया।